U0837017

语言文字规范手册

（第五版）

语文出版社　编

语文出版社

·北京·

图书在版编目（CIP）数据

语言文字规范手册 / 语文出版社编. -- 5版. -- 北京 : 语文出版社, 2019.10（2025.2重印）
ISBN 978-7-80241-582-9

Ⅰ. ①语… Ⅱ. ①语… Ⅲ. ①汉语规范化—手册
Ⅳ. ①H102-62

中国版本图书馆CIP数据核字(2012)第194244号

责任编辑 张双亭
装帧设计 徐晓森
出　　版 语文出版社
地　　址 北京市东城区朝阳门内南小街51号　100010
电子信箱 ywcbsywp@163.com
排　　版 北京大有艺彩图文设计有限公司
印刷装订 北京市大天乐投资管理有限公司
发　　行 语文出版社　新华书店经销
规　　格 890mm × 1240mm
开　　本 A5
印　　张 13.5
字　　数 388千字
版　　次 1990年2月第1版　2019年10月第5版
印　　次 2025年2月第17次印刷
印　　数 182,251- 185,250
定　　价 30.00元

010-65253954（咨询） 010-65251033（购书） 010-65250075（印装质量）

出版说明

《语言文字规范手册》自1990年出版以来，受到广大读者的普遍欢迎，不断再版重印。它的出版对语言文字规范化、标准化起到了积极的推动作用，对语言文字实际应用起到了良好的指导作用。

近年来，语言文字方面的规范标准不断推出，一些原有规范标准也被相继修订或被新的规范标准所取代。为更好地满足新形势下社会各领域语言文字应用的需要，方便人们查检，此次再版我们对所收内容作了必要的调整。增补了《通用规范汉字表》(2013年)、《现代常用独体字规范》(2009年)、《现代常用字部件及部件名称规范》(2009年)、《GB13000.1字符集汉字折笔规范》(2001年)等规范标准。将原有的《汉语拼音正词法基本规则》(1996年)、《出版物上数字用法的规定》(1995年)、《标点符号用法》(1995年)、《汉字统一部首表(草案)》(1983年)替换为新修订的《汉语拼音正词法基本规则》(2012年)、《出版物上数字用法》(2011年)、《标点符号用法》(2011年)、《汉字部首表》(2009年)。删去了原收录的《第一批异体字整理表》《现代汉语常用字表》《现代汉语通用字表》等字表。

编者

2019年9月

目　　录

附录

中华人民共和国国家通用语言文字法

（2000年10月31日第九届全国人民代表大会常务委员会第十八次会议通过）

目　　录

第一章　总　则

第一条　为推动国家通用语言文字的规范化、标准化及其健康发展，使国家通用语言文字在社会生活中更好地发挥作用，促进各民族、各地区经济文化交流，根据宪法，制定本法。

第二条　本法所称的国家通用语言文字是普通话和规范汉字。

第三条　国家推广普通话，推行规范汉字。

第四条　公民有学习和使用国家通用语言文字的权利。

国家为公民学习和使用国家通用语言文字提供条件。

地方各级人民政府及其有关部门应当采取措施，推广普通话和推行规范汉字。

第五条　国家通用语言文字的使用应当有利于维护国家主权和民族尊严，有利于国家统一和民族团结，有利于社会主义物质文明建设和精神文明建设。

第六条　国家颁布国家通用语言文字的规范和标准，管理国家通用语言文字的社会应用，支持国家通用语言文字的教学和科学研究，促进国家通用语言文字的规范、丰富和发展。

第七条 国家奖励为国家通用语言文字事业做出突出贡献的组织和个人。

第八条 各民族都有使用和发展自己的语言文字的自由。

少数民族语言文字的使用依据宪法、民族区域自治法及其他法律的有关规定。

第二章 国家通用语言文字的使用

第九条 国家机关以普通话和规范汉字为公务用语用字。法律另有规定的除外。

第十条 学校及其他教育机构以普通话和规范汉字为基本的教育教学用语用字。法律另有规定的除外。

学校及其他教育机构通过汉语文课程教授普通话和规范汉字。使用的汉语文教材，应当符合国家通用语言文字的规范和标准。

第十一条 汉语文出版物应当符合国家通用语言文字的规范和标准。

汉语文出版物中需要使用外国语言文字的，应当用国家通用语言文字作必要的注释。

第十二条 广播电台、电视台以普通话为基本的播音用语。

需要使用外国语言为播音用语的，须经国务院广播电视部门批准。

第十三条 公共服务行业以规范汉字为基本的服务用字。因公共服务需要，招牌、广告、告示、标志牌等使用外国文字并同时使用中文的，应当使用规范汉字。

提倡公共服务行业以普通话为服务用语。

第十四条 下列情形，应当以国家通用语言文字为基本的用语用字：

（一）广播、电影、电视用语用字；

（二）公共场所的设施用字；

（三）招牌、广告用字；

（四）企业事业组织名称；

（五）在境内销售的商品的包装、说明。

第十五条 信息处理和信息技术产品中使用的国家通用语言文字应当符合国家的规范和标准。

第十六条 本章有关规定中，有下列情形的，可以使用方言：

（一）国家机关的工作人员执行公务时确需使用的；

（二）经国务院广播电视部门或省级广播电视部门批准的播音用语；

（三）戏曲、影视等艺术形式中需要使用的；

（四）出版、教学、研究中确需使用的。

第十七条 本章有关规定中，有下列情形的，可以保留或使用繁体字、异体字：

（一）文物古迹；

（二）姓氏中的异体字；

（三）书法、篆刻等艺术作品；

（四）题词和招牌的手书字；

（五）出版、教学、研究中需要使用的；

（六）经国务院有关部门批准的特殊情况。

第十八条 国家通用语言文字以《汉语拼音方案》作为拼写和注音工具。

《汉语拼音方案》是中国人名、地名和中文文献罗马字母拼写法的统一规范，并用于汉字不便或不能使用的领域。

初等教育应当进行汉语拼音教学。

第十九条 凡以普通话作为工作语言的岗位，其工作人员应当具备说普通话的能力。

以普通话作为工作语言的播音员、节目主持人和影视话剧演员、教师、国家机关工作人员的普通话水平，应当分别达到国家规定的等级标准；对尚未达到国家规定的普通话等级标准的，分别情况进行培训。

第二十条 对外汉语教学应当教授普通话和规范汉字。

第三章 管理和监督

第二十一条 国家通用语言文字工作由国务院语言文字工作部门负责规划指导、管理监督。

国务院有关部门管理本系统的国家通用语言文字的使用。

第二十二条 地方语言文字工作部门和其他有关部门，管理和监督本行政区域内的国家通用语言文字的使用。

第二十三条 县级以上各级人民政府工商行政管理部门依法对企业名称、商品名称以及广告的用语用字进行管理和监督。

第二十四条 国务院语言文字工作部门颁布普通话水平测试等级标准。

第二十五条 外国人名、地名等专有名词和科学技术术语译成国家通用语言文字，由国务院语言文字工作部门或者其他有关部门组织审定。

第二十六条 违反本法第二章有关规定，不按照国家通用语言文字的规范和标准使用语言文字的，公民可以提出批评和建议。

本法第十九条第二款规定的人员用语违反本法第二章有关规定的，有关单位应当对直接责任人员进行批评教育；拒不改正的，由有关单位作出处理。

城市公共场所的设施和招牌、广告用字违反本法第二章有关规定的，由有关行政管理部门责令改正；拒不改正的，予以警告，并督促其限期改正。

第二十七条 违反本法规定，干涉他人学习和使用国家通用语言文字的，由有关行政管理部门责令限期改正，并予以警告。

第四章 附 则

第二十八条 本法自 2001 年 1 月 1 日起施行。

通用规范汉字表

国务院关于公布《通用规范汉字表》的通知

国发〔2013〕23号

各省、自治区、直辖市人民政府，国务院各部委、各直属机构：

国务院同意教育部、国家语言文字工作委员会组织制定的《通用规范汉字表》，现予公布。

《通用规范汉字表》是贯彻《中华人民共和国国家通用语言文字法》，适应新形势下社会各领域汉字应用需要的重要汉字规范。制定和实施《通用规范汉字表》，对提升国家通用语言文字的规范化、标准化、信息化水平，促进国家经济社会和文化教育事业发展具有重要意义。《通用规范汉字表》公布后，社会一般应用领域的汉字使用应以《通用规范汉字表》为准，原有相关字表停止使用。

国务院

2013年6月5日

说　　明

一、为了贯彻《中华人民共和国国家通用语言文字法》，提升国家通用语言文字的规范化、标准化水平，满足信息时代语言生活和社会发展的需要，教育部、国家语言文字工作委员会组织制定《通用规范汉字表》。

二、本表收字 8105 个，分为三级：一级字表为常用字集，收字 3500 个，主要满足基础教育和文化普及的基本用字需要。二级字表收字 3000 个，使用度仅次于一级字。一、二级字表合计 6500 字，主要满足出版印刷、辞书编纂和信息处理等方面的一般用字需要。三级字表收字 1605 个，是姓氏人名、地名、科学技术术语和中小学语文教材文言文用字中未进入一、二级字表的较通用的字，主要满足信息化时代与大众生活密切相关的专门领域的用字需要。

三、本表在整合《第一批异体字整理表》(1955 年)、《简化字总表》(1986 年)、《现代汉语常用字表》(1988 年)、《现代汉语通用字表》(1988 年)的基础上制定。一、二级字表通过语料库统计和人工干预方法，主要依据字的使用度进行定量、收字和分级。三级字表主要通过向有关部门和群众征集用字等方法，收录音义俱全且有一定使用度的字。

四、本表一、二级字表的研制，主要使用了国家语言文字工作委员会现代汉语平衡语料库(收录 1919—2002 年人文和社会科学、自然科学、综合等三大类的 55 个学科门类的语料，9100 万字符)、现代新闻媒体动态流通语料库(收录 2001—2002 年 15 种报刊的语料，3.5 亿字符)、教育科普综合语料库(收录 1951—2003 年中小学通用教材及科普读物的语料，518 万字符)、儿童文学语料库(收录 1949—2007 年适合义务教育第一、二学段阅读的儿童文学的语料，570 万字符)、《现代汉语词典》(第五版)、《新华字典》(第十版)，参考了其他语料库和工具书。

五、本表三级字的具体来源是:(1)姓氏人名用字,主要来源于 1982 年全国人口普查 18 省市抽样统计姓氏人名用字、公安部提供的姓氏用字及部分人名用字、群众提供的姓氏人名用字、一些古代姓氏用字和有影响的古代人名用字;(2)地名用字,主要来源于民政部和国家测绘地理信息局提供的乡镇以上地名用字、部分村级地名和部分自然实体名称的用字、主要汉语工具书中标明为"地名"的用字;(3)科学技术术语用字,主要来源于全国科学技术名词审定委员会提供的 56 个门类、中国社会科学院语言研究所提供的 33 个门类的科学技术与人文社会科学的术语用字;(4)中小学语文教材的文言文用字,主要来源于中小学语文教材文言文语料库(收录 1949—2008 年中小学语文教材中的文言文和普及性文言文的语料,65 万字符)。

六、本表对社会上出现的在《简化字总表》和《现代汉语通用字表》之外的类推简化字进行了严格甄别,仅收录了符合本表收字原则且已在社会语言生活中广泛使用的"闫、轮、频"等 226 个简化字。

七、本表在以往相关规范文件对异体字调整的基础上,又将《第一批异体字整理表》中"晳、喆、淼、昇、邨"等 45 个异体字调整为规范字。

八、本表的字形依据《现代汉语通用字表》确定,字序遵循《GB13000.1 字符集汉字字序(笔画序)规范》的规定。

九、为方便使用,本表后附《规范字与繁体字、异体字对照表》和《〈通用规范汉字表〉笔画检字表》两个附表。

十、本表可根据语言生活的发展变化和实际需要适时进行必要补充和调整。

一级字表

0001	一	0024	于	0047	久	0070	习	0093	太	0116	内
0002	乙	0025	亏	0048	么	0071	叉	0094	区	0117	水
0003	二	0026	工	0049	勺	0072	马	0095	历	0118	见
0004	十	0027	土	0050	凡	0073	乡	0096	歹	0119	午
0005	丁	0028	士	0051	丸	0074	丰	0097	友	0120	牛
0006	厂	0029	才	0052	及	0075	王	0098	尤	0121	手
0007	七	0030	下	0053	广	0076	开	0099	匹	0122	气
0008	卜	0031	寸	0054	亡	0077	井	0100	车	0123	毛
0009	八	0032	大	0055	门	0078	天	0101	巨	0124	壬
0010	人	0033	丈	0056	丫	0079	夫	0102	牙	0125	升
0011	入	0034	与	0057	义	0080	元	0103	屯	0126	夭
0012	儿	0035	万	0058	之	0081	无	0104	戈	0127	长
0013	匕	0036	上	0059	尸	0082	云	0105	比	0128	仁
0014	几	0037	小	0060	己	0083	专	0106	互	0129	什
0015	九	0038	口	0061	已	0084	丐	0107	切	0130	片
0016	刁	0039	山	0062	巳	0085	扎	0108	瓦	0131	仆
0017	了	0040	巾	0063	弓	0086	艺	0109	止	0132	化
0018	刀	0041	千	0064	子	0087	木	0110	少	0133	仇
0019	力	0042	乞	0065	卫	0088	五	0111	曰	0134	币
0020	乃	0043	川	0066	也	0089	支	0112	日	0135	仍
0021	又	0044	亿	0067	女	0090	厅	0113	中	0136	仅
0022	三	0045	个	0068	刃	0091	不	0114	贝	0137	斤
0023	干	0046	夕	0069	飞	0092	犬	0115	冈	0138	爪

0139	反	0168	计	0197	巧	0226	卡	0255	叨	0284	甩
0140	介	0169	订	0198	正	0227	北	0256	另	0285	印
0141	父	0170	户	0199	扑	0228	占	0257	叹	0286	尔
0142	从	0171	认	0200	卉	0229	凸	0258	冉	0287	乐
0143	仑	0172	冗	0201	扒	0230	卢	0259	皿	0288	句
0144	今	0173	讥	0202	功	0231	业	0260	凹	0289	匆
0145	凶	0174	心	0203	扔	0232	旧	0261	囚	0290	册
0146	分	0175	尺	0204	去	0233	帅	0262	四	0291	卯
0147	乏	0176	引	0205	甘	0234	归	0263	生	0292	犯
0148	公	0177	丑	0206	世	0235	旦	0264	矢	0293	外
0149	仓	0178	巴	0207	艾	0236	目	0265	失	0294	处
0150	月	0179	孔	0208	古	0237	且	0266	乍	0295	冬
0151	氏	0180	队	0209	节	0238	叶	0267	禾	0296	鸟
0152	勿	0181	办	0210	本	0239	甲	0268	丘	0297	务
0153	欠	0182	以	0211	术	0240	申	0269	付	0298	包
0154	风	0183	允	0212	可	0241	叮	0270	仗	0299	饥
0155	丹	0184	予	0213	丙	0242	电	0271	代	0300	主
0156	匀	0185	邓	0214	左	0243	号	0272	仙	0301	市
0157	乌	0186	劝	0215	厉	0244	田	0273	们	0302	立
0158	勾	0187	双	0216	石	0245	由	0274	仪	0303	冯
0159	凤	0188	书	0217	右	0246	只	0275	白	0304	玄
0160	六	0189	幻	0218	布	0247	叭	0276	仔	0305	闪
0161	文	0190	玉	0219	夯	0248	史	0277	他	0306	兰
0162	亢	0191	刊	0220	戊	0249	央	0278	斥	0307	半
0163	方	0192	未	0221	龙	0250	兄	0279	瓜	0308	汁
0164	火	0193	末	0222	平	0251	叽	0280	乎	0309	汇
0165	为	0194	示	0223	灭	0252	叼	0281	丛	0310	头
0166	斗	0195	击	0224	轧	0253	叫	0282	令	0311	汉
0167	忆	0196	打	0225	东	0254	叩	0283	用	0312	宁

0313	穴	0342	台	0371	共	0400	死	0429	吃	0458	休
0314	它	0343	矛	0372	芒	0401	成	0430	因	0459	伍
0315	讨	0344	纠	0373	亚	0402	夹	0431	吸	0460	伏
0316	写	0345	母	0374	芝	0403	夷	0432	吗	0461	优
0317	让	0346	幼	0375	朽	0404	轨	0433	吆	0462	臼
0318	礼	0347	丝	0376	朴	0405	邪	0434	屿	0463	伐
0319	训	0348	邦	0377	机	0406	尧	0435	屹	0464	延
0320	议	0349	式	0378	权	0407	划	0436	岁	0465	仲
0321	必	0350	迂	0379	过	0408	迈	0437	帆	0466	件
0322	讯	0351	刑	0380	臣	0409	毕	0438	回	0467	任
0323	记	0352	戎	0381	吏	0410	至	0439	岂	0468	伤
0324	永	0353	动	0382	再	0411	此	0440	则	0469	价
0325	司	0354	扛	0383	协	0412	贞	0441	刚	0470	伦
0326	尼	0355	寺	0384	西	0413	师	0442	网	0471	份
0327	民	0356	吉	0385	压	0414	尘	0443	肉	0472	华
0328	弗	0357	扣	0386	厌	0415	尖	0444	年	0473	仰
0329	弘	0358	考	0387	戌	0416	劣	0445	朱	0474	仿
0330	出	0359	托	0388	在	0417	光	0446	先	0475	伙
0331	辽	0360	老	0389	百	0418	当	0447	丢	0476	伪
0332	奶	0361	巩	0390	有	0419	早	0448	廷	0477	自
0333	奴	0362	圾	0391	存	0420	吁	0449	舌	0478	伊
0334	召	0363	执	0392	而	0421	吐	0450	竹	0479	血
0335	加	0364	扩	0393	页	0422	吓	0451	迁	0480	向
0336	皮	0365	扫	0394	匠	0423	虫	0452	乔	0481	似
0337	边	0366	地	0395	夸	0424	曲	0453	迄	0482	后
0338	孕	0367	场	0396	夺	0425	团	0454	伟	0483	行
0339	发	0368	扬	0397	灰	0426	吕	0455	传	0484	舟
0340	圣	0369	耳	0398	达	0427	同	0456	乒	0485	全
0341	对	0370	芋	0399	列	0428	吊	0457	乓	0486	会

0487	杀	0516	亦	0545	宇	0574	阶	0603	玛	0632	折
0488	合	0517	刘	0546	守	0575	阴	0604	形	0633	抓
0489	兆	0518	齐	0547	宅	0576	防	0605	进	0634	扳
0490	企	0519	交	0548	字	0577	奸	0606	戒	0635	抡
0491	众	0520	衣	0549	安	0578	如	0607	吞	0636	扮
0492	爷	0521	次	0550	讲	0579	妇	0608	远	0637	抢
0493	伞	0522	产	0551	讳	0580	妃	0609	违	0638	孝
0494	创	0523	决	0552	军	0581	好	0610	韧	0639	坎
0495	肌	0524	亥	0553	讶	0582	她	0611	运	0640	均
0496	肋	0525	充	0554	许	0583	妈	0612	扶	0641	抑
0497	朵	0526	妄	0555	讹	0584	戏	0613	抚	0642	抛
0498	杂	0527	闭	0556	论	0585	羽	0614	坛	0643	投
0499	危	0528	问	0557	讼	0586	观	0615	技	0644	坟
0500	旬	0529	闯	0558	农	0587	欢	0616	坏	0645	坑
0501	旨	0530	羊	0559	讽	0588	买	0617	抠	0646	抗
0502	旭	0531	并	0560	设	0589	红	0618	扰	0647	坊
0503	负	0532	关	0561	访	0590	驮	0619	扼	0648	抖
0504	匈	0533	米	0562	诀	0591	纤	0620	拒	0649	护
0505	名	0534	灯	0563	寻	0592	驯	0621	找	0650	壳
0506	各	0535	州	0564	那	0593	约	0622	批	0651	志
0507	多	0536	汗	0565	迅	0594	级	0623	址	0652	块
0508	争	0537	污	0566	尽	0595	纪	0624	扯	0653	扭
0509	色	0538	江	0567	导	0596	驰	0625	走	0654	声
0510	壮	0539	汛	0568	异	0597	纫	0626	抄	0655	把
0511	冲	0540	池	0569	弛	0598	巡	0627	贡	0656	报
0512	妆	0541	汝	0570	孙	0599	寿	0628	汞	0657	拟
0513	冰	0542	汤	0571	阵	0600	弄	0629	坝	0658	却
0514	庄	0543	忙	0572	阳	0601	麦	0630	攻	0659	抒
0515	庆	0544	兴	0573	收	0602	玖	0631	赤	0660	劫

0661	芙	0690	求	0719	助	0748	邑	0777	作	0806	肘
0662	芜	0691	甫	0720	县	0749	吼	0778	伯	0807	肠
0663	苇	0692	匣	0721	里	0750	囤	0779	伶	0808	龟
0664	芽	0693	更	0722	呆	0751	别	0780	佣	0809	甸
0665	花	0694	束	0723	吱	0752	吮	0781	低	0810	免
0666	芹	0695	吾	0724	吠	0753	岖	0782	你	0811	狂
0667	芥	0696	豆	0725	呕	0754	岗	0783	住	0812	犹
0668	芬	0697	两	0726	园	0755	帐	0784	位	0813	狈
0669	苍	0698	酉	0727	旷	0756	财	0785	伴	0814	角
0670	芳	0699	丽	0728	围	0757	针	0786	身	0815	删
0671	严	0700	医	0729	呀	0758	钉	0787	皂	0816	条
0672	芦	0701	辰	0730	吨	0759	牡	0788	伺	0817	彤
0673	芯	0702	励	0731	足	0760	告	0789	佛	0818	卵
0674	劳	0703	否	0732	邮	0761	我	0790	囱	0819	灸
0675	克	0704	还	0733	男	0762	乱	0791	近	0820	岛
0676	芭	0705	尬	0734	困	0763	利	0792	彻	0821	刨
0677	苏	0706	歼	0735	吵	0764	秃	0793	役	0822	迎
0678	杆	0707	来	0736	串	0765	秀	0794	返	0823	饭
0679	杠	0708	连	0737	员	0766	私	0795	余	0824	饮
0680	杜	0709	轩	0738	呐	0767	每	0796	希	0825	系
0681	材	0710	步	0739	听	0768	兵	0797	坐	0826	言
0682	村	0711	卤	0740	吟	0769	估	0798	谷	0827	冻
0683	杖	0712	坚	0741	吩	0770	体	0799	妥	0828	状
0684	杏	0713	肖	0742	呛	0771	何	0800	含	0829	亩
0685	杉	0714	旱	0743	吻	0772	佐	0801	邻	0830	况
0686	巫	0715	盯	0744	吹	0773	佑	0802	岔	0831	床
0687	极	0716	呈	0745	呜	0774	但	0803	肝	0832	库
0688	李	0717	时	0746	吭	0775	伸	0804	肛	0833	庇
0689	杨	0718	吴	0747	吧	0776	佃	0805	肚	0834	疗

0835	齐	0864	汹	0893	诈	0922	妨	0951	表	0980	垃
0836	应	0865	泛	0894	诉	0923	妒	0952	规	0981	拉
0837	这	0866	沧	0895	罕	0924	努	0953	抹	0982	拦
0838	冷	0867	没	0896	诊	0925	忍	0954	卦	0983	幸
0839	庐	0868	沟	0897	词	0926	劲	0955	坷	0984	拌
0840	序	0869	沪	0898	译	0927	矣	0956	坯	0985	拧
0841	辛	0870	沈	0899	君	0928	鸡	0957	拓	0986	拂
0842	弃	0871	沉	0900	灵	0929	纬	0958	拢	0987	拙
0843	冶	0872	沁	0901	即	0930	驱	0959	拔	0988	招
0844	忘	0873	怀	0902	层	0931	纯	0960	坪	0989	坡
0845	闰	0874	忧	0903	屁	0932	纱	0961	拣	0990	披
0846	闲	0875	忱	0904	尿	0933	纲	0962	坦	0991	拨
0847	间	0876	快	0905	尾	0934	纳	0963	担	0992	择
0848	闷	0877	完	0906	迟	0935	驳	0964	坤	0993	抬
0849	判	0878	宋	0907	局	0936	纵	0965	押	0994	拇
0850	兑	0879	宏	0908	改	0937	纷	0966	抽	0995	拗
0851	灶	0880	牢	0909	张	0938	纸	0967	拐	0996	其
0852	灿	0881	究	0910	忌	0939	纹	0968	拖	0997	取
0853	灼	0882	穷	0911	际	0940	纺	0969	者	0998	茉
0854	弟	0883	灾	0912	陆	0941	驴	0970	拍	0999	苦
0855	汪	0884	良	0913	阿	0942	纽	0971	顶	1000	昔
0856	沐	0885	证	0914	陈	0943	奉	0972	拆	1001	苛
0857	沛	0886	启	0915	阻	0944	玩	0973	拎	1002	若
0858	汰	0887	评	0916	附	0945	环	0974	拥	1003	茂
0859	沥	0888	补	0917	坠	0946	武	0975	抵	1004	苹
0860	沙	0889	初	0918	妓	0947	青	0976	拘	1005	苗
0861	汽	0890	社	0919	妙	0948	责	0977	势	1006	英
0862	沃	0891	祀	0920	妖	0949	现	0978	抱	1007	苟
0863	沦	0892	识	0921	姊	0950	玫	0979	拄	1008	苑

1009	苞	1038	事	1067	肯	1096	咒	1125	垂	1154	卑
1010	范	1039	刺	1068	齿	1097	咋	1126	牧	1155	的
1011	直	1040	枣	1069	些	1098	咐	1127	物	1156	迫
1012	茁	1041	雨	1070	卓	1099	呼	1128	乖	1157	质
1013	茄	1042	卖	1071	虎	1100	鸣	1129	刮	1158	欣
1014	茎	1043	郁	1072	虏	1101	咏	1130	秆	1159	征
1015	苔	1044	矾	1073	肾	1102	呢	1131	和	1160	往
1016	茅	1045	矿	1074	贤	1103	咄	1132	季	1161	爬
1017	枉	1046	码	1075	尚	1104	咖	1133	委	1162	彼
1018	林	1047	厕	1076	旺	1105	岸	1134	秉	1163	径
1019	枝	1048	奈	1077	具	1106	岩	1135	佳	1164	所
1020	杯	1049	奔	1078	味	1107	帖	1136	侍	1165	舍
1021	枢	1050	奇	1079	果	1108	罗	1137	岳	1166	金
1022	柜	1051	奋	1080	昆	1109	帜	1138	供	1167	刹
1023	枚	1052	态	1081	国	1110	帕	1139	使	1168	命
1024	析	1053	欧	1082	哎	1111	岭	1140	例	1169	肴
1025	板	1054	殴	1083	咕	1112	凯	1141	侠	1170	斧
1026	松	1055	垄	1084	昌	1113	败	1142	侥	1171	爸
1027	枪	1056	妻	1085	呵	1114	账	1143	版	1172	采
1028	枫	1057	轰	1086	畅	1115	贩	1144	侄	1173	觅
1029	构	1058	顷	1087	明	1116	贬	1145	侦	1174	受
1030	杭	1059	转	1088	易	1117	购	1146	侣	1175	乳
1031	杰	1060	斩	1089	咙	1118	贮	1147	侧	1176	贪
1032	述	1061	轮	1090	昂	1119	图	1148	凭	1177	念
1033	枕	1062	软	1091	迪	1120	钓	1149	侨	1178	贫
1034	丧	1063	到	1092	典	1121	制	1150	佩	1179	忿
1035	或	1064	非	1093	固	1122	知	1151	货	1180	肤
1036	画	1065	叔	1094	忠	1123	迭	1152	侈	1181	肺
1037	卧	1066	歧	1095	呻	1124	氛	1153	依	1182	肢

1183	肿	1212	底	1241	法	1270	怜	1299	询	1328	妮
1184	胀	1213	疟	1242	泄	1271	怪	1300	该	1329	始
1185	朋	1214	疙	1243	沽	1272	怡	1301	详	1330	姆
1186	股	1215	疚	1244	河	1273	学	1302	建	1331	迢
1187	肮	1216	剂	1245	沾	1274	宝	1303	肃	1332	驾
1188	肪	1217	卒	1246	泪	1275	宗	1304	录	1333	叁
1189	肥	1218	郊	1247	沮	1276	定	1305	隶	1334	参
1190	服	1219	庚	1248	油	1277	宠	1306	帚	1335	艰
1191	胁	1220	废	1249	泊	1278	宜	1307	屉	1336	线
1192	周	1221	净	1250	沿	1279	审	1308	居	1337	练
1193	昏	1222	盲	1251	泡	1280	宙	1309	届	1338	组
1194	鱼	1223	放	1252	注	1281	官	1310	刷	1339	绅
1195	兔	1224	刻	1253	泣	1282	空	1311	屈	1340	细
1196	狐	1225	育	1254	泞	1283	帘	1312	弧	1341	驶
1197	忽	1226	氓	1255	泻	1284	宛	1313	弥	1342	织
1198	狗	1227	闸	1256	泌	1285	实	1314	弦	1343	驹
1199	狞	1228	闹	1257	泳	1286	试	1315	承	1344	终
1200	备	1229	郑	1258	泥	1287	郎	1316	孟	1345	驻
1201	饰	1230	券	1259	沸	1288	诗	1317	陋	1346	绊
1202	饱	1231	卷	1260	沼	1289	肩	1318	陌	1347	驼
1203	饲	1232	单	1261	波	1290	房	1319	孤	1348	绍
1204	变	1233	炬	1262	泼	1291	诚	1320	陕	1349	绎
1205	京	1234	炒	1263	泽	1292	衬	1321	降	1350	经
1206	享	1235	炊	1264	治	1293	衫	1322	函	1351	贯
1207	庞	1236	炕	1265	怔	1294	视	1323	限	1352	契
1208	店	1237	炎	1266	怯	1295	祈	1324	妹	1353	贰
1209	夜	1238	炉	1267	怖	1296	话	1325	姑	1354	奏
1210	庙	1239	沫	1268	性	1297	诞	1326	姐	1355	春
1211	府	1240	浅	1269	怕	1298	诡	1327	姓	1356	帮

1357	玷	1386	拾	1415	荣	1444	威	1473	竖	1502	虽
1358	珍	1387	挑	1416	荤	1445	歪	1474	省	1503	品
1359	玲	1388	垛	1417	荧	1446	研	1475	削	1504	咽
1360	珊	1389	指	1418	故	1447	砖	1476	尝	1505	骂
1361	玻	1390	垫	1419	胡	1448	厘	1477	昧	1506	勋
1362	毒	1391	挣	1420	荫	1449	厚	1478	盹	1507	哗
1363	型	1392	挤	1421	荔	1450	砌	1479	是	1508	咱
1364	拭	1393	拼	1422	南	1451	砂	1480	盼	1509	响
1365	挂	1394	挖	1423	药	1452	泵	1481	眨	1510	哈
1366	封	1395	按	1424	标	1453	砚	1482	哇	1511	哆
1367	持	1396	挥	1425	栈	1454	砍	1483	哄	1512	咬
1368	拷	1397	挪	1426	柑	1455	面	1484	哑	1513	咳
1369	拱	1398	拯	1427	枯	1456	耐	1485	显	1514	咪
1370	项	1399	某	1428	柄	1457	耍	1486	冒	1515	哪
1371	垮	1400	甚	1429	栋	1458	牵	1487	映	1516	哟
1372	挎	1401	荆	1430	相	1459	鸥	1488	星	1517	炭
1373	城	1402	茸	1431	查	1460	残	1489	昨	1518	峡
1374	挟	1403	革	1432	柏	1461	殃	1490	咧	1519	罚
1375	挠	1404	茬	1433	栅	1462	轴	1491	昭	1520	贱
1376	政	1405	荐	1434	柳	1463	轻	1492	畏	1521	贴
1377	赴	1406	巷	1435	柱	1464	鸦	1493	趴	1522	贻
1378	赵	1407	带	1436	柿	1465	皆	1494	胃	1523	骨
1379	挡	1408	草	1437	栏	1466	韭	1495	贵	1524	幽
1380	拽	1409	茧	1438	柠	1467	背	1496	界	1525	钙
1381	哉	1410	茵	1439	树	1468	战	1497	虹	1526	钝
1382	挺	1411	茶	1440	勃	1469	点	1498	虾	1527	钞
1383	括	1412	荒	1441	要	1470	虐	1499	蚁	1528	钟
1384	垢	1413	茫	1442	柬	1471	临	1500	思	1529	钢
1385	拴	1414	荡	1443	咸	1472	览	1501	蚂	1530	钠

1531	钥	1560	修	1589	食	1618	奖	1647	迷	1676	洛
1532	钦	1561	俏	1590	盆	1619	哀	1648	籽	1677	浏
1533	钧	1562	保	1591	胚	1620	亭	1649	娄	1678	济
1534	钩	1563	促	1592	胧	1621	亮	1650	前	1679	洋
1535	钮	1564	俄	1593	胆	1622	度	1651	首	1680	洲
1536	卸	1565	俐	1594	胜	1623	迹	1652	逆	1681	浑
1537	缸	1566	侮	1595	胞	1624	庭	1653	兹	1682	浓
1538	拜	1567	俭	1596	胖	1625	疮	1654	总	1683	津
1539	看	1568	俗	1597	脉	1626	疯	1655	炼	1684	恃
1540	矩	1569	俘	1598	胎	1627	疫	1656	炸	1685	恒
1541	毡	1570	信	1599	勉	1628	疤	1657	烁	1686	恢
1542	氢	1571	皇	1600	狭	1629	咨	1658	炮	1687	恍
1543	怎	1572	泉	1601	狮	1630	姿	1659	炫	1688	恬
1544	牲	1573	鬼	1602	独	1631	亲	1660	烂	1689	恤
1545	选	1574	侵	1603	狰	1632	音	1661	剃	1690	恰
1546	适	1575	禹	1604	狡	1633	帝	1662	洼	1691	恼
1547	秒	1576	侯	1605	狱	1634	施	1663	洁	1692	恨
1548	香	1577	追	1606	狠	1635	闺	1664	洪	1693	举
1549	种	1578	俊	1607	贸	1636	闻	1665	洒	1694	觉
1550	秋	1579	盾	1608	怨	1637	闽	1666	柒	1695	宣
1551	科	1580	待	1609	急	1638	阀	1667	浇	1696	宦
1552	重	1581	徊	1610	饵	1639	阁	1668	浊	1697	室
1553	复	1582	衍	1611	饶	1640	差	1669	洞	1698	宫
1554	竿	1583	律	1612	蚀	1641	养	1670	测	1699	宪
1555	段	1584	很	1613	饺	1642	美	1671	洗	1700	突
1556	便	1585	须	1614	饼	1643	姜	1672	活	1701	穿
1557	俩	1586	叙	1615	峦	1644	叛	1673	派	1702	窃
1558	贷	1587	剑	1616	弯	1645	送	1674	洽	1703	客
1559	顺	1588	逃	1617	将	1646	类	1675	染	1704	诚

1705	冠	1734	院	1763	绞	1792	捍	1821	莽	1850	根
1706	诬	1735	娃	1764	骇	1793	捏	1822	莱	1851	索
1707	语	1736	姥	1765	统	1794	埋	1823	莲	1852	哥
1708	扁	1737	姨	1766	耕	1795	捉	1824	莫	1853	速
1709	袄	1738	姻	1767	耘	1796	捆	1825	莉	1854	逗
1710	祖	1739	娇	1768	耗	1797	捐	1826	荷	1855	栗
1711	神	1740	姚	1769	耙	1798	损	1827	获	1856	贾
1712	祝	1741	娜	1770	艳	1799	袁	1828	晋	1857	酌
1713	祠	1742	怒	1771	泰	1800	捌	1829	恶	1858	配
1714	误	1743	架	1772	秦	1801	都	1830	莹	1859	翅
1715	诱	1744	贺	1773	珠	1802	哲	1831	莺	1860	辱
1716	诲	1745	盈	1774	班	1803	逝	1832	真	1861	唇
1717	说	1746	勇	1775	素	1804	捡	1833	框	1862	夏
1718	诵	1747	怠	1776	匿	1805	挫	1834	梆	1863	砸
1719	垦	1748	癸	1777	蚕	1806	换	1835	桂	1864	砰
1720	退	1749	蚤	1778	顽	1807	挽	1836	桔	1865	砾
1721	既	1750	柔	1779	盏	1808	挚	1837	栖	1866	础
1722	屋	1751	垒	1780	匪	1809	热	1838	档	1867	破
1723	昼	1752	绑	1781	捞	1810	恐	1839	桐	1868	原
1724	屏	1753	绒	1782	栽	1811	捣	1840	株	1869	套
1725	屎	1754	结	1783	捕	1812	壶	1841	桥	1870	逐
1726	费	1755	绕	1784	埂	1813	捅	1842	桦	1871	烈
1727	陡	1756	骄	1785	捂	1814	埃	1843	栓	1872	殊
1728	逊	1757	绘	1786	振	1815	挨	1844	桃	1873	殉
1729	眉	1758	给	1787	载	1816	耻	1845	格	1874	顾
1730	孩	1759	绚	1788	赶	1817	耿	1846	桩	1875	轿
1731	陨	1760	骆	1789	起	1818	耽	1847	校	1876	较
1732	除	1761	络	1790	盐	1819	聂	1848	核	1877	顿
1733	险	1762	绝	1791	捎	1820	恭	1849	样	1878	毙

1879	致	1908	哦	1937	氨	1966	俯	1995	脂	2024	准
1880	柴	1909	恩	1938	特	1967	倍	1996	胸	2025	座
1881	桌	1910	鸯	1939	牺	1968	倦	1997	胳	2026	症
1882	虑	1911	唤	1940	造	1969	健	1998	脏	2027	病
1883	监	1912	唁	1941	乘	1970	臭	1999	脐	2028	疾
1884	紧	1913	哼	1942	敌	1971	射	2000	胶	2029	斋
1885	党	1914	唧	1943	秤	1972	躬	2001	脑	2030	疹
1886	逞	1915	啊	1944	租	1973	息	2002	脓	2031	疼
1887	晒	1916	唉	1945	积	1974	倔	2003	逛	2032	疲
1888	眠	1917	唆	1946	秧	1975	徒	2004	狸	2033	脊
1889	晓	1918	罢	1947	秩	1976	徐	2005	狼	2034	效
1890	哮	1919	峭	1948	称	1977	殷	2006	卿	2035	离
1891	唠	1920	峨	1949	秘	1978	舰	2007	逢	2036	紊
1892	鸭	1921	峰	1950	透	1979	舱	2008	鸵	2037	唐
1893	晃	1922	圆	1951	笔	1980	般	2009	留	2038	瓷
1894	哺	1923	峻	1952	笑	1981	航	2010	鸳	2039	资
1895	晌	1924	贼	1953	笋	1982	途	2011	皱	2040	凉
1896	剔	1925	贿	1954	债	1983	拿	2012	饿	2041	站
1897	晕	1926	赂	1955	借	1984	耸	2013	馁	2042	剖
1898	蚌	1927	赃	1956	值	1985	爹	2014	凌	2043	竞
1899	畔	1928	钱	1957	倚	1986	舀	2015	凄	2044	部
1900	蚣	1929	钳	1958	俺	1987	爱	2016	恋	2045	旁
1901	蚊	1930	钻	1959	倾	1988	豺	2017	桨	2046	旅
1902	蚪	1931	钾	1960	倒	1989	豹	2018	浆	2047	畜
1903	蚓	1932	铁	1961	倘	1990	颁	2019	衰	2048	阅
1904	哨	1933	铃	1962	俱	1991	颂	2020	衷	2049	羞
1905	哩	1934	铅	1963	倡	1992	翁	2021	高	2050	羔
1906	圃	1935	缺	1964	候	1993	胰	2022	郭	2051	瓶
1907	哭	1936	氧	1965	赁	1994	脆	2023	席	2052	拳

2053	粉	2082	涧	2111	诺	2140	娱	2169	焉	2198	著
2054	料	2083	涕	2112	读	2141	娟	2170	掉	2199	菱
2055	益	2084	浪	2113	扇	2142	恕	2171	捶	2200	勒
2056	兼	2085	浸	2114	诽	2143	娥	2172	赦	2201	黄
2057	烤	2086	涨	2115	袜	2144	娘	2173	堆	2202	菲
2058	烘	2087	烫	2116	袖	2145	通	2174	推	2203	萌
2059	烦	2088	涩	2117	袍	2146	能	2175	埠	2204	萝
2060	烧	2089	涌	2118	被	2147	难	2176	掀	2205	菌
2061	烛	2090	悖	2119	祥	2148	预	2177	授	2206	萎
2062	烟	2091	悟	2120	课	2149	桑	2178	捻	2207	菜
2063	烙	2092	悄	2121	冥	2150	绢	2179	教	2208	萄
2064	递	2093	悍	2122	谁	2151	绣	2180	掏	2209	菊
2065	涛	2094	悔	2123	调	2152	验	2181	掐	2210	菩
2066	浙	2095	悯	2124	冤	2153	继	2182	掠	2211	萍
2067	涝	2096	悦	2125	谅	2154	骏	2183	掂	2212	菠
2068	浦	2097	害	2126	谆	2155	球	2184	培	2213	萤
2069	酒	2098	宽	2127	谈	2156	琐	2185	接	2214	营
2070	涉	2099	家	2128	谊	2157	理	2186	掷	2215	乾
2071	消	2100	宵	2129	剥	2158	琉	2187	控	2216	萧
2072	涡	2101	宴	2130	恳	2159	琅	2188	探	2217	萨
2073	浩	2102	宾	2131	展	2160	捧	2189	据	2218	菇
2074	海	2103	窍	2132	剧	2161	堵	2190	掘	2219	械
2075	涂	2104	窄	2133	屑	2162	措	2191	掺	2220	彬
2076	浴	2105	容	2134	弱	2163	描	2192	职	2221	梦
2077	浮	2106	宰	2135	陵	2164	域	2193	基	2222	婪
2078	涣	2107	案	2136	祟	2165	捺	2194	聆	2223	梗
2079	涤	2108	请	2137	陶	2166	掩	2195	勘	2224	梧
2080	流	2109	朗	2138	陷	2167	捷	2196	聊	2225	梢
2081	润	2110	诸	2139	陪	2168	排	2197	娶	2226	梅

2227	检	2256	堂	2285	患	2314	犁	2343	盘	2372	馅
2228	梳	2257	常	2286	啰	2315	秽	2344	舶	2373	馆
2229	梯	2258	眶	2287	唾	2316	移	2345	船	2374	凑
2230	桶	2259	匙	2288	唯	2317	笨	2346	舵	2375	减
2231	梭	2260	晨	2289	啤	2318	笼	2347	斜	2376	毫
2232	救	2261	睁	2290	啥	2319	笛	2348	盒	2377	烹
2233	曹	2262	眯	2291	啸	2320	笙	2349	鸽	2378	庶
2234	副	2263	眼	2292	崖	2321	符	2350	敛	2379	麻
2235	票	2264	悬	2293	崎	2322	第	2351	悉	2380	庵
2236	酝	2265	野	2294	崭	2323	敏	2352	欲	2381	痊
2237	酗	2266	啪	2295	逻	2324	做	2353	彩	2382	痒
2238	厢	2267	啦	2296	崔	2325	袋	2354	领	2383	痕
2239	戚	2268	曼	2297	帷	2326	悠	2355	脚	2384	廊
2240	硅	2269	晦	2298	崩	2327	偿	2356	脖	2385	康
2241	硕	2270	晚	2299	崇	2328	偶	2357	脯	2386	庸
2242	奢	2271	啄	2300	崛	2329	偎	2358	豚	2387	鹿
2243	盔	2272	啡	2301	婴	2330	偷	2359	脸	2388	盗
2244	爽	2273	距	2302	圈	2331	您	2360	脱	2389	章
2245	聋	2274	趾	2303	铐	2332	售	2361	象	2390	竟
2246	袭	2275	啃	2304	铛	2333	停	2362	够	2391	商
2247	盛	2276	跃	2305	铝	2334	偏	2363	逸	2392	族
2248	匾	2277	略	2306	铜	2335	躯	2364	猜	2393	旋
2249	雪	2278	蚯	2307	铭	2336	兜	2365	猪	2394	望
2250	辅	2279	蛀	2308	铲	2337	假	2366	猎	2395	率
2251	辆	2280	蛇	2309	银	2338	衅	2367	猫	2396	阎
2252	颅	2281	唬	2310	矫	2339	徘	2368	凰	2397	阐
2253	虚	2282	累	2311	甜	2340	徙	2369	猖	2398	着
2254	彪	2283	鄂	2312	秸	2341	得	2370	猛	2399	羚
2255	雀	2284	唱	2313	梨	2342	衔	2371	祭	2400	盖

2401	眷	2430	淡	2459	谋	2488	续	2517	超	2546	散
2402	粘	2431	淀	2460	谍	2489	骑	2518	揽	2547	惹
2403	粗	2432	深	2461	谎	2490	绰	2519	堤	2548	葬
2404	粒	2433	涮	2462	谐	2491	绳	2520	提	2549	募
2405	断	2434	涵	2463	袄	2492	维	2521	博	2550	葛
2406	剪	2435	婆	2464	祷	2493	绵	2522	揭	2551	董
2407	兽	2436	梁	2465	祸	2494	绷	2523	喜	2552	葡
2408	焊	2437	渗	2466	谓	2495	绸	2524	彭	2553	敬
2409	焕	2438	情	2467	谚	2496	综	2525	揣	2554	葱
2410	清	2439	惜	2468	谜	2497	绽	2526	插	2555	蒋
2411	添	2440	惭	2469	逮	2498	绿	2527	揪	2556	蒂
2412	鸿	2441	悼	2470	敢	2499	缀	2528	搜	2557	落
2413	淋	2442	惧	2471	尉	2500	巢	2529	煮	2558	韩
2414	涯	2443	惕	2472	屠	2501	琴	2530	援	2559	朝
2415	淹	2444	惟	2473	弹	2502	琳	2531	搀	2560	辜
2416	渠	2445	惊	2474	隋	2503	琢	2532	裁	2561	葵
2417	渐	2446	惦	2475	堕	2504	琼	2533	搁	2562	棒
2418	淑	2447	悴	2476	随	2505	斑	2534	搓	2563	棱
2419	淌	2448	惋	2477	蛋	2506	替	2535	搂	2564	棋
2420	混	2449	惨	2478	隅	2507	揍	2536	搅	2565	椰
2421	淮	2450	惯	2479	隆	2508	款	2537	壹	2566	植
2422	淆	2451	寇	2480	隐	2509	堪	2538	握	2567	森
2423	渊	2452	寅	2481	婚	2510	塔	2539	搔	2568	焚
2424	淫	2453	寄	2482	婶	2511	搭	2540	揉	2569	椅
2425	渔	2454	寂	2483	婉	2512	堰	2541	斯	2570	椒
2426	淘	2455	宿	2484	颇	2513	揩	2542	期	2571	棵
2427	淳	2456	窒	2485	颈	2514	越	2543	欺	2572	棍
2428	液	2457	窑	2486	绩	2515	趁	2544	联	2573	椎
2429	淤	2458	密	2487	绪	2516	趋	2545	葫	2574	棉

2575	棚	2604	紫	2633	遗	2662	锅	2691	傅	2720	猾
2576	棕	2605	凿	2634	蛙	2663	锈	2692	牌	2721	猴
2577	棺	2606	辉	2635	蛛	2664	锋	2693	堡	2722	惫
2578	榔	2607	敞	2636	蜓	2665	锌	2694	集	2723	然
2579	椭	2608	棠	2637	蜒	2666	锐	2695	焦	2724	馈
2580	惠	2609	赏	2638	蛤	2667	甥	2696	傍	2725	馋
2581	惑	2610	掌	2639	喝	2668	掰	2697	储	2726	装
2582	逼	2611	晴	2640	鹃	2669	短	2698	皓	2727	蛮
2583	粟	2612	睐	2641	喂	2670	智	2699	皖	2728	就
2584	棘	2613	暑	2642	喘	2671	氮	2700	粤	2729	敦
2585	酣	2614	最	2643	喉	2672	毯	2701	奥	2730	斌
2586	酥	2615	晰	2644	喻	2673	氯	2702	街	2731	痘
2587	厨	2616	量	2645	啼	2674	鹅	2703	惩	2732	痢
2588	厦	2617	鼎	2646	喧	2675	剩	2704	御	2733	痪
2589	硬	2618	喷	2647	嵌	2676	稍	2705	循	2734	痛
2590	硝	2619	喳	2648	幅	2677	程	2706	艇	2735	童
2591	确	2620	晶	2649	帽	2678	稀	2707	舒	2736	竣
2592	硫	2621	喇	2650	赋	2679	税	2708	逾	2737	阔
2593	雁	2622	遇	2651	赌	2680	筐	2709	番	2738	善
2594	殖	2623	喊	2652	赎	2681	等	2710	释	2739	翔
2595	裂	2624	遏	2653	赐	2682	筑	2711	禽	2740	羡
2596	雄	2625	晾	2654	赔	2683	策	2712	腊	2741	普
2597	颊	2626	景	2655	黑	2684	筛	2713	脾	2742	粪
2598	雳	2627	畴	2656	铸	2685	筒	2714	腋	2743	尊
2599	暂	2628	践	2657	铺	2686	筏	2715	腔	2744	奠
2600	雅	2629	跋	2658	链	2687	答	2716	腕	2745	道
2601	翘	2630	跌	2659	销	2688	筋	2717	鲁	2746	遂
2602	辈	2631	跑	2660	锁	2689	筝	2718	猩	2747	曾
2603	悲	2632	跛	2661	锄	2690	傲	2719	猬	2748	焰

2749	港	2778	慨	2807	隘	2836	塌	2865	楷	2894	鉴
2750	滞	2779	割	2808	媒	2837	鼓	2866	榄	2895	睛
2751	湖	2780	寒	2809	絮	2838	摆	2867	想	2896	睹
2752	湘	2781	富	2810	嫂	2839	携	2868	槐	2897	睦
2753	渣	2782	寓	2811	媚	2840	搬	2869	榆	2898	瞄
2754	渤	2783	窜	2812	婿	2841	摇	2870	楼	2899	睫
2755	渺	2784	窝	2813	登	2842	搞	2871	概	2900	睡
2756	湿	2785	窖	2814	缅	2843	塘	2872	赖	2901	睬
2757	温	2786	窗	2815	缆	2844	摊	2873	酪	2902	嗜
2758	渴	2787	窘	2816	缉	2845	聘	2874	酬	2903	鄙
2759	溃	2788	遍	2817	缎	2846	斟	2875	感	2904	嗦
2760	溅	2789	雇	2818	缓	2847	蒜	2876	碍	2905	愚
2761	滑	2790	裕	2819	缔	2848	勤	2877	碘	2906	暖
2762	湃	2791	裤	2820	缕	2849	靴	2878	碑	2907	盟
2763	渝	2792	裙	2821	骗	2850	靶	2879	碎	2908	歇
2764	湾	2793	禅	2822	编	2851	鹊	2880	碰	2909	暗
2765	渡	2794	禄	2823	骚	2852	蓝	2881	碗	2910	暇
2766	游	2795	谢	2824	缘	2853	墓	2882	碌	2911	照
2767	滋	2796	谣	2825	瑟	2854	幕	2883	尴	2912	畸
2768	渲	2797	谤	2826	鹉	2855	蓬	2884	雷	2913	跨
2769	溉	2798	谦	2827	瑞	2856	蓄	2885	零[1]	2914	跷
2770	愤	2799	犀	2828	瑰	2857	蒲	2886	雾	2915	跳
2771	慌	2800	属	2829	瑙	2858	蓉	2887	雹	2916	跺
2772	惰	2801	屡	2830	魂	2859	蒙	2888	辐	2917	跪
2773	愕	2802	强	2831	肆	2860	蒸	2889	辑	2918	路
2774	愣	2803	粥	2832	摄	2861	献	2890	输	2919	跤
2775	惶	2804	疏	2833	摸	2862	椿	2891	督	2920	跟
2776	愧	2805	隔	2834	填	2863	禁	2892	频	2921	遣
2777	愉	2806	隙	2835	搏	2864	楚	2893	龄	2922	蜈

2923	蜗	2952	筹	2981	解	3010	滥	3039	媳	3068	摹
2924	蛾	2953	签	2982	煞	3011	滔	3040	嫉	3069	蔓
2925	蜂	2954	简	2983	雏	3012	溪	3041	嫌	3070	蔑
2926	蜕	2955	筷	2984	馍	3013	溜	3042	嫁	3071	蔡
2927	嗅	2956	毁	2985	馏	3014	漓	3043	叠	3072	蔗
2928	嗡	2957	舅	2986	酱	3015	滚	3044	缚	3073	蔽
2929	嗓	2958	鼠	2987	禀	3016	溢	3045	缝	3074	蔼
2930	署	2959	催	2988	痹	3017	溯	3046	缠	3075	熙
2931	置	2960	傻	2989	廓	3018	滨	3047	缤	3076	蔚
2932	罪	2961	像	2990	痴	3019	溶	3048	剿	3077	兢
2933	罩	2962	躲	2991	痰	3020	溺	3049	静	3078	模
2934	蜀	2963	魁	2992	廉	3021	粱	3050	碧	3079	槛
2935	幌	2964	衙	2993	靖	3022	滩	3051	璃	3080	榴
2936	错	2965	微	2994	新	3023	慎	3052	赘	3081	榜
2937	锚	2966	愈	2995	韵	3024	誉	3053	熬	3082	榨
2938	锡	2967	遥	2996	意	3025	塞	3054	墙	3083	榕
2939	锣	2968	腻	2997	誊	3026	寞	3055	墟	3084	歌
2940	锤	2969	腰	2998	粮	3027	窥	3056	嘉	3085	遭
2941	锥	2970	腥	2999	数	3028	窟	3057	摧	3086	酵
2942	锦	2971	腮	3000	煎	3029	寝	3058	赫	3087	酷
2943	键	2972	腹	3001	塑	3030	谨	3059	截	3088	酿
2944	锯	2973	腺	3002	慈	3031	褂	3060	誓	3089	酸
2945	锰	2974	鹏	3003	煤	3032	裸	3061	境	3090	碟
2946	矮	2975	腾	3004	煌	3033	福	3062	摘	3091	碱
2947	辞	2976	腿	3005	满	3034	谬	3063	摔	3092	碳
2948	稚	2977	鲍	3006	漠	3035	群	3064	撇	3093	磁
2949	稠	2978	猿	3007	滇	3036	殿	3065	聚	3094	愿
2950	颓	2979	颖	3008	源	3037	辟	3066	慕	3095	需
2951	愁	2980	触	3009	滤	3038	障	3067	暮	3096	辖

3097	辗	3126	僚	3155	歉	3184	翠	3213	横	3242	踏
3098	雌	3127	僧	3156	弊	3185	熊	3214	槽	3243	踩
3099	裳	3128	鼻	3157	熄	3186	凳	3215	樱	3244	踪
3100	颗	3129	魄	3158	熔	3187	骡	3216	橡	3245	蝶
3101	瞅	3130	魅	3159	煽	3188	缩	3217	樟	3246	蝴
3102	墅	3131	貌	3160	潇	3189	慧	3218	橄	3247	蝠
3103	嗽	3132	膜	3161	漆	3190	撵	3219	敷	3248	蝎
3104	踊	3133	膊	3162	漱	3191	撕	3220	豌	3249	蝌
3105	蜻	3134	膀	3163	漂	3192	撒	3221	飘	3250	蝗
3106	蜡	3135	鲜	3164	漫	3193	撩	3222	醋	3251	蝙
3107	蝇	3136	疑	3165	滴	3194	趣	3223	醇	3252	嘿
3108	蜘	3137	孵	3166	漾	3195	趟	3224	醉	3253	嘱
3109	蝉	3138	馒	3167	演	3196	撑	3225	磕	3254	幢
3110	嘛	3139	裹	3168	漏	3197	撮	3226	磊	3255	墨
3111	嘀	3140	敲	3169	慢	3198	撬	3227	磅	3256	镇
3112	赚	3141	豪	3170	慷	3199	播	3228	碾	3257	镐
3113	锹	3142	膏	3171	寨	3200	擒	3229	震	3258	镑
3114	锻	3143	遮	3172	赛	3201	墩	3230	霄	3259	靠
3115	镀	3144	腐	3173	寡	3202	撞	3231	霉	3260	稽
3116	舞	3145	瘩	3174	察	3203	撤	3232	瞒	3261	稻
3117	舔	3146	瘟	3175	蜜	3204	增	3233	题	3262	黎
3118	稳	3147	瘦	3176	寥	3205	撰	3234	暴	3263	稿
3119	熏	3148	辣	3177	谭	3206	聪	3235	瞎	3264	稼
3120	箕	3149	彰	3178	肇	3207	鞋	3236	嘻	3265	箱
3121	算	3150	竭	3179	褐	3208	鞍	3237	嘶	3266	篓
3122	箩	3151	端	3180	褪	3209	蕉	3238	嘲	3267	箭
3123	管	3152	旗	3181	谱	3210	蕊	3239	嘹	3268	篇
3124	箫	3153	精	3182	隧	3211	蔬	3240	影	3269	僵
3125	舆	3154	粹	3183	嫩	3212	蕴	3241	踢	3270	躺

3271	僻	3300	懂	3329	噩	3358	篡	3387	缴	3417	簧
3272	德	3301	憔	3330	橱	3359	篷	3388	戴	3418	簇
3273	艘	3302	懊	3331	橙	3360	篱	3389	擦	3419	繁
3274	膝	3303	憎	3332	橘	3361	儒	3390	藉	3420	徽
3275	膛	3304	额	3333	整	3362	邀	3391	鞠	3421	爵
3276	鲤	3305	翩	3334	融	3363	衡	3392	藏	3422	朦
3277	鲫	3306	褥	3335	瓢	3364	膨	3393	藐	3423	臊
3278	熟	3307	谴	3336	醒	3365	雕	3394	檬	3424	鳄
3279	摩	3308	鹤	3337	霍	3366	鲸	3395	檐	3425	癌
3280	褒	3309	憨	3338	霎	3367	磨	3396	檀	3426	辫
3281	瘪	3310	慰	3339	辙	3368	瘾	3397	礁	3427	赢
3282	瘤	3311	劈	3340	冀	3369	瘸	3398	磷	3428	糟
3283	瘫	3312	履	3341	餐	3370	凝	3399	霜	3429	糠
3284	凛	3313	豫	3342	嘴	3371	辨	3400	霞	3430	燥
3285	颜	3314	缭	3343	踱	3372	辩	3401	瞭	3431	懦
3286	毅	3315	撼	3344	蹄	3373	糙	3402	瞧	3432	豁
3287	糊	3316	擂	3345	蹂	3374	糖	3403	瞬	3433	臀
3288	遵	3317	操	3346	蟆	3375	糕	3404	瞳	3434	臂
3289	憋	3318	擅	3347	螃	3376	燃	3405	瞩	3435	翼
3290	潜	3319	燕	3348	器	3377	濒	3406	瞪	3436	骤
3291	澎	3320	蕾	3349	噪	3378	澡	3407	曙	3437	藕
3292	潮	3321	薯	3350	鹦	3379	激	3408	蹋	3438	鞭
3293	潭	3322	薛	3351	赠	3380	懒	3409	蹈	3439	藤
3294	鲨	3323	薇	3352	默	3381	憾	3410	螺	3440	覆
3295	澳	3324	擎	3353	黔	3382	懈	3411	蟋	3441	瞻
3296	潘	3325	薪	3354	镜	3383	窿	3412	蟀	3442	蹦
3297	澈	3326	薄	3355	赞	3384	壁	3413	嚎	3443	嚣
3298	澜	3327	颠	3356	穆	3385	避	3414	赡	3444	镰
3299	澄	3328	翰	3357	篮	3386	缰	3415	穗	3445	翻
								3416	魏	3446	鳍

3447	鹰	3456	攀	3465	颤	3474	壤	3483	鳞	3492	躏
3448	瀑	3457	曝	3466	靡	3475	馨	3484	魔	3493	黯
3449	襟	3458	蹲	3467	癣	3476	耀	3485	糯	3494	髓
3450	璧	3459	蹭	3468	瓣	3477	躁	3486	灌	3495	赣
3451	戳	3460	蹬	3469	羹	3478	蠕	3487	譬	3496	囊
3452	孽	3461	巅	3470	鳖	3479	嚼	3488	蠢	3497	镶
3453	警	3462	簸	3471	爆	3480	嚷	3489	霸	3498	瓤
3454	蘑	3463	簿	3472	疆	3481	巍	3490	露	3499	罐
3455	藻	3464	蟹	3473	鬓	3482	籍	3491	霹	3500	矗

[1] 零:与表数目的汉字“一二三四五六七八九”连用时可用“○”替代。

二级字表

3501	乂	3525	夬	3549	犰	3573	圳	3597	钇	3621	邬
3502	乜	3526	爿	3550	刍	3574	圹	3598	缶	3622	饧
3503	兀	3527	毋	3551	邝	3575	扪	3599	氘	3623	汕
3504	弋	3528	邗	3552	邙	3576	圮	3600	氖	3624	汔
3505	孑	3529	邛	3553	汀	3577	圯	3601	牝	3625	汐
3506	孓	3530	艽	3554	讦	3578	芊	3602	伎	3626	汲
3507	幺	3531	艿	3555	讧	3579	芍	3603	伛	3627	汜
3508	亓	3532	札	3556	讪	3580	芄	3604	伢	3628	汊
3509	韦	3533	叵	3557	讫	3581	芨	3605	佤	3629	忖
3510	廿	3534	匝	3558	尻	3582	芑	3606	仵	3630	忏
3511	丏	3535	丕	3559	阡	3583	芎	3607	伥	3631	讴
3512	卅	3536	匜	3560	尕	3584	芗	3608	伧	3632	讵
3513	仄	3537	劢	3561	弁	3585	亘	3609	伉	3633	祁
3514	厄	3538	卟	3562	驭	3586	厍	3610	伫	3634	讷
3515	仃	3539	叱	3563	匡	3587	夼	3611	囟	3635	聿
3516	仉	3540	叻	3564	耒	3588	戍	3612	汆	3636	艮
3517	仂	3541	仨	3565	玎	3589	尥	3613	刖	3637	厾
3518	兮	3542	仕	3566	玑	3590	乩	3614	夙	3638	阱
3519	刈	3543	仟	3567	邢	3591	旯	3615	旮	3639	阮
3520	爻	3544	仡	3568	圩	3592	曳	3616	刎	3640	阪
3521	卞	3545	仫	3569	圬	3593	岌	3617	犷	3641	丞
3522	闩	3546	仞	3570	圭	3594	屺	3618	犸	3642	妁
3523	讣	3547	卮	3571	扦	3595	凼	3619	舛	3643	牟
3524	尹	3548	氐	3572	圪	3596	囡	3620	凫	3644	纡

3645	纡	3674	芰	3703	呃	3732	佝	3761	闱	3790	忪
3646	纥	3675	苄	3704	旸	3733	佟	3762	闳	3791	怆
3647	纨	3676	苎	3705	吡	3734	佗	3763	闵	3792	忭
3648	玕	3677	苡	3706	町	3735	伽	3764	羌	3793	忸
3649	玙	3678	杌	3707	虬	3736	彷	3765	炀	3794	诂
3650	抟	3679	杓	3708	呗	3737	佘	3766	沣	3795	诃
3651	抔	3680	杞	3709	吽	3738	佥	3767	沅	3796	诅
3652	圻	3681	杈	3710	吣	3739	孚	3768	沔	3797	诋
3653	坂	3682	忑	3711	吲	3740	豸	3769	沤	3798	诌
3654	坶	3683	孛	3712	帏	3741	坌	3770	沌	3799	诏
3655	坞	3684	邴	3713	岐	3742	肟	3771	沏	3800	诒
3656	抃	3685	邳	3714	岈	3743	邸	3772	沚	3801	孜
3657	抉	3686	矶	3715	岘	3744	奂	3773	汩	3802	陇
3658	㧐	3687	奁	3716	岑	3745	劬	3774	汨	3803	陀
3659	芫	3688	豕	3717	岚	3746	狄	3775	沂	3804	陂
3660	邯	3689	忒	3718	兕	3747	狁	3776	汾	3805	陉
3661	芸	3690	欤	3719	囵	3748	鸠	3777	沨	3806	妍
3662	芾	3691	轫	3720	囫	3749	邹	3778	汴	3807	妩
3663	苈	3692	迓	3721	钊	3750	饨	3779	汶	3808	妪
3664	苣	3693	邶	3722	钋	3751	饩	3780	沆	3809	妣
3665	芷	3694	忐	3723	钌	3752	饪	3781	沩	3810	妊
3666	芮	3695	卣	3724	迕	3753	饫	3782	泐	3811	妗
3667	苋	3696	邺	3725	氙	3754	饬	3783	怃	3812	妫
3668	芼	3697	旰	3726	氚	3755	亨	3784	怄	3813	妞
3669	苌	3698	呋	3727	牤	3756	庑	3785	忡	3814	姒
3670	苁	3699	呒	3728	佞	3757	庋	3786	忤	3815	妤
3671	芩	3700	呓	3729	邱	3758	疔	3787	忾	3816	邵
3672	芪	3701	呔	3730	攸	3759	疖	3788	怅	3817	劭
3673	茓	3702	呖	3731	佚	3760	肓	3789	忻	3818	刭

3819	甬	3848	㧟	3877	杳	3906	昉	3935	峄	3964	佼
3820	郚	3849	坨	3878	枧	3907	炅	3936	沓	3965	佯
3821	纭	3850	坭	3879	杵	3908	咔	3937	囹	3966	侬
3822	纰	3851	抿	3880	枨	3909	畀	3938	罔	3967	帛
3823	纴	3852	坳	3881	枞	3910	虮	3939	钍	3968	阜
3824	纶	3853	耶	3882	枋	3911	咀	3940	钎	3969	侔
3825	纾	3854	苷	3883	杻	3912	呷	3941	钏	3970	徂
3826	玮	3855	苯	3884	杷	3913	黾	3942	钒	3971	刽
3827	玡	3856	苤	3885	杼	3914	呱	3943	钕	3972	郄
3828	玭	3857	茏	3886	矸	3915	呤	3944	钗	3973	怂
3829	玠	3858	苫	3887	砀	3916	咚	3945	邾	3974	籴
3830	玢	3859	苜	3888	刳	3917	咆	3946	迮	3975	瓮
3831	玥	3860	苴	3889	奄	3918	咛	3947	牦	3976	戗
3832	玦	3861	苒	3890	瓯	3919	呶	3948	竺	3977	肼
3833	盂	3862	苘	3891	殁	3920	呣	3949	迤	3978	䏝
3834	忝	3863	茌	3892	郏	3921	呦	3950	佶	3979	肽
3835	匦	3864	苻	3893	轭	3922	咝	3951	佬	3980	肱
3836	坩	3865	苓	3894	郅	3923	岢	3952	佰	3981	肫
3837	抨	3866	茚	3895	鸢	3924	岿	3953	侑	3982	剁
3838	拤	3867	茆	3896	盱	3925	岬	3954	侉	3983	迩
3839	坫	3868	茑	3897	昊	3926	岫	3955	臾	3984	郇
3840	拈	3869	茓	3898	昙	3927	帙	3956	岱	3985	狙
3841	垆	3870	茔	3899	杲	3928	岣	3957	侗	3986	狎
3842	抻	3871	茕	3900	昃	3929	峁	3958	侃	3987	狍
3843	劼	3872	茀	3901	咂	3930	刿	3959	侏	3988	狒
3844	拃	3873	苕	3902	呸	3931	迥	3960	侩	3989	咎
3845	拊	3874	枥	3903	昕	3932	岷	3961	佻	3990	炙
3846	坼	3875	枇	3904	昀	3933	剀	3962	佾	3991	枭
3847	坻	3876	杪	3905	旻	3934	帔	3963	侪	3992	饯

3993	饴	4022	泯	4051	诛	4080	绌	4109	荚	4138	荮
3994	冽	4023	泓	4052	诜	4081	驿	4110	荑	4139	柰
3995	冼	4024	泾	4053	诟	4082	骀	4111	贳	4140	栉
3996	庖	4025	怙	4054	诠	4083	甾	4112	荜	4141	柯
3997	疠	4026	怵	4055	诣	4084	珏	4113	莒	4142	柘
3998	疝	4027	怦	4056	诤	4085	珐	4114	茼	4143	栊
3999	疡	4028	怛	4057	诧	4086	珂	4115	茴	4144	柩
4000	兖	4029	怏	4058	诨	4087	珑	4116	茱	4145	枰
4001	妾	4030	怍	4059	诩	4088	玳	4117	莛	4146	栌
4002	劾	4031	恂	4060	戕	4089	珀	4118	荞	4147	柙
4003	炜	4032	怩	4061	孢	4090	顸	4119	茯	4148	枵
4004	𬉼	4033	怫	4062	亟	4091	珉	4120	荏	4149	柚
4005	炖	4034	怿	4063	陔	4092	珈	4121	荇	4150	枳
4006	炘	4035	宕	4064	妲	4093	拮	4122	荃	4151	柞
4007	炝	4036	穹	4065	妯	4094	垭	4123	荟	4152	柝
4008	炔	4037	宓	4066	姗	4095	挝	4124	荀	4153	栀
4009	泔	4038	诓	4067	帑	4096	垣	4125	茗	4154	柢
4010	沭	4039	诔	4068	弩	4097	挞	4126	荠	4155	栎
4011	泷	4040	诖	4069	孥	4098	垤	4127	茭	4156	枸
4012	泸	4041	诘	4070	驽	4099	赳	4128	茨	4157	柈
4013	泱	4042	戾	4071	虱	4100	贲	4129	垩	4158	柁
4014	泅	4043	诙	4072	迦	4101	垱	4130	荥	4159	枷
4015	泗	4044	戽	4073	迨	4102	垌	4131	荦	4160	柽
4016	泠	4045	郓	4074	绀	4103	郝	4132	荨	4161	剌
4017	泺	4046	衩	4075	绁	4104	垧	4133	荩	4162	酊
4018	泖	4047	祆	4076	绂	4105	垓	4134	剋	4163	郦
4019	泫	4048	祎	4077	驷	4106	挦	4135	荪	4164	甭
4020	泮	4049	祉	4078	驸	4107	垠	4136	茹	4165	砗
4021	沱	4050	祇	4079	绉	4108	茜	4137	荬	4166	砘

4167	砒	4196	哂	4225	咩	4254	笈	4283	胙	4312	庠
4168	斫	4197	咴	4226	咤	4255	笃	4284	胍	4313	竑
4169	砭	4198	曷	4227	哝	4256	俦	4285	胗	4314	彦
4170	砜	4199	昴	4228	哏	4257	俨	4286	胝	4315	飒
4171	奎	4200	昱	4229	哞	4258	俅	4287	朐	4316	闼
4172	耷	4201	昵	4230	峙	4259	俪	4288	胫	4317	闾
4173	虺	4202	咦	4231	峣	4260	叟	4289	鸨	4318	闿
4174	殂	4203	哓	4232	罘	4261	垡	4290	匍	4319	阂
4175	殇	4204	哔	4233	帧	4262	牮	4291	狨	4320	羑
4176	殄	4205	畎	4234	峒	4263	俣	4292	狯	4321	迸
4177	殆	4206	毗	4235	峤	4264	俚	4293	飑	4322	籼
4178	轱	4207	呲	4236	峋	4265	皈	4294	狩	4323	酋
4179	轲	4208	胄	4237	峥	4266	俑	4295	狲	4324	炳
4180	轳	4209	畋	4238	贶	4267	俟	4296	訇	4325	炻
4181	轶	4210	畈	4239	钚	4268	逅	4297	逄	4326	炽
4182	轸	4211	虼	4240	钛	4269	徇	4298	昝	4327	炯
4183	虿	4212	虻	4241	钡	4270	徉	4299	饷	4328	烀
4184	毖	4213	盅	4242	钣	4271	舢	4300	饸	4329	炷
4185	觇	4214	咣	4243	钤	4272	俞	4301	饹	4330	烃
4186	尜	4215	哕	4244	钨	4273	郗	4302	胤	4331	洱
4187	哐	4216	剐	4245	钫	4274	俎	4303	孪	4332	洹
4188	眄	4217	郧	4246	钯	4275	郤	4304	娈	4333	洧
4189	眍	4218	咻	4247	氡	4276	爰	4305	弈	4334	洌
4190	⿰口邦	4219	囿	4248	氟	4277	郛	4306	奕	4335	浃
4191	郢	4220	咿	4249	牯	4278	瓴	4307	庥	4336	洇
4192	眇	4221	哌	4250	郜	4279	胨	4308	疬	4337	洄
4193	眊	4222	哙	4251	秕	4280	胪	4309	疣	4338	洙
4194	眈	4223	哚	4252	秭	4281	胛	4310	疥	4339	涎
4195	禺	4224	咯	4253	竽	4282	胂	4311	疭	4340	洎

4341 洫
4342 浍
4343 洮
4344 洵
4345 浒
4346 浔
4347 浕
4348 洳
4349 恸
4350 恓
4351 恹
4352 恫
4353 恺
4354 恻
4355 恂
4356 恪
4357 恽
4358 宥
4359 扃
4360 衲
4361 衽
4362 衿
4363 袂
4364 祛
4365 祜
4366 祓
4367 祚
4368 诮
4369 祗
4370 祢
4371 诰
4372 诳
4373 鸩
4374 昶
4375 郡
4376 咫
4377 弭
4378 牁
4379 胥
4380 陛
4381 陟
4382 娅
4383 姮
4384 娆
4385 姝
4386 姣
4387 姘
4388 姹
4389 怼
4390 羿
4391 炱
4392 矜
4393 绔
4394 骁
4395 骅
4396 绗
4397 绛
4398 骈
4399 耖
4400 挈
4401 珥
4402 珙
4403 顼
4404 珰
4405 珩
4406 珧
4407 珣
4408 珞
4409 琤
4410 珲
4411 敖
4412 恚
4413 埔
4414 埕
4415 埘
4416 埙
4417 埚
4418 挹
4419 耆
4420 耄
4421 埒
4422 捋
4423 贽
4424 垸
4425 捃
4426 盍
4427 荸
4428 莆
4429 莳
4430 莴
4431 莪
4432 莠
4433 莓
4434 莜
4435 莅
4436 荼
4437 莩
4438 荽
4439 莸
4440 荻
4441 莘
4442 莎
4443 莞
4444 莨
4445 鸪
4446 莼
4447 栲
4448 栳
4449 郴
4450 桓
4451 桡
4452 桎
4453 桢
4454 桤
4455 梃
4456 栝
4457 桕
4458 桁
4459 桧
4460 桅
4461 栟
4462 桉
4463 栩
4464 逑
4465 逋
4466 彧
4467 鬲
4468 豇
4469 酐
4470 逦
4471 厝
4472 孬
4473 砝
4474 砹
4475 砺
4476 砧
4477 砷
4478 砟
4479 砼
4480 砥
4481 砣
4482 剞
4483 砻
4484 轼
4485 轾
4486 辂
4487 鸫
4488 趸
4489 龀
4490 鸬
4491 虔
4492 逍
4493 眬
4494 唛
4495 晟
4496 眩
4497 眙
4498 哧
4499 哽
4500 唔
4501 晁
4502 晏
4503 鸮
4504 趵
4505 趿
4506 畛
4507 蚨
4508 蚜
4509 蚍
4510 蚋
4511 蚬
4512 蚝
4513 蚧
4514 唢

4515	圄	4544	铌	4573	倜	4602	猁	4631	訚	4660	悭
4516	唣	4545	铍	4574	隼	4603	狳	4632	阆	4661	悝
4517	唏	4546	䥽	4575	隽	4604	猃	4633	恙	4662	悒
4518	盍	4547	铎	4576	倌	4605	狺	4634	粑	4663	悌
4519	唑	4548	氩	4577	倥	4606	逖	4635	朔	4664	悛
4520	崂	4549	氤	4578	臬	4607	桀	4636	郸	4665	宸
4521	崃	4550	氦	4579	皋	4608	袅	4637	烜	4666	窈
4522	罡	4551	毪	4580	郫	4609	饽	4638	烨	4667	剜
4523	罟	4552	舐	4581	倨	4610	凇	4639	烩	4668	诹
4524	峪	4553	秣	4582	衄	4611	栾	4640	烊	4669	冢
4525	觊	4554	秫	4583	颀	4612	挛	4641	剡	4670	诼
4526	赅	4555	盉	4584	徕	4613	亳	4642	郯	4671	袒
4527	钰	4556	笄	4585	舫	4614	疳	4643	烬	4672	袢
4528	钲	4557	笕	4586	釜	4615	疴	4644	涑	4673	祯
4529	钴	4558	笊	4587	奚	4616	疸	4645	浯	4674	诿
4530	钵	4559	笏	4588	衾	4617	疽	4646	涞	4675	谀
4531	钹	4560	笆	4589	胯	4618	痈	4647	涟	4676	谂
4532	钺	4561	俸	4590	胱	4619	疱	4648	娑	4677	谄
4533	钽	4562	倩	4591	胴	4620	痂	4649	涅	4678	谇
4534	钼	4563	俵	4592	胭	4621	痉	4650	涠	4679	屐
4535	钿	4564	偌	4593	脍	4622	衮	4651	浞	4680	屙
4536	铀	4565	俳	4594	胼	4623	凋	4652	涓	4681	陬
4537	铂	4566	俶	4595	朕	4624	颃	4653	浥	4682	勐
4538	铄	4567	倬	4596	脒	4625	恣	4654	涔	4683	奘
4539	铆	4568	倏	4597	胺	4626	旆	4655	浜	4684	牂
4540	铈	4569	恁	4598	鸱	4627	旄	4656	浠	4685	蚩
4541	铉	4570	倭	4599	玺	4628	旃	4657	浣	4686	陲
4542	铊	4571	倪	4600	鸲	4629	阃	4658	浚	4687	姬
4543	铋	4572	俾	4601	狷	4630	阄	4659	悚	4688	娠

4689	娌	4718	埯	4747	萁	4776	梓	4805	赉	4834	蛆
4690	娉	4719	捯	4748	菘	4777	棁	4806	雩	4835	蚰
4691	娲	4720	掳	4749	堇	4778	桫	4807	辄	4836	蛊
4692	娩	4721	掴	4750	萘	4779	棂	4808	堑	4837	圉
4693	娴	4722	埸	4751	萋	4780	啬	4809	眭	4838	蚱
4694	娣	4723	埵	4752	菽	4781	郾	4810	眦	4839	蛉
4695	娓	4724	赧	4753	菖	4782	匮	4811	啧	4840	蛏
4696	婀	4725	埤	4754	萜	4783	敕	4812	晡	4841	蚴
4697	畚	4726	捭	4755	萸	4784	豉	4813	晤	4842	啁
4698	逡	4727	逵	4756	萑	4785	鄄	4814	眺	4843	啕
4699	绠	4728	埝	4757	棻	4786	酞	4815	眵	4844	唿
4700	骊	4729	堋	4758	菔	4787	酚	4816	眸	4845	啐
4701	绡	4730	堍	4759	菟	4788	戛	4817	圊	4846	唼
4702	骋	4731	掬	4760	萏	4789	硎	4818	喏	4847	唷
4703	绥	4732	鸷	4761	萃	4790	硭	4819	喵	4848	啖
4704	绦	4733	掖	4762	菏	4791	硒	4820	啉	4849	啵
4705	绨	4734	捽	4763	菹	4792	硖	4821	勖	4850	啶
4706	骎	4735	掊	4764	菪	4793	硗	4822	晞	4851	啷
4707	邕	4736	堉	4765	菅	4794	硐	4823	唵	4852	唳
4708	鸶	4737	掸	4766	菀	4795	硇	4824	晗	4853	唰
4709	彗	4738	捩	4767	萦	4796	硌	4825	冕	4854	啜
4710	耜	4739	掮	4768	菰	4797	鸸	4826	啭	4855	帻
4711	焘	4740	悫	4769	菡	4798	瓠	4827	畦	4856	崚
4712	舂	4741	埭	4770	梵	4799	匏	4828	趺	4857	崦
4713	琏	4742	埽	4771	梿	4800	厩	4829	啮	4858	帼
4714	琇	4743	掇	4772	梏	4801	龚	4830	跄	4859	崮
4715	麸	4744	掼	4773	觋	4802	殒	4831	蚶	4860	崤
4716	揶	4745	聃	4774	桴	4803	殓	4832	蛄	4861	崆
4717	埴	4746	菁	4775	桷	4804	殍	4833	蛎	4862	赇

4863	赈	4892	逶	4921	脬	4950	阍	4979	淙	5008	谛
4864	赊	4893	笺	4922	脘	4951	阏	4980	涫	5009	谝
4865	铑	4894	筇	4923	脲	4952	羟	4981	渌	5010	逯
4866	铒	4895	笸	4924	匐	4953	粝	4982	淄	5011	郿
4867	铗	4896	笪	4925	猗	4954	粕	4983	惬	5012	隈
4868	铙	4897	笮	4926	猡	4955	敝	4984	悻	5013	粜
4869	铟	4898	笠	4927	猞	4956	焐	4985	悱	5014	隍
4870	铠	4899	笥	4928	猝	4957	烯	4986	惝	5015	隗
4871	铡	4900	笤	4929	斛	4958	焓	4987	惘	5016	婧
4872	铢	4901	笳	4930	猕	4959	烽	4988	悸	5017	婊
4873	铣	4902	笾	4931	馗	4960	焖	4989	惆	5018	婕
4874	铤	4903	笞	4932	馃	4961	烷	4990	惚	5019	娼
4875	铧	4904	偾	4933	馄	4962	焗	4991	惇	5020	婢
4876	铨	4905	偃	4934	鸾	4963	渍	4992	惮	5021	婵
4877	铩	4906	偕	4935	孰	4964	渚	4993	窕	5022	胬
4878	铪	4907	偈	4936	庹	4965	淇	4994	谌	5023	袈
4879	铫	4908	傀	4937	庾	4966	淅	4995	谏	5024	翌
4880	铬	4909	偬	4938	痔	4967	淞	4996	扈	5025	恿
4881	铮	4910	偻	4939	痍	4968	渎	4997	皲	5026	欸
4882	铯	4911	皑	4940	疵	4969	涿	4998	谑	5027	绫
4883	铰	4912	皎	4941	翊	4970	淖	4999	裆	5028	骐
4884	铱	4913	鸻	4942	旌	4971	挲	5000	袷	5029	绮
4885	铳	4914	徜	4943	旎	4972	淠	5001	裉	5030	绯
4886	铵	4915	舸	4944	袤	4973	涸	5002	谒	5031	绱
4887	铷	4916	舻	4945	阇	4974	渑	5003	谔	5032	骒
4888	氪	4917	舴	4946	阈	4975	淦	5004	谕	5033	绲
4889	牾	4918	舷	4947	阉	4976	淝	5005	谖	5034	骓
4890	鸹	4919	龛	4948	阊	4977	淬	5006	谗	5035	绶
4891	秾	4920	翎	4949	阋	4978	涪	5007	谙	5036	绺

5037	绻	5066	揖	5095	棼	5124	睑	5153	喟	5182	锂
5038	绾	5067	颉	5096	椟	5125	睇	5154	啾	5183	锆
5039	骖	5068	塄	5097	棹	5126	睃	5155	嗖	5184	锇
5040	缁	5069	揿	5098	椤	5127	戢	5156	喑	5185	锉
5041	耠	5070	耋	5099	棰	5128	喋	5157	嗟	5186	锏
5042	琫	5071	揄	5100	赍	5129	嗒	5158	喽	5187	锑
5043	琵	5072	蛩	5101	椋	5130	喃	5159	嗞	5188	锒
5044	琶	5073	蛰	5102	椁	5131	喱	5160	喀	5189	锔
5045	琪	5074	塆	5103	椪	5132	喹	5161	喔	5190	锕
5046	瑛	5075	摒	5104	棣	5133	晷	5162	喙	5191	掣
5047	琦	5076	揆	5105	椐	5134	喈	5163	嵘	5192	矬
5048	琥	5077	掾	5106	鹁	5135	跖	5164	嵖	5193	氰
5049	琨	5078	聒	5107	覃	5136	跗	5165	崴	5194	毳
5050	靓	5079	葑	5108	酤	5137	跞	5166	遄	5195	毽
5051	琰	5080	葚	5109	酢	5138	跚	5167	詈	5196	犊
5052	琮	5081	靰	5110	酡	5139	跎	5168	嵎	5197	犄
5053	琯	5082	靸	5111	鹂	5140	跏	5169	崽	5198	犋
5054	琬	5083	葳	5112	厥	5141	跆	5170	嵬	5199	鹄
5055	琛	5084	葺	5113	殚	5142	蛱	5171	嵛	5200	犍
5056	琚	5085	葸	5114	殛	5143	蛲	5172	嵯	5201	嵇
5057	辇	5086	萼	5115	雯	5144	蛭	5173	嵝	5202	黍
5058	鼋	5087	葆	5116	雱	5145	蛳	5174	嵫	5203	稃
5059	揳	5088	葩	5117	辊	5146	蛐	5175	幄	5204	稂
5060	堞	5089	葶	5118	辋	5147	蛔	5176	嵋	5205	筚
5061	搽	5090	蒌	5119	椠	5148	蛞	5177	赕	5206	筵
5062	揸	5091	萱	5120	辍	5149	蛴	5178	铻	5207	筌
5063	揠	5092	戟	5121	辎	5150	蛟	5179	铼	5208	傣
5064	堙	5093	葭	5122	斐	5151	蛘	5180	铿	5209	傈
5065	趄	5094	楮	5123	睄	5152	喁	5181	锃	5210	舄

5211	脿	5240	猹	5269	粞	5298	愀	5327	骛	5356	蜇
5212	傥	5241	猥	5270	遒	5299	愎	5328	缂	5357	搋
5213	傧	5242	飓	5271	孳	5300	愔	5329	缃	5358	搪
5214	遑	5243	觞	5272	焯	5301	喾	5330	缄	5359	搐
5215	傩	5244	觚	5273	焜	5302	寐	5331	彘	5360	搛
5216	遁	5245	猱	5274	焙	5303	谟	5332	缇	5361	搠
5217	徨	5246	颎	5275	焱	5304	扉	5333	缈	5362	摈
5218	媭	5247	飧	5276	鹈	5305	裢	5334	缌	5363	彀
5219	畲	5248	馇	5277	湛	5306	裎	5335	缑	5364	毂
5220	弑	5249	馊	5278	渫	5307	裥	5336	缒	5365	搦
5221	颌	5250	亵	5279	湮	5308	祾	5337	缗	5366	搡
5222	翕	5251	脔	5280	湎	5309	祺	5338	飨	5367	蓁
5223	釉	5252	裒	5281	湜	5310	谠	5339	耢	5368	戡
5224	鹆	5253	痣	5282	渭	5311	幂	5340	瑚	5369	蓍
5225	舜	5254	痨	5283	湍	5312	谡	5341	瑁	5370	鄞
5226	貂	5255	痦	5284	湫	5313	谥	5342	瑜	5371	靳
5227	腈	5256	痞	5285	溲	5314	谧	5343	瑗	5372	蓐
5228	腌	5257	痤	5286	湟	5315	遐	5344	瑄	5373	蓦
5229	腓	5258	痫	5287	溆	5316	孱	5345	瑕	5374	鹋
5230	腆	5259	痧	5288	湲	5317	弼	5346	遨	5375	蒽
5231	腴	5260	赓	5289	湔	5318	巽	5347	骜	5376	蓓
5232	腑	5261	竦	5290	湉	5319	骘	5348	韫	5377	蓖
5233	腚	5262	瓿	5291	渥	5320	媪	5349	髡	5378	蓊
5234	腱	5263	啻	5292	湄	5321	媛	5350	塬	5379	蒯
5235	鱿	5264	颏	5293	滁	5322	婷	5351	鄢	5380	蓟
5236	鲀	5265	鹇	5294	愠	5323	巯	5352	趔	5381	蓑
5237	鲂	5266	阑	5295	惺	5324	翚	5353	趑	5382	蒿
5238	颍	5267	阒	5296	愦	5325	皴	5354	摅	5383	蒺
5239	猢	5268	阕	5297	惴	5326	婺	5355	摁	5384	蓠

5385	蒟	5414	酯	5443	嗬	5472	嗍	5501	筢	5530	鲋
5386	蒡	5415	酩	5444	嗔	5473	嗨	5502	筮	5531	鲐
5387	蒹	5416	蜃	5445	嗝	5474	嗐	5503	筲	5532	肄
5388	蒴	5417	碛	5446	戥	5475	嗤	5504	筱	5533	鹐
5389	蒗	5418	碓	5447	嗄	5476	嗵	5505	牒	5534	飕
5390	蓥	5419	硼	5448	煦	5477	罨	5506	煲	5535	觥
5391	颐	5420	碉	5449	暄	5478	嵊	5507	敫	5536	遛
5392	楔	5421	碚	5450	遢	5479	嵩	5508	徭	5537	馐
5393	楠	5422	碇	5451	暌	5480	嵴	5509	愆	5538	鹑
5394	楂	5423	碜	5452	跬	5481	骰	5510	艄	5539	亶
5395	楝	5424	鹌	5453	跶	5482	锗	5511	觎	5540	瘃
5396	楫	5425	辏	5454	跸	5483	锛	5512	毹	5541	痱
5397	楸	5426	龃	5455	跐	5484	锜	5513	貊	5542	痼
5398	椴	5427	龅	5456	跣	5485	锝	5514	貅	5543	痿
5399	槌	5428	訾	5457	跹	5486	锞	5515	貉	5544	瘐
5400	楯	5429	粲	5458	跻	5487	锟	5516	颔	5545	瘁
5401	晳[1]	5430	虞	5459	蛸	5488	锢	5517	腠	5546	瘆
5402	椆	5431	睚	5460	蜊	5489	锨	5518	腩	5547	麂
5403	槎	5432	嗪	5461	蜍	5490	锩	5519	腼	5548	裔
5404	榉	5433	韪	5462	蜉	5491	锭	5520	腭	5549	歆
5405	楦	5434	嗷	5463	蜣	5492	锱	5521	腧	5550	旒
5406	楣	5435	嗉	5464	畹	5493	雉	5522	塍	5551	雍
5407	楹	5436	睨	5465	蛹	5494	氲	5523	媵	5552	阖
5408	椽	5437	睢	5466	嗣	5495	犏	5524	詹	5553	阗
5409	裘	5438	雎	5467	嗯	5496	歃	5525	鲅	5554	阙
5410	剽	5439	睥	5468	嗥	5497	稞	5526	鲆	5555	羧
5411	甄	5440	嘟	5469	嗲	5498	稗	5527	鲇	5556	豢
5412	酮	5441	嗑	5470	嗳	5499	稔	5528	鲈	5557	粳
5413	酰	5442	嗫	5471	嗌	5500	筠	5529	稣	5558	猷

5559	煳	5588	愫	5617	缢	5646	靼	5675	厮	5704	蜞
5560	煜	5589	慑	5618	缣	5647	鞅	5676	碡	5705	蜥
5561	煨	5590	慊	5619	骟	5648	靿	5677	碴	5706	蜮
5562	煆	5591	鲎	5620	耥	5649	甍	5678	碣	5707	蝈
5563	煊	5592	骞	5621	璈	5650	蔸	5679	碲	5708	蜴
5564	煸	5593	窦	5622	瑶	5651	蔟	5680	磋	5709	蜱
5565	煺	5594	窠	5623	瑭	5652	蔺	5681	臧	5710	蜩
5566	滟	5595	窣	5624	獒	5653	戬	5682	豨	5711	蜷
5567	溱	5596	裱	5625	觏	5654	蕖	5683	殡	5712	蜿
5568	溘	5597	褚	5626	慝	5655	蔻	5684	霆	5713	螂
5569	漭	5598	裨	5627	嫠	5656	蓿	5685	霁	5714	蜢
5570	滢	5599	裾	5628	韬	5657	斡	5686	辕	5715	嘘
5571	溥	5600	裰	5629	叆	5658	鹕	5687	蜚	5716	嘡
5572	溧	5601	褉	5630	髦	5659	蓼	5688	裴	5717	鹗
5573	溽	5602	谩	5631	摽	5660	榛	5689	翡	5718	嘣
5574	裟	5603	谪	5632	墁	5661	榧	5690	龇	5719	嘤
5575	溻	5604	媾	5633	撂	5662	榻	5691	龈	5720	嘚
5576	溷	5605	嫫	5634	摞	5663	榫	5692	睿	5721	嗾
5577	滗	5606	媲	5635	撄	5664	榭	5693	䁖	5722	嘧
5578	滫	5607	嫒	5636	翥	5665	槔	5694	睽	5723	罴
5579	溴	5608	嫔	5637	踅	5666	榱	5695	嘞	5724	罱
5580	滏	5609	媸	5638	摭	5667	槁	5696	嘈	5725	幔
5581	滃	5610	缙	5639	墉	5668	槟	5697	嘌	5726	嶂
5582	滦	5611	缜	5640	墒	5669	槠	5698	嘁	5727	幛
5583	溏	5612	缛	5641	榖	5670	榷	5699	嘎	5728	赙
5584	滂	5613	辔	5642	綦	5671	僰	5700	暧	5729	罂
5585	滓	5614	骝	5643	蔫	5672	酽	5701	暝	5730	骷
5586	溟	5615	缟	5644	蔷	5673	酶	5702	踌	5731	骶
5587	滪	5616	缡	5645	靺	5674	酹	5703	踉	5732	鹘

5733	锲	5762	魆	5791	鲞	5820	褙	5849	耦	5878	蕺
5734	锴	5763	睾	5792	粿	5821	褓	5850	耧	5879	瞢
5735	锶	5764	艋	5793	粼	5822	褛	5851	瑾	5880	蕃
5736	锷	5765	鄱	5794	粽	5823	褊	5852	璜	5881	蕲
5737	锸	5766	膈	5795	糁	5824	谯	5853	璀	5882	赜
5738	锵	5767	膑	5796	槊	5825	谰	5854	璎	5883	槿
5739	镁	5768	鲑	5797	鹚	5826	谲	5855	璁	5884	樯
5740	镂	5769	鲔	5798	熘	5827	暨	5856	璋	5885	槭
5741	犒	5770	鲚	5799	熥	5828	屣	5857	璇	5886	樗
5742	箐	5771	鲛	5800	潢	5829	鹛	5858	奭	5887	樘
5743	箦	5772	鲟	5801	漕	5830	嫣	5859	髯	5888	樊
5744	箧	5773	獐	5802	滹	5831	嫱	5860	髫	5889	槲
5745	箍	5774	觫	5803	漯	5832	嫖	5861	撷	5890	醌
5746	箸	5775	雒	5804	漶	5833	嫦	5862	撅	5891	醅
5747	箬	5776	夤	5805	潋	5834	嫚	5863	赭	5892	靥
5748	箅	5777	馑	5806	潴	5835	嫘	5864	撸	5893	魇
5749	箪	5778	銮	5807	漪	5836	嫡	5865	鋆	5894	餍
5750	箔	5779	塾	5808	漉	5837	鼐	5866	撙	5895	磔
5751	箜	5780	麽	5809	漳	5838	翟	5867	撺	5896	磙
5752	箢	5781	瘌	5810	漩	5839	瞀	5868	墀	5897	霈
5753	箓	5782	瘊	5811	澉	5840	鹜	5869	聩	5898	辘
5754	毓	5783	瘘	5812	潍	5841	骠	5870	觐	5899	龉
5755	僖	5784	瘙	5813	慵	5842	缥	5871	鞑	5900	龊
5756	儆	5785	廖	5814	搴	5843	缦	5872	蕙	5901	觑
5757	僳	5786	韶	5815	窨	5844	缧	5873	鞒	5902	瞌
5758	僭	5787	旖	5816	寤	5845	缨	5874	蕈	5903	瞋[2]
5759	劁	5788	膂	5817	綮	5846	骢	5875	蕨	5904	瞑
5760	僮	5789	阚	5818	谮	5847	缪	5876	蕤	5905	嘭
5761	魃	5790	鄯	5819	褡	5848	缫	5877	蕞	5906	噎

5907	噶	5936	噌	5965	鹞	5994	熄	6023	缯	6052	薏
5908	颙	5937	噔	5966	膘	5995	熵	6024	骣	6053	薮
5909	暹	5938	颛	5967	滕	5996	熠	6025	畿	6054	薜
5910	噘[3]	5939	幞	5968	鲠	5997	澍	6026	耩	6055	薅
5911	踔	5940	幡	5969	鲡	5998	澌	6027	耨	6056	樾
5912	踝	5941	嶙	5970	鲢	5999	潸	6028	耪	6057	橛
5913	踟	5942	嶝	5971	鲣	6000	潦	6029	璞	6058	橇
5914	踒	5943	骺	5972	鲥	6001	潲	6030	璟	6059	樵
5915	踬	5944	骼	5973	鲦	6002	鋈	6031	靛	6060	檎
5916	踮	5945	骸	5974	鲩	6003	潟	6032	璠	6061	橹
5917	踯	5946	镊	5975	獗	6004	潼	6033	璘	6062	樽
5918	踺	5947	镉	5976	獠	6005	潺	6034	聱	6063	樨
5919	踞	5948	镌	5977	觯	6006	憬	6035	螯	6064	橼
5920	蝽	5949	镍	5978	馓	6007	憧	6036	髻	6065	墼
5921	蝶	5950	镏	5979	馔	6008	寮	6037	髭	6066	橐
5922	蝻	5951	镒	5980	麾	6009	窳	6038	髹	6067	翮
5923	蝰	5952	镓	5981	廛	6010	谳	6039	擀	6068	醛
5924	蝮	5953	镔	5982	瘛	6011	褴	6040	熹	6069	醐
5925	螋	5954	稷	5983	瘼	6012	褟	6041	甏	6070	醍
5926	蝓	5955	箴	5984	瘢	6013	褫	6042	擞	6071	醚
5927	蝣	5956	篑	5985	瘠	6014	谵	6043	縠	6072	磲
5928	蝼	5957	篁	5986	齑	6015	熨	6044	磬	6073	赝
5929	噗	5958	篌	5987	羯	6016	屦	6045	颞	6074	飙
5930	嘬	5959	篆	5988	羰	6017	嬉	6046	蕻	6075	殪
5931	颚	5960	牖	5989	[illegible]	6018	勰	6047	鞘	6076	霖
5932	噍	5961	儋	5990	遴	6019	戮	6048	颟	6077	霏
5933	噢	5962	徵	5991	糌	6020	蝥	6049	薤	6078	霓
5934	噙	5963	磐	5992	糍	6021	缬	6050	薨	6079	錾
5935	噜	5964	虢	5993	糅	6022	缮	6051	檠	6080	辚

6081	臻	6110	圜	6139	鲮	6168	瞥	6197	璐	6226	嚅
6082	遽	6111	镨	6140	鲱	6169	甑	6198	璪	6227	蹑
6083	氅	6112	镙	6141	鲲	6170	燎	6199	螯	6228	蹒
6084	瞟	6113	镗	6142	鲳	6171	燠	6200	擤	6229	蹊
6085	瞠	6114	镘	6143	鲴	6172	燔	6201	壕	6230	蟥
6086	瞰	6115	镚	6144	鲵	6173	燧	6202	觳	6231	螬
6087	嚄	6116	镛	6145	鲷	6174	濑	6203	罄	6232	螵
6088	嚆	6117	镝	6146	鲻	6175	濉	6204	擢	6233	疃
6089	噤	6118	镞	6147	獴	6176	潞	6205	薹	6234	螳
6090	暾	6119	镠	6148	獭	6177	澧	6206	鞡	6235	蟑
6091	蹀	6120	氇	6149	獬	6178	澹	6207	鞬	6236	嚓
6092	踹	6121	氆	6150	邂	6179	澥	6208	薷	6237	羁
6093	踵	6122	憩	6151	鹧	6180	澶	6209	薰	6238	罽
6094	踽	6123	穑	6152	廨	6181	濂	6210	藓	6239	罾
6095	蹉	6124	篝	6153	赟	6182	褰	6211	藁	6240	嶷
6096	蹁	6125	篥	6154	瘰	6183	寰	6212	檄	6241	黜
6097	螨	6126	篦	6155	廪	6184	窸	6213	檩	6242	黝
6098	蟒	6127	篪	6156	瘿	6185	褶	6214	懋	6243	髁
6099	螈	6128	篙	6157	瘵	6186	禧	6215	醢	6244	髀
6100	螅	6129	盥	6158	瘴	6187	嬖	6216	翳	6245	镡
6101	螭	6130	劓	6159	癃	6188	犟	6217	礅	6246	镢
6102	螠	6131	翱	6160	瘳	6189	隰	6218	磴	6247	镣
6103	螟	6132	魉	6161	斓	6190	嬗	6219	鹩	6248	镦
6104	噱	6133	魈	6162	麇	6191	颡	6220	龋	6249	镧
6105	噬	6134	徼	6163	麈	6192	缱	6221	龌	6250	镩
6106	噫	6135	歙	6164	嬴	6193	缲	6222	豳	6251	镪
6107	噻	6136	膳	6165	壅	6194	缳	6223	壑	6252	镫
6108	噼	6137	膦	6166	羲	6195	璨	6224	黻	6253	罅
6109	罹	6138	膙	6167	糗	6196	璩	6225	嚏	6254	黏

6255	簌	6284	燮	6313	鬃	6342	髅	6371	藿	6400	齁
6256	篾	6285	鹫	6314	瞽	6343	髂	6372	蘧	6401	魑
6257	篼	6286	襄	6315	鞯	6344	镬	6373	蘅	6402	艨
6258	簖	6287	糜	6316	鞨	6345	镭	6374	麓	6403	鳓
6259	簋	6288	縻	6317	鞫	6346	镯	6375	醮	6404	鳔
6260	鼢	6289	膺	6318	鞧	6347	馥	6376	醯	6405	鳕
6261	黛	6290	癍	6319	鞣	6348	簟	6377	酃	6406	鳗
6262	儡	6291	麋	6320	藜	6349	簪	6378	霪	6407	鳙
6263	鹪	6292	懑	6321	藠	6350	鼬	6379	霭	6408	麒
6264	鼾	6293	濡	6322	藩	6351	雠	6380	霨	6409	鏖
6265	皤	6294	濮	6323	醪	6352	艟	6381	黼	6410	羸
6266	魍	6295	濞	6324	蹙	6353	鳎	6382	嚯	6411	㸌
6267	龠	6296	濠	6325	礓	6354	鳏	6383	蹰	6412	瀚
6268	繇	6297	濯	6326	燹	6355	鳐	6384	蹶	6413	瀣
6269	貘	6298	蹇	6327	餮	6356	癞	6385	蹽	6414	瀛
6270	邈	6299	謇	6328	瞿	6357	癔	6386	蹼	6415	襦
6271	貔	6300	邃	6329	曛	6358	癜	6387	蹴	6416	谶
6272	臌	6301	襁	6330	颢	6359	癖	6388	蹾	6417	襞
6273	膻	6302	檗	6331	曜	6360	糨	6389	蹿	6418	骥
6274	臆	6303	擘	6332	躇	6361	蹩	6390	蠖	6419	缵
6275	臃	6304	孺	6333	蹚[4]	6362	鎏	6391	蠓	6420	瓒
6276	鲼	6305	隳	6334	鹭	6363	懵	6392	蟾	6421	攘
6277	鲽	6306	嬷	6335	蟛	6364	彝	6393	蠊	6422	蘩
6278	鳀	6307	蟊	6336	蟪	6365	邋	6394	黢	6423	蘖
6279	鳃	6308	鹬	6337	蟠	6366	鬏	6395	髋	6424	醴
6280	鳅	6309	鍪	6338	蟮	6367	攉	6396	髌	6425	霰
6281	鳇	6310	鏊	6339	鹮	6368	攒	6397	镲	6426	酆
6282	鳊	6311	鳌	6340	黠	6369	鞲	6398	籀	6427	矍
6283	螽	6312	鬈	6341	黟	6370	鞴	6399	籁	6428	曦

6429	躅	6441	臜	6453	曩	6465	懿	6477	鬟	6489	衢
6430	鼍	6442	鳜	6454	鳢	6466	蘸	6478	趱	6490	鑫
6431	巉	6443	鳝	6455	癫	6467	鹳	6479	攫	6491	灞
6432	黩	6444	鳟	6456	麝	6468	霾	6480	攥	6492	襻
6433	黥	6445	獾	6457	夔	6469	氍	6481	颧	6493	纛
6434	黪	6446	孀	6458	爝	6470	饕	6482	躜	6494	鬣
6435	镳	6447	骧	6459	灏	6471	躐	6483	鼹	6495	攮
6436	镴	6448	瓘	6460	禳	6472	髑	6484	癯	6496	囔
6437	黧	6449	鼙	6461	鐾	6473	镵	6485	麟	6497	馕
6438	纂	6450	醺	6462	羼	6474	穰	6486	蠲	6498	戆
6439	璺	6451	礴	6463	蠡	6475	饔	6487	蠹	6499	爨
6440	鼯	6452	颦	6464	耱	6476	鬻	6488	躞	6500	齉

[1] 皙:义为人的皮肤白。不再作为“晰”的异体字。

[2] 瞋:义为发怒时睁大眼睛。不再作为“嗔”的异体字。

[3] 噘:义为噘嘴。不再作为“撅”的异体字。

[4] 蹚:义为蹚水、蹚地,读 tāng。不再作为“趟(tàng)”的异体字。

三级字表

6501	亍	6525	芏	6549	䜣	6573	芘	6597	呇	6621	忳
6502	尢	6526	芃	6550	讻	6574	芴	6598	冏	6622	忺
6503	彳	6527	朳	6551	𬣙	6575	芠	6599	𬀩	6623	𬣡
6504	卬	6528	朸	6552	孖	6576	𬜬	6600	岙	6624	祃
6505	殳	6529	𨙸	6553	𬇕	6577	芤	6601	伾	6625	诇
6506	𠙶	6530	邨	6554	纩	6578	杕	6602	㑇	6626	邲
6507	毌	6531	吒	6555	玒	6579	杙	6603	伭	6627	诎
6508	邘	6532	吖	6556	玓	6580	杄	6604	佖	6628	诐
6509	戋	6533	屼	6557	玘	6581	杧	6605	伲	6629	屃
6510	圢	6534	屾	6558	玚	6582	杩	6606	佁	6630	𫸩
6511	氕	6535	辿	6559	刬	6583	尪	6607	飏	6631	岊
6512	伋	6536	钆	6560	𫭟	6584	尨	6608	狃	6632	阽
6513	仝	6537	仳	6561	坜	6585	轪	6609	闶	6633	䢺
6514	冮	6538	伣	6562	坉	6586	𫐄	6610	汧	6634	阼
6515	氿	6539	伈	6563	扽	6587	坒	6611	汫	6635	妧
6516	汈	6540	癿	6564	𫭢	6588	芈	6612	𣲘	6636	妘
6517	氾	6541	甪	6565	坋	6589	旴	6613	𣲗	6637	𨚕
6518	忉	6542	邠	6566	扺	6590	旵	6614	沄	6638	纮
6519	宄	6543	犴	6567	㧑	6591	呙	6615	沘	6639	驲
6520	讦	6544	冱	6568	毐	6592	㕮	6616	𬇙	6640	𫘜
6521	讱	6545	邡	6569	芰	6593	岍	6617	汭	6641	𬘓
6522	扞	6546	闫	6570	芣	6594	𫵷	6618	㳇	6642	𬘘
6523	圲	6547	汸	6571	苊	6595	岠	6619	沇	6643	𫘝
6524	圫	6548	汋	6572	苉	6596	岜	6620	忮	6644	纼

6645	玤	6674	昇	6703	侘	6732	郡	6761	𬍡	6790	茺
6646	玞	6675	昄	6704	郈	6733	鸤	6762	珋	6791	茼
6647	玱	6676	昒	6705	舠	6734	弢	6763	玹	6792	荓
6648	玟	6677	昈	6706	郐	6735	弨	6764	珌	6793	茳
6649	邦	6678	咉	6707	郃	6736	陑	6765	玿	6794	𬜬
6650	郝	6679	咇	6708	攽	6737	𬯎	6766	韨	6795	茛
6651	坥	6680	咍	6709	肭	6738	陎	6767	垚	6796	荭
6652	坰	6681	岵	6710	肸	6739	𬯀	6768	垯	6797	柭
6653	坬	6682	岽	6711	肷	6740	巹	6769	垙	6798	梲
6654	坽	6683	岨	6712	狉	6741	毐	6770	垲	6799	柃
6655	弆	6684	岞	6713	狝	6742	妭	6771	埏	6800	柊
6656	耵	6685	峂	6714	饳	6743	姈	6772	垍	6801	枹
6657	邶	6686	㟃	6715	忞	6744	𫰛	6773	耇	6802	栐
6658	苩	6687	囷	6716	於	6745	迳	6774	埄	6803	柖
6659	茋	6688	钘	6717	炌	6746	叕	6775	垎	6804	郚
6660	苧	6689	钐	6718	炆	6747	𬳵	6776	垴	6805	剅
6661	苾	6690	钔	6719	泙	6748	驵	6777	垟	6806	䴓
6662	苠	6691	钖	6720	沺	6749	𬳶	6778	垞	6807	迺
6663	枅	6692	牥	6721	泂	6750	𬘩	6779	挓	6808	厖
6664	㭎	6693	佴	6722	泜	6751	𬳽	6780	垵	6809	砆
6665	枘	6694	垈	6723	泃	6752	𬳿	6781	垏	6810	砑
6666	枍	6695	侁	6724	泇	6753	绋	6782	抮	6811	砄
6667	矼	6696	侹	6725	怊	6754	绐	6783	荖	6812	耏
6668	矻	6697	佸	6726	峃	6755	砉	6784	荁	6813	奓
6669	匼	6698	佺	6727	穸	6756	耔	6785	荙	6814	䶮
6670	𬨂	6699	隹	6728	祋	6757	㛃	6786	荛	6815	轵
6671	𬀩	6700	㑊	6729	祊	6758	玶	6787	茈	6816	轷
6672	𬀪	6701	侂	6730	诇	6759	珇	6788	茽	6817	轹
6673	昨	6702	佽	6731	𫍣	6760	珅	6789	荄	6818	轺

6819	昺	6848	𬬭	6877	炣	6906	祕	6935	珫	6964	栒
6820	晛	6849	钪	6878	炟	6907	叚	6936	珒	6965	酎
6821	昽	6850	钦	6879	㶲	6908	陧	6937	𫞩	6966	酏
6822	昀	6851	钭	6880	洭	6909	陞	6938	珢	6967	𬱟
6823	咡	6852	矧	6881	洘	6910	娀	6939	珕	6968	砵
6824	咺	6853	秬	6882	涑	6911	姞	6940	珝	6969	砠
6825	昳	6854	俫	6883	洿	6912	姱	6941	𫭟	6970	砫
6826	昣	6855	舁	6884	减	6913	姤	6942	埗	6971	砬
6827	哒	6856	俜	6885	泚	6914	姶	6943	垾	6972	硁
6828	昤	6857	俙	6886	浈	6915	姽	6944	垺	6973	恧
6829	昫	6858	俍	6887	浉	6916	枲	6945	埆	6974	翃
6830	昡	6859	垕	6888	洸	6917	绖	6946	垿	6975	郪
6831	咥	6860	衎	6889	洑	6918	骃	6947	埌	6976	𫐄
6832	昇	6861	舣	6890	洢	6919	𫄧	6948	埇	6977	𫐆
6833	虷	6862	弇	6891	洈	6920	𬳽	6949	荻	6978	辁
6834	虸	6863	侴	6892	洚	6921	𫄨	6950	茝	6979	𬙋
6835	哃	6864	鸧	6893	洺	6922	𫄩	6951	𬜬	6980	掤
6836	峘	6865	胨	6894	洨	6923	彖	6952	鄀	6981	赀
6837	耑	6866	胠	6895	浐	6924	骉	6953	莶	6982	哢
6838	峛	6867	胋	6896	流	6925	恝	6954	莝	6983	晅
6839	岫	6868	胈	6897	洴	6926	珪	6955	莮	6984	晊
6840	峗	6869	胇	6898	洣	6927	珛	6956	莙	6985	唝
6841	峧	6870	胣	6899	恔	6928	珹	6957	栻	6986	哳
6842	帡	6871	胐	6900	宬	6929	𬍛	6958	桠	6987	哱
6843	钘	6872	飐	6901	窀	6930	玼	6959	梜	6988	冔
6844	𫓧	6873	訄	6902	扂	6931	珖	6960	桄	6989	晔
6845	钜	6874	饻	6903	祎	6932	勣	6961	梠	6990	晐
6846	𫓨	6875	庤	6904	祏	6933	珽	6962	梅	6991	晖
6847	𫓩	6876	疢	6905	祐	6934	珦	6963	梴	6992	畖

6993	蚄	7022	虾	7051	烶	7080	祧	7109	埼	7138	梾
6994	蚆	7023	虒	7052	烻	7081	隺	7110	掎	7139	桯
6995	鄅	7024	舭	7053	燖	7082	堲	7111	埽	7140	梣
6996	嶹	7025	舯	7054	涍	7083	疍	7112	堌	7141	梌
6997	炭	7026	舥	7055	浡	7084	院	7113	晢	7142	桹
6998	峿	7027	颩	7056	浭	7085	陴	7114	墠	7143	敔
6999	峯	7028	鬯	7057	浬	7086	烝	7115	掞	7144	厣
7000	崄	7029	鸰	7058	湾	7087	砮	7116	埪	7145	硔
7001	帨	7030	脎	7059	涢	7088	㛚	7117	壸	7146	𬒈
7002	崀	7031	朓	7060	涐	7089	哿	7118	掇	7147	硙
7003	赆	7032	胲	7061	浰	7090	翀	7119	聍	7148	硚
7004	鉥	7033	虓	7062	浟	7091	翂	7120	菝	7149	硊
7005	钜	7034	鱽	7063	浛	7092	翙	7121	萚	7150	硍
7006	鈩	7035	狴	7064	浼	7093	𬳵	7122	菥	7151	勔
7007	鉮	7036	猛	7065	浲	7094	绨	7123	莿	7152	䴕
7008	鉊	7037	狻	7066	涘	7095	绤	7124	䓫	7153	龁
7009	鉧	7038	眢	7067	悈	7096	骍	7125	勚	7154	逴
7010	眚	7039	餗	7068	悃	7097	綄	7126	䓬	7155	唪
7011	甡	7040	勍	7069	悢	7098	翐	7127	萆	7156	啫
7012	笫	7041	痄	7070	峃	7099	琎	7128	菂	7157	翈
7013	卿	7042	疰	7071	宧	7100	珸	7129	菍	7158	䀹
7014	侪	7043	痃	7072	宥	7101	珵	7130	菼	7159	晙
7015	脩	7044	竘	7073	窊	7102	琄	7131	萣	7160	時
7016	倮	7045	羖	7074	窎	7103	琈	7132	菪	7161	𫖮
7017	倕	7046	羓	7075	扅	7104	琀	7133	菉	7162	趼
7018	倞	7047	桊	7076	扆	7105	珺	7134	萹	7163	跂
7019	僤	7048	敉	7077	袪	7106	掭	7135	梼	7164	蛃
7020	倓	7049	焆	7078	袗	7107	堎	7136	梽	7165	蚲
7021	倧	7050	烔	7079	袯	7108	埵	7137	桲	7166	𬟁

7167	蚺	7196	偲	7225	竫	7254	𬤝	7283	珷	7312	萩
7168	啴	7197	偊	7226	堃	7255	𫍰	7284	琲	7313	蒐
7169	翙	7198	𬀩	7227	阌	7256	谞	7285	琡	7314	葰
7170	崧	7199	鄎	7228	羝	7257	艴	7286	琟	7315	葎
7171	崟	7200	偓	7229	羕	7258	弸	7287	琔	7316	鄑
7172	崞	7201	徛	7230	焆	7259	弶	7288	琭	7317	蒎
7173	崒	7202	衒	7231	烺	7260	隤	7289	堾	7318	葖
7174	崌	7203	舳	7232	焌	7261	隃	7290	堼	7319	蔻
7175	崡	7204	舲	7233	淏	7262	婞	7291	揕	7320	蒚
7176	铏	7205	鸼	7234	𬇹	7263	娵	7292	𡐓	7321	棤
7177	𫓧	7206	悆	7235	淟	7264	婼	7293	㙟	7322	棽
7178	𫓹	7207	鄃	7236	淜	7265	媖	7294	喆	7323	棫
7179	铕	7208	瓻	7237	淴	7266	婳	7295	堨	7324	椓
7180	𫔎	7209	䝙	7238	淯	7267	婍	7296	塅	7325	椑
7181	铖	7210	脶	7239	湴	7268	婌	7297	堠	7326	𬃊
7182	铘	7211	脞	7240	涴	7269	婫	7298	絷	7327	[illegible]
7183	铚	7212	脬	7241	[illegible]	7270	婤	7299	𪣻	7328	椆
7184	铞	7213	䏲	7242	㥄	7271	婘	7300	㙫	7329	棓
7185	铦	7214	鱾	7243	惛	7272	婠	7301	葜	7330	棬
7186	钖	7215	猇	7244	惔	7273	𬘬	7302	惎	7331	棪
7187	牻	7216	猊	7245	悰	7274	𬘭	7303	萳	7332	椀
7188	牿	7217	猄	7246	惙	7275	𬳵	7304	葙	7333	楗
7189	稆	7218	觖	7247	寁	7276	𬳶	7305	靬	7334	[illegible]
7190	笱	7219	𠅤	7248	逭	7277	绹	7306	葴	7335	甦
7191	笯	7220	庱	7249	𬤇	7278	𬘯	7307	蒇	7336	酦
7192	偰	7221	庼	7250	𬤊	7279	𬘰	7308	𬜬	7337	觋
7193	偡	7222	庳	7251	袼	7280	𬳽	7309	鄚	7338	[illegible]
7194	鸺	7223	痓	7252	裈	7281	𬳺	7310	蒉	7339	皕
7195	偭	7224	䴔	7253	祲	7282	絜	7311	蓇	7340	硪

7341	敧	7370	赑	7399	獭	7428	湝	7457	𫘨	7486	蓏
7342	詟	7371	猋	7400	腂	7429	渒	7458	缊	7487	蔀
7343	𫐐	7372	赒	7401	腘	7430	湓	7459	缐	7488	蓢
7344	辌	7373	铥	7402	䐃	7431	㴔	7460	骙	7489	蓂
7345	棐	7374	铹	7403	腙	7432	渟	7461	瑃	7490	蒻
7346	龂	7375	锴	7404	腒	7433	溠	7462	𬍤	7491	蓣
7347	𬺈	7376	铼	7405	颔	7434	渼	7463	瑅	7492	椹
7348	黹	7377	铽	7406	鲃	7435	溇	7464	瑆	7493	楪
7349	牚	7378	锔	7407	猰	7436	湣	7465	鹊	7494	𣗋
7350	睎	7379	锊	7408	鸶	7437	湑	7466	瑖	7495	榅
7351	晫	7380	锍	7409	猯	7438	溞	7467	瑝	7496	楒
7352	晪	7381	锎	7410	猃	7439	愐	7468	瑔	7497	𬂩
7353	睒	7382	𬭎	7411	馉	7440	愃	7469	瑀	7498	楩
7354	踇	7383	锓	7412	凓[1]	7441	敩	7470	𬍡	7499	棣
7355	蛑	7384	犇	7413	鄗	7442	甯	7471	瑳	7500	椸
7356	晙	7385	颋	7414	廞	7443	棨	7472	瑂	7501	楙
7357	罦	7386	稌	7415	廋	7444	扊	7473	嶅	7502	歅
7358	喤	7387	筀	7416	廆	7445	裣	7474	瑑	7503	𫑘
7359	崶	7388	筘	7417	鄘	7446	祼	7475	遘	7504	碃
7360	嵁	7389	筜	7418	粢	7447	婻	7476	髢	7505	碏
7361	嵽	7390	筥	7419	遆	7448	婹	7477	塥	7506	硝
7362	崾	7391	筅	7420	旐	7449	媞	7478	堽	7507	碈
7363	崴	7392	傣	7421	𫔶	7450	㛹	7479	赪	7508	𬒔
7364	崿	7393	傉	7422	焞	7451	媓	7480	摛	7509	硿
7365	嵚	7394	翛	7423	𬊤	7452	媂	7481	塝	7510	鄠
7366	翙	7395	傒	7424	欻	7453	媄	7482	搒	7511	辒
7367	𫖯	7396	傕	7425	渍	7454	毵	7483	搌	7512	𬨎
7368	圌	7397	舾	7426	湆	7455	矞	7484	蒱	7513	𫐓
7369	圐	7398	畬	7427	渫	7456	𬳽	7485	蒨	7514	龆

7515	觜	7544	筶	7573	瘴	7602	襀	7631	墐	7660	碜
7516	鄚	7545	筦	7574	鄘	7603	裼	7632	墘	7661	䃎
7517	睐	7546	筤	7575	鹒	7604	禋	7633	㨘	7662	碨
7518	鹍	7547	傺	7576	鄜	7605	禔	7634	鋈	7663	碍
7519	噁[2]	7548	鹎	7577	麀	7606	禘	7635	㙍	7664	碹
7520	㬊	7549	僇	7578	鄣	7607	禒	7636	墚	7665	碥
7521	暅	7550	艅	7579	阘	7608	谫	7637	撖	7666	劂
7522	跱	7551	艉	7580	阗	7609	鹕	7638	㙩	7667	鲎
7523	蚴	7552	谼	7581	煁	7610	颋	7639	靽	7668	鹖
7524	蜎	7553	貆	7582	煃	7611	愍	7640	鞁	7669	黟
7525	嵲	7554	腽	7583	煴	7612	嫄	7641	蔌	7670	瞍
7526	赗	7555	腨	7584	煋	7613	媱	7642	蔈	7671	鹘
7527	骱	7556	腯	7585	煟	7614	戤	7643	蓰	7672	㬎
7528	锖	7557	𦝼	7586	煓	7615	勠[3]	7644	蔹	7673	跽
7529	锜	7558	鲉	7587	滠	7616	戣	7645	𬜬	7674	蜾
7530	锘	7559	鲊	7588	溍	7617	𫘪	7646	碬	7675	幖
7531	锳	7560	鲌	7589	溹	7618	𫘬	7647	榰	7676	嶍
7532	锧	7561	𬶋	7590	滆	7619	缞	7648	榑	7677	圙
7533	锪	7562	𬶍	7591	滉	7620	耤	7649	樌	7678	锗
7534	𬭚	7563	𬶏	7592	溦	7621	瑧	7650	榄	7679	锺
7535	锫	7564	鲏	7593	溵	7622	璊	7651	槜	7680	锼
7536	锬	7565	雏	7594	漷	7623	瑨	7652	榍	7681	锽
7537	铍	7566	猺	7595	滶	7624	瑱	7653	壸	7682	𬭤
7538	稑	7567	飔	7596	滘	7625	瑷	7654	鹝	7683	锾
7539	稙	7568	觟	7597	溠	7626	瑢	7655	酺	7684	锿
7540	䅟	7569	馌	7598	慉	7627	斠	7656	酾	7685	镃
7541	筼	7570	裛	7599	慥	7628	摏	7657	酲	7686	锛
7542	筻	7571	廒	7600	慆	7629	墕	7658	酴	7687	镅
7543	箦	7572	瘀	7601	塱	7630	墈	7659	碶	7688	馝

7689	鹙	7718	瘕	7747	瑦	7776	噇	7805	鹠	7834	璒
7690	[illegible]	7719	[illegible]	7748	麹	7777	噂	7806	鹡	7835	憙
7691	箖	7720	鄫	7749	璆	7778	噀	7807	糇	7836	擐
7692	劄	7721	熇	7750	漦	7779	罶	7808	糈	7837	鄹
7693	僬	7722	漹	7751	[illegible]	7780	嶲	7809	翦	7838	薳
7694	僦	7723	潡	7752	墣	7781	嶓	7810	鹢	7839	鞔
7695	僔	7724	潆	7753	墦	7782	[illegible]	7811	鹣	7840	黇
7696	僎	7725	溇	7754	墡	7783	嶟	7812	熛	7841	𬞟
7697	槃	7726	潩	7755	劐	7784	嶒	7813	[illegible]	7842	蕗
7698	[illegible]	7727	潅	7756	薁	7785	镆	7814	潵	7843	薢
7699	鲒	7728	濛	7757	蕰	7786	镈	7815	[illegible]	7844	蕹
7700	鲕	7729	[illegible]	7758	蔃	7787	镋	7816	澂	7845	橞
7701	𫚕	7730	漈	7759	蒚	7788	𬭚	7817	澛	7846	橑
7702	鲖	7731	漨	7760	標	7789	𬭩	7818	[illegible]	7847	橦
7703	鲗	7732	漻	7761	鹝	7790	镕	7819	潽	7848	醑
7704	鲘	7733	慬	7762	磏	7791	稹	7820	潾	7849	觱
7705	鲙	7734	窬	7763	磉	7792	儇	7821	潏	7850	磡
7706	𫚙	7735	窭	7764	殣	7793	皞	7822	憭	7851	[illegible]
7707	𫚚	7736	槊	7765	慭	7794	皛	7823	憕	7852	磜
7708	[illegible]	7737	[illegible]	7766	霅	7795	鹛	7824	[illegible]	7853	豮
7709	夐	7738	褕	7767	瞙	7796	艎	7825	戭	7854	[illegible]
7710	獍	7739	禛	7768	瞕	7797	艏	7826	禠	7855	[illegible]
7711	飗	7740	禚	7769	暶	7798	鹞	7827	禤	7856	[illegible]
7712	鸑	7741	隩	7770	踦	7799	鮸	7828	[illegible]	7857	[illegible]
7713	澌	7742	嫕	7771	踣	7800	鲦	7829	嫽	7858	虤
7714	廑	7743	嫭	7772	螮	7801	鲪	7830	遹	7859	暿
7715	廙	7744	嫜	7773	蝘	7802	鲬	7831	[illegible]	7860	[illegible]
7716	瘗	7745	嫪	7774	蝲	7803	獉	7832	璥	7861	曈
7717	瘥	7746	缜	7775	蝤	7804	觭	7833	璲	7862	瞰

7863	𨂝	7892	癀	7921	髺	7950	𣯴	7979	繻	8008	簝
7864	踶	7893	瘭	7922	擿	7951	簕	7980	纁	8009	簰
7865	蝑	7894	鹜	7923	薿	7952	簃	7981	瓀	8010	鼫
7866	螗	7895	𤫩	7924	薸	7953	簏	7982	鼇	8011	鼩
7867	瞜	7896	糒	7925	檑	7954	儦	7983	鷔	8012	皦
7868	𡾋	7897	燋	7926	櫆	7955	魋	7984	爇	8013	臑
7869	懞	7898	熻	7927	檞	7956	斶	7985	鞳	8014	臛
7870	巘	7899	燊	7928	醨	7957	艚	7986	鞮	8015	鳑
7871	嶦	7900	燚	7929	繄	7958	鹞	7987	虉	8016	鳒
7872	𬭚	7901	燸	7930	磹	7959	谿	7988	藠	8017	鳠
7873	𬭛	7902	濩	7931	磻	7960	䲠	7989	蘗	8018	鹯
7874	𬭝	7903	濋	7932	瞫	7961	鯻	7990	藨	8019	癗
7875	馞	7904	澪	7933	瞵	7962	鲾	7991	鹲	8020	翲
7876	穄	7905	澽	7934	蹐	7963	鰊	7992	檫	8021	旞
7877	篚	7906	澴	7935	蟏	7964	鲙	7993	檿	8022	翷
7878	篯	7907	澭	7936	㘎	7965	鳁	7994	礞	8023	辗
7879	簉	7908	澼	7937	𬭳	7966	鳂	7995	礝	8024	翱
7880	鼽	7909	憷	7938	镤	7967	鳈	7996	𥗊	8025	瀔
7881	衠	7910	憺	7939	镖	7968	鳉	7997	蹢	8026	瀍
7882	盦	7911	懔	7940	𬭸	7969	獯	7998	蹜	8027	瀌
7883	膰	7912	黉	7941	镥	7970	虡	7999	蟫	8028	襜
7884	膝	7913	嬛	7942	镨	7971	鹹	8000	䗊	8029	䴙
7885	鲭	7914	鹨	7943	𬭼	7972	襕	8001	嚚	8030	纆
7886	鲯	7915	翯	7944	𬮂	7973	襚	8002	髃	8031	[illegible]
7887	鲰	7916	𦈡	7945	𬭚	7974	鼈	8003	镮	8032	檬
7888	鲺	7917	璱	7946	𬭊	7975	螷	8004	镱	8033	礐
7889	鲹	7918	瓛	7947	𬭬	7976	甓	8005	酂	8034	醭
7890	饘	7919	璬	7948	穙	7977	嬬	8006	馧	8035	蹯
7891	𫔶	7920	璮	7949	穜	7978	嬥	8007	簠	8036	蠋

8037	翾	8049	擭	8061	犨	8073	纕	8084	鳣	8095	龢
8038	鼈	8050	嬿	8062	鱚	8074	耰	8085	爟	8096	鳢
8039	儳	8051	鬒	8063	鐬	8075	瓇	8086	爚	8097	亹
8040	儴	8052	蘘	8064	㸌	8076	瓖	8087	灈	8098	籥
8041	𤼽	8053	欂	8065	爔	8077	𩯣	8088	韂	8099	鼷
8042	鰶	8054	醵	8066	灟	8078	趯	8089	糵	8100	鱲
8043	鱇	8055	颥	8067	瀹	8079	齼	8090	蘼	8101	玃
8044	鳚	8056	甗	8068	瀼	8080	罍	8091	礵	8102	醾
8045	鳛	8057	𨟠	8069	瀵	8081	鼱	8092	鹴	8103	齇
8046	麑	8058	巇	8070	襫	8082	鳠	8093	躔	8104	觿
8047	麖	8059	酅	8071	孅	8083	鳡	8094	皭	8105	蠼
8048	蠃	8060	髎	8072	骦						

[1] 溧:义为寒冷。不再作为“栗”的异体字。

[2] 噁:化学名词用字,读 è,如“二噁英”等。

[3] 勠:义为合力、齐力。不再作为“戮”的异体字。

附件 1

规范字与繁体字、异体字对照表

说　　明

一、本表的编制是为了指导正确使用《通用规范汉字表》、方便古籍阅读、促进海峡两岸及港澳地区交流。繁体字和异体字的使用，遵循《中华人民共和国国家通用语言文字法》的规定。

二、本表列出了《通用规范汉字表》中的3120个规范字及相应的繁体字、异体字。分三栏编排：第一栏是规范字及其序号。第二栏是繁体字，用圆括号括注。第三栏是异体字，用方括号括注。

三、本表收录了与2546个规范字相对应的2574个繁体字。对96组一个规范字对应多个繁体字（或传承字）的字际关系进行了分解。表中的“～”代表与规范字相同的传承字。依据《简化字总表》的规定，对在部分义项和用法上不简化的“瞭、乾、藉、麽”等字，加注予以说明。

四、本表对《第一批异体字整理表》进行了调整，收录了794组共计1023个异体字。对在部分义项和用法上可作规范字使用的“仝、甦、堃、脩”等异体字，加注说明其使用范围和用法。

规范字与繁体字、异体字对照表

规范字		繁体字	异体字
0006	厂	(廠)	
0008	卜	～	
		(蔔)	
0012	儿	(兒)	
0014	几	～	
		(幾)	
0017	了	～	
		(瞭[1])	
0020	乃		[迺廼[2]]
0023	干	～	
		(乾[3])	[乹乾]
		(幹)	[榦]
0025	亏	(虧)	
0029	才	～	
		(纔)	
0034	与	(與)	

规范字		繁体字	异体字
0035	万	～	
		(萬)	
0041	千	～	
		(韆)	
0044	亿	(億)	
0045	个	(個)	[箇]
0048	么	(麽[4])	
0050	凡		[凢]
0053	广	(廣)	
0054	亡		[亾]
0055	门	(門)	
0056	丫		[枒椏[5]]
0057	义	(義)	
0059	尸		[屍]
0065	卫	(衛)	
0069	飞	(飛)	

规范字		繁体字	异体字
0070	习	(習)	
0072	马	(馬)	
0073	乡	(鄉)	
0074	丰	~	
		(豐)	
0076	开	(開)	
0081	无	(無)	
0082	云	~	
		(雲)	
0083	专	(專)	[耑[6]]
0084	丐		[匃匄]
0085	扎		[紥紮]
0086	艺	(藝)	
0090	厅	(廳)	
0094	区	(區)	
0095	历	(歷)	[歴厯]
		(曆)	[厤]
0099	匹		[疋]
0100	车	(車)	

规范字		繁体字	异体字
0101	巨		[鉅[7]]
0114	贝	(貝)	
0115	冈	(岡)	
0118	见	(見)	
0122	气	(氣)	
0125	升		[昇[8]陞[9]]
0126	夭		[殀]
0127	长	(長)	
0131	仆	~	
		(僕)	
0133	仇		[讐讎[10]]
0134	币	(幣)	
0136	仅	(僅)	
0137	斤		[觔]
0142	从	(從)	
0143	仑	(侖)	[崘崙]
0145	凶		[兇]
0149	仓	(倉)	
0154	风	(風)	

规范字		繁体字	异体字
0157	乌	(烏)	
0159	凤	(鳳)	
0165	为	(爲)	
0166	斗	~	
		(鬥)	[閗鬦鬬]
0167	忆	(憶)	
0168	计	(計)	
0169	订	(訂)	
0171	认	(認)	
0172	冗		[宂]
0173	讥	(譏)	
0177	丑	~	
		(醜)	
0180	队	(隊)	
0181	办	(辦)	
0182	以		[㕥㠯]
0185	邓	(鄧)	
0186	劝	(勸)	
0187	双	(雙)	

规范字		繁体字	异体字
0188	书	(書)	
0191	刊		[栞]
0195	击	(擊)	
0199	扑	(撲)	
0209	节	(節)	
0211	术	~	
		(術)	
0215	厉	(厲)	
0218	布		[佈]
0221	龙	(龍)	
0223	灭	(滅)	
0224	轧	(軋)	
0225	东	(東)	
0228	占		[佔]
0230	卢	(盧)	
0231	业	(業)	
0232	旧	(舊)	
0233	帅	(帥)	
0234	归	(歸)	

规范字		繁体字	异体字
0238	叶	~	
		(葉)	
0242	电	(電)	
0243	号	(號)	
0246	只	(衹)	[衹[11]秖]
		(隻)	
0251	叽	(嘰)	
0253	叫		[呌]
0254	叩		[敂]
0257	叹	(嘆)	[歎]
0258	冉		[冄]
0268	丘		[坵]
0272	仙		[僊]
0273	们	(們)	
0274	仪	(儀)	
0281	丛	(叢)	
0286	尔	(爾)	[尒]
0287	乐	(樂)	
0289	匆		[怱悤]
0290	册		[冊]
0291	卯		[夘戼]
0294	处	(處)	
0295	冬	~	
		(鼕)	
0296	鸟	(鳥)	
0297	务	(務)	
0299	饥	(飢)	
		(饑)	
0303	冯	(馮)	
0305	闪	(閃)	
0306	兰	(蘭)	
0309	汇	(匯)	[滙]
		(彙)	
0310	头	(頭)	
0311	汉	(漢)	
0312	宁	(寧)	[寕甯[12]]
0314	它		[牠]
0315	讨	(討)	

规范字		繁体字	异体字
0316	写	(寫)	
0317	让	(讓)	
0318	礼	(禮)	
0319	训	(訓)	
0320	议	(議)	
0322	讯	(訊)	
0323	记	(記)	
0330	出	~	
		(齣)	
0331	辽	(遼)	
0332	奶		[妳嬭]
0337	边	(邊)	
0339	发	(發)	
		(髮)	
0340	圣	(聖)	
0341	对	(對)	
0342	台	~	
		(臺)	
		(颱)	

规范字		繁体字	异体字
		(檯)	
0344	纠	(糾)	[糺]
0347	丝	(絲)	
0353	动	(動)	[働]
0354	扛		[摃]
0357	扣		[釦]
0358	考		[攷]
0359	托		[託]
0361	巩	(鞏)	
0363	执	(執)	
0364	扩	(擴)	
0365	扫	(掃)	
0367	场	(場)	[塲]
0368	扬	(揚)	[敭颺[13]]
0373	亚	(亞)	
0376	朴	~	
		(樸)	
0377	机	(機)	
0378	权	(權)	

规范字		繁体字	异体字
0379	过	(過)	
0382	再		[冄𠕅]
0383	协	(協)	
0385	压	(壓)	
0386	厌	(厭)	
0393	页	(頁)	
0395	夸	~	
		(誇)	
0396	夺	(奪)	
0398	达	(達)	
0402	夹	(夾)	[裌[14]袷]
0404	轨	(軌)	
0405	邪		[衺]
0406	尧	(堯)	
0407	划	~	
		(劃)	
0408	迈	(邁)	
0409	毕	(畢)	
0412	贞	(貞)	
0413	师	(師)	
0414	尘	(塵)	
0418	当	(當)	
		(噹)	
0420	吁	~	
		(籲)	
0422	吓	(嚇)	
0423	虫	(蟲)	
0424	曲	~	
		(麯)	[麴[15]]
0425	团	(團)	
		(糰)	
0427	同		[仝[16]衕]
0428	吊		[弔]
0429	吃		[喫]
0430	因		[囙]
0432	吗	(嗎)	
0434	屿	(嶼)	
0436	岁	(歲)	[嵗]

规范字		繁体字	异体字
0437	帆		[㠶颿]
0438	回	～	
		(迴)	[廻逥]
0439	岂	(豈)	
0440	则	(則)	
0441	刚	(剛)	
0442	网	(網)	
0444	年		[秊]
0445	朱	～	
		(硃)	
0451	迁	(遷)	
0452	乔	(喬)	
0454	伟	(偉)	
0455	传	(傳)	
0461	优	(優)	
0468	伤	(傷)	
0469	价	(價)	
0470	伦	(倫)	
0472	华	(華)	
0474	仿		[倣髣]
0475	伙	～	
		(夥[17])	
0476	伪	(僞)	
0480	向	～	
		(嚮)	[曏]
0481	似		[佀]
0482	后	～	
		(後)	
0486	会	(會)	
0487	杀	(殺)	
0488	合	～	
		(閤)	
0491	众	(衆)	[眾]
0492	爷	(爺)	
0493	伞	(傘)	[𠍣繖]
0494	创	(創)	[剏剙]
0497	朵		[朶]
0498	杂	(雜)	[襍]

规范字		繁体字	异体字
0503	负	(負)	
0510	壮	(壯)	
0511	冲	~	
		(衝)	
0512	妆	(妝)	[粧]
0513	冰		[氷]
0514	庄	(莊)	
0515	庆	(慶)	
0517	刘	(劉)	
0518	齐	(齊)	
0522	产	(產)	
0523	决		[決]
0527	闭	(閉)	
0528	问	(問)	
0529	闯	(闖)	
0531	并		[併並竝]
0532	关	(關)	
0534	灯	(燈)	
0537	污		[汙洿]

规范字		繁体字	异体字
0542	汤	(湯)	
0544	兴	(興)	
0550	讲	(講)	
0551	讳	(諱)	
0552	军	(軍)	
0553	讶	(訝)	
0554	许	(許)	
0555	讹	(訛)	[譌]
0556	论	(論)	
0557	讼	(訟)	
0558	农	(農)	[辳]
0559	讽	(諷)	
0560	设	(設)	
0561	访	(訪)	
0562	诀	(訣)	
0563	寻	(尋)	[㝷]
0566	尽	(盡)	
		(儘)	
0567	导	(導)	

规范字		繁体字	异体字
0568	异		[異]
0570	孙	(孫)	
0571	阵	(陣)	
0572	阳	(陽)	
0574	阶	(階)	[堦]
0575	阴	(陰)	[隂]
0577	奸		[姦]
0579	妇	(婦)	[媍]
0583	妈	(媽)	
0584	戏	(戲)	[戱]
0586	观	(觀)	
0587	欢	(歡)	[懽讙驩]
0588	买	(買)	
0589	红	(紅)	
0590	驮	(馱)	[駄]
0591	纤	(縴)	
		(纖)	
0592	驯	(馴)	
0593	约	(約)	
0594	级	(級)	
0595	纪	(紀)	
0596	驰	(馳)	
0597	纫	(紉)	
0598	巡		[廵]
0599	寿	(壽)	
0600	弄		[挵衖]
0601	麦	(麥)	
0603	玛	(瑪)	
0605	进	(進)	
0608	远	(遠)	
0609	违	(違)	
0610	韧	(韌)	[靭靱韌]
0611	运	(運)	
0613	抚	(撫)	
0614	坛	(壇)	
		(罎)	[罈壜]
0616	坏	(壞)	
0617	抠	(摳)	

规范字		繁体字	异体字
0618	扰	(擾)	
0619	扼		[搤]
0623	址		[阯]
0624	扯		[撦]
0627	贡	(貢)	
0629	坝	(垻)	
		(壩)	
0632	折	~	
		(摺)	
0635	抡	(掄)	
0637	抢	(搶)	
0639	坎		[埳]
0644	坟	(墳)	
0645	坑		[阬]
0649	护	(護)	
0650	壳	(殼)	
0651	志		[誌]
0652	块	(塊)	
0654	声	(聲)	

规范字		繁体字	异体字
0656	报	(報)	
0657	拟	(擬)	[儗]
0658	却		[㕁卻]
0660	劫		[刦刧刼]
0662	芜	(蕪)	
0663	苇	(葦)	
0665	花		[芲蘤]
0669	苍	(蒼)	
0671	严	(嚴)	
0672	芦	(蘆)	
0674	劳	(勞)	
0675	克	~	
		(剋[18])	[尅]
0677	苏	(蘇)	[甦[19]蘓]
		(囌)	
0678	杆		[桿]
0679	杠		[槓]
0682	村		[邨[20]]
0687	极	(極)	

规范字		繁体字	异体字
0689	杨	(楊)	
0696	豆		[荳]
0697	两	(兩)	
0699	丽	(麗)	
0700	医	(醫)	
0702	励	(勵)	
0704	还	(還)	
0706	歼	(殲)	
0707	来	(來)	
0708	连	(連)	
0709	轩	(軒)	
0711	卤	(鹵)	
		(滷)	
0712	坚	(堅)	
0717	时	(時)	[旹]
0720	县	(縣)	
0721	里	~	
		(裏)	[裡]
0722	呆		[獃]

规范字		繁体字	异体字
0725	呕	(嘔)	
0726	园	(園)	
0727	旷	(曠)	
0728	围	(圍)	
0730	吨	(噸)	
0732	邮	(郵)	
0734	困	~	
		(睏)	
0737	员	(員)	
0739	听	(聽)	
0740	吟		[唫]
0742	呛	(嗆)	
0743	吻		[脗]
0745	呜	(嗚)	
0751	别	~	
		(彆)	
0753	岖	(嶇)	
0754	岗	(崗)	
0755	帐	(帳)	

规范字		繁体字	异体字
0756	财	(財)	
0757	针	(針)	[鍼]
0758	钉	(釘)	
0762	乱	(亂)	
0770	体	(體)	
0780	佣	(傭)	
0782	你		[妳]
0787	皂		[阜]
0789	佛		[彿髴]
0792	彻	(徹)	
0795	余	~	
		(餘)	
0798	谷	~	
		(穀)	
0801	邻	(鄰)	[隣]
0804	肛		[疘]
0807	肠	(腸)	[膓]
0808	龟	(龜)	
0812	犹	(猶)	
0813	狈	(狽)	
0815	删		[刪]
0816	条	(條)	
0820	岛	(島)	[㠀]
0821	刨		[鉋鑤]
0823	饭	(飯)	
0824	饮	(飲)	[㱃]
0825	系	~	
		(係)	
		(繫)	
0827	冻	(凍)	
0828	状	(狀)	
0829	亩	(畝)	[畆畂畒畞畮]
0830	况		[況]
0831	床		[牀]
0832	库	(庫)	
0834	疗	(療)	
0835	吝		[悋]
0836	应	(應)	

规范字		繁体字	异体字
0837	这	(這)	
0839	庐	(廬)	
0842	弃		[棄]
0845	闰	(閏)	
0846	闲	(閑)	[閒]
0847	间	(間)	
0848	闷	(悶)	
0851	灶	(竈)	
0852	灿	(燦)	
0859	沥	(瀝)	
0863	沦	(淪)	
0864	汹		[洶]
0865	泛		[氾[21]汎]
0866	沧	(滄)	
0868	沟	(溝)	
0869	沪	(滬)	
0870	沈	~ (瀋)	
0873	怀	(懷)	

规范字		繁体字	异体字
0874	忧	(憂)	
0882	穷	(窮)	
0883	灾		[災烖菑]
0885	证	(證)	
0886	启	(啓)	[唘啟]
0887	评	(評)	
0888	补	(補)	
0891	祀		[禩]
0892	识	(識)	
0893	诈	(詐)	
0894	诉	(訴)	[愬]
0896	诊	(診)	
0897	词	(詞)	[䛐]
0898	译	(譯)	
0900	灵	(靈)	
0902	层	(層)	
0906	迟	(遲)	
0907	局		[侷跼]
0909	张	(張)	

规范字		繁体字	异体字
0911	际	(際)	
0912	陆	(陸)	
0914	陈	(陳)	
0916	附		[坿]
0917	坠	(墜)	
0919	妙		[玅]
0921	姊		[姉]
0923	妒		[妬]
0926	劲	(勁)	
0928	鸡	(鷄)	[雞]
0929	纬	(緯)	
0930	驱	(驅)	[駈敺]
0931	纯	(純)	
0932	纱	(紗)	
0933	纲	(綱)	
0934	纳	(納)	
0935	驳	(駁)	[駮]
0936	纵	(縱)	
0937	纷	(紛)	

规范字		繁体字	异体字
0938	纸	(紙)	[帋]
0939	纹	(紋)	
0940	纺	(紡)	
0941	驴	(驢)	
0942	纽	(紐)	
0944	玩		[翫]
0945	环	(環)	
0948	责	(責)	
0949	现	(現)	
0951	表	~	
		(錶)	
0952	规	(規)	[槼]
0957	拓		[搨]
0958	拢	(攏)	
0961	拣	(揀)	
0963	担	(擔)	
0964	坤		[堃[22]]
0967	拐		[柺]
0968	拖		[拕]

规范字		繁体字	异体字
0971	顶	(頂)	
0974	拥	(擁)	
0975	抵		[牴觝]
0977	势	(勢)	
0982	拦	(攔)	
0983	幸		[倖]
0985	拧	(擰)	
0991	拨	(撥)	
0992	择	(擇)	
0995	拗		[抝]
1004	苹	(蘋[23])	
1010	范	～	
		(範)	
1014	茎	(莖)	
1020	杯		[盃桮]
1021	枢	(樞)	
1022	柜	(櫃)	
1025	板	～	
		(闆)	

规范字		繁体字	异体字
1026	松	～	
		(鬆)	
1027	枪	(槍)	[鎗]
1028	枫	(楓)	
1029	构	(構)	[搆]
1031	杰		[傑]
1034	丧	(喪)	
1036	画	(畫)	
1040	枣	(棗)	
1042	卖	(賣)	
1043	郁	～	
		(鬱)	[欝鬰]
1044	矾	(礬)	
1045	矿	(礦)	[鑛]
1046	码	(碼)	
1047	厕	(廁)	[厠]
1049	奔		[奔逩犇[24]]
1051	奋	(奮)	
1052	态	(態)	

规范字		繁体字	异体字
1053	欧	(歐)	
1054	殴	(毆)	
1055	垄	(壟)	
1057	轰	(轟)	
1058	顷	(頃)	
1059	转	(轉)	
1060	斩	(斬)	
1061	轮	(輪)	
1062	软	(軟)	[輭]
1067	肯		[肎]
1068	齿	(齒)	
1072	虏	(虜)	[虜]
1073	肾	(腎)	
1074	贤	(賢)	
1079	果		[菓]
1080	昆		[崐崑]
1081	国	(國)	
1086	畅	(暢)	
1089	咙	(嚨)	

规范字		繁体字	异体字
1096	咒		[呪]
1099	呼		[虖嘑謼]
1100	鸣	(鳴)	
1101	咏		[詠]
1105	岸		[屽]
1106	岩		[嵒巗巖]
1108	罗	(羅)	
1109	帜	(幟)	
1111	岭	(嶺)	
1112	凯	(凱)	
1113	败	(敗)	
1114	账	(賬)	
1115	贩	(販)	
1116	贬	(貶)	
1117	购	(購)	
1118	贮	(貯)	
1119	图	(圖)	
1120	钓	(釣)	
1121	制	～	

规范字		繁体字	异体字
		(製)	
1124	氛		[雰]
1129	刮	~	
		(颳)	
1130	秆		[稈]
1131	和		[咊龢[25]]
1137	岳		[嶽]
1141	侠	(俠)	
1142	侥	(僥)	[儌]
1144	侄		[妷姪]
1145	侦	(偵)	[遉]
1147	侧	(側)	
1148	凭	(憑)	[凴]
1149	侨	(僑)	
1151	货	(貨)	
1156	迫		[廹]
1157	质	(質)	
1158	欣		[訢[26]]
1159	征	~	

规范字		繁体字	异体字
		(徵[27])	
1160	往		[徃]
1163	径	(徑)	[逕[28]]
1165	舍	~	
		(捨)	
1168	命		[𠇮]
1169	肴		[餚]
1172	采		[採寀]
1173	觅	(覓)	[覔]
1176	贪	(貪)	
1177	念		[唸]
1178	贫	(貧)	
1180	肤	(膚)	
1183	肿	(腫)	
1184	胀	(脹)	
1187	肮	(骯)	
1191	胁	(脅)	[脇]
1192	周		[週]
1193	昏		[昬]

规范字		繁体字	异体字
1194	鱼	(魚)	
1195	兔		[兎兔]
1199	狞	(獰)	
1200	备	(備)	[俻]
1201	饰	(飾)	
1202	饱	(飽)	
1203	饲	(飼)	[飤]
1204	变	(變)	
1206	享		[亯]
1207	庞	(龐)	
1209	夜		[亱]
1210	庙	(廟)	
1213	疟	(瘧)	
1216	剂	(劑)	
1217	卒		[卆]
1220	废	(廢)	[癈]
1221	净		[淨]
1227	闸	(閘)	[牐]
1228	闹	(鬧)	[閙]

规范字		繁体字	异体字
1229	郑	(鄭)	
1230	券		[劵]
1231	卷	~	
		(捲)	
1232	单	(單)	
1236	炕		[匟]
1238	炉	(爐)	[鑪[29]]
1240	浅	(淺)	
1241	法		[灋灋]
1242	泄		[洩]
1245	沾		[霑]
1246	泪		[淚]
1252	注		[註]
1254	泞	(濘)	
1255	泻	(瀉)	
1262	泼	(潑)	
1263	泽	(澤)	
1270	怜	(憐)	
1271	怪		[恠]

规范字		繁体字	异体字
1273	学	(學)	
1274	宝	(寶)	[寳]
1277	宠	(寵)	
1279	审	(審)	
1283	帘	~	
		(簾)	
1285	实	(實)	[寔]
1286	试	(試)	
1288	诗	(詩)	
1291	诚	(誠)	
1292	衬	(襯)	
1294	视	(視)	[眎眡]
1296	话	(話)	[語]
1297	诞	(誕)	
1298	诡	(詭)	
1299	询	(詢)	
1300	该	(該)	
1301	详	(詳)	
1303	肃	(肅)	

规范字		繁体字	异体字
1304	录	(録)	
1305	隶	(隸)	[隷隸]
1306	帚		[箒]
1309	届		[屆]
1313	弥	(彌)	
		(瀰)	
1314	弦		[絃]
1320	陕	(陝)	
1322	函		[圅]
1332	驾	(駕)	
1334	参	(參)	[叅葠蓡]
1335	艰	(艱)	
1336	线	(綫)	[線[30]]
1337	练	(練)	
1338	组	(組)	
1339	绅	(紳)	
1340	细	(細)	
1341	驶	(駛)	
1342	织	(織)	

规范字		繁体字	异体字
1343	驹	(駒)	
1344	终	(終)	
1345	驻	(駐)	
1346	绊	(絆)	
1347	驼	(駝)	[駞]
1348	绍	(紹)	
1349	绎	(繹)	
1350	经	(經)	
1351	贯	(貫)	
1353	贰	(貳)	
1355	春		[旾]
1356	帮	(幫)	[幇幚]
1358	珍		[珎]
1360	珊		[珊]
1365	挂		[罣掛]
1370	项	(項)	
1374	挟	(挾)	
1375	挠	(撓)	
1378	赵	(趙)	
1379	挡	(擋)	[攩]
1383	括		[捪]
1388	垛		[垜]
1390	垫	(墊)	
1392	挤	(擠)	
1396	挥	(揮)	
1405	荐	(薦)	
1407	带	(帶)	
1408	草		[艸]
1409	茧	(繭)	[蠒]
1414	荡	(蕩)	[盪]
1415	荣	(榮)	
1416	荦	(犖)	
1417	荧	(熒)	
1419	胡	~	[衚]
		(鬍)	
1420	荫	(蔭)	[廕]
1421	荔		[茘]
1423	药	(藥)	

规范字		繁体字	异体字
1424	标	(標)	
1425	栈	(棧)	
1429	栋	(棟)	
1431	查		[査]
1432	柏		[栢]
1433	栅		[柵]
1434	柳		[桺栁]
1436	柿		[柹]
1437	栏	(欄)	
1438	柠	(檸)	
1439	树	(樹)	
1443	咸	～	
		(鹹)	
1447	砖	(磚)	[塼甎]
1448	厘		[釐[31]]
1453	砚	(硯)	
1455	面	～	
		(麵)	[麪]
1458	牵	(牽)	
1459	鸥	(鷗)	
1460	残	(殘)	
1462	轴	(軸)	
1463	轻	(輕)	
1464	鸦	(鴉)	[鵶]
1466	韭		[韮]
1467	背		[揹]
1468	战	(戰)	
1469	点	(點)	
1471	临	(臨)	
1472	览	(覽)	
1473	竖	(豎)	[竪]
1476	尝	(嘗)	[甞嚐]
1479	是		[昰]
1483	哄		[閧鬨]
1484	哑	(啞)	
1485	显	(顯)	
1486	冒		[冐]
1487	映		[暎]

规范字		繁体字	异体字
1495	贵	(貴)	
1498	虾	(蝦)	
1499	蚁	(蟻)	
1501	蚂	(螞)	
1502	虽	(雖)	
1504	咽		[嚥]
1505	骂	(罵)	[傌駡]
1506	勋	(勛)	[勳]
1507	哗	(嘩)	[譁]
1508	咱		[倃喒偺喒]
1509	响	(響)	
1512	咬		[齩]
1513	咳		[欬]
1516	哟	(喲)	
1518	峡	(峽)	
1519	罚	(罰)	[罸]
1520	贱	(賤)	
1521	贴	(貼)	
1522	贻	(貽)	
1525	钙	(鈣)	
1526	钝	(鈍)	
1527	钞	(鈔)	
1528	钟	(鍾[32])	
		(鐘)	
1529	钢	(鋼)	
1530	钠	(鈉)	
1531	钥	(鑰)	
1532	钦	(欽)	
1533	钧	(鈞)	
1534	钩	(鈎)	[鉤]
1535	钮	(鈕)	
1540	矩		[榘]
1541	毡	(氈)	[氊]
1542	氢	(氫)	
1545	选	(選)	
1546	适	(適)	
1549	种	~	
		(種)	

规范字		繁体字	异体字
1550	秋	~	[秌龝]
		(鞦)	
1553	复	(復)	
		(複)	
1557	俩	(倆)	
1558	贷	(貸)	
1559	顺	(順)	
1560	修		[脩[33]]
1567	俭	(儉)	
1578	俊		[雋儁]
1585	须	(須)	
		(鬚)	
1586	叙		[敍敘]
1587	剑	(劍)	[劒]
1591	胚		[肧]
1592	胧	(朧)	
1593	胆	(膽)	
1594	胜	(勝)	
1597	脉		[脈䘑衇]

规范字		繁体字	异体字
1600	狭	(狹)	[陿]
1601	狮	(獅)	
1602	独	(獨)	
1605	狱	(獄)	
1607	贸	(貿)	
1610	饵	(餌)	
1611	饶	(饒)	
1612	蚀	(蝕)	
1613	饺	(餃)	
1614	饼	(餅)	
1615	峦	(巒)	
1616	弯	(彎)	
1617	将	(將)	
1618	奖	(獎)	[奬]
1623	迹		[跡蹟]
1625	疮	(瘡)	
1626	疯	(瘋)	
1631	亲	(親)	
1635	闺	(閨)	

规范字		繁体字	异体字
1636	闻	(聞)	
1637	闽	(閩)	
1638	阀	(閥)	
1639	阁	(閣)	[閤]
1641	养	(養)	
1643	姜	~	
		(薑)	
1646	类	(類)	
1649	娄	(婁)	
1654	总	(總)	
1655	炼	(煉)	[鍊]
1657	烁	(爍)	
1658	炮		[砲礮]
1660	烂	(爛)	
1661	剃		[薙鬀]
1662	洼	(窪)	
1663	洁	(潔)	[絜[34]]
1665	洒	(灑)	
1667	浇	(澆)	

规范字		繁体字	异体字
1668	浊	(濁)	
1670	测	(測)	
1677	浏	(瀏)	
1678	济	(濟)	
1681	浑	(渾)	
1682	浓	(濃)	
1685	恒		[恆]
1687	恍		[怳]
1689	恤		[卹䘏賉]
1691	恼	(惱)	
1693	举	(舉)	[擧]
1694	觉	(覺)	
1699	宪	(憲)	
1702	窃	(竊)	
1704	诫	(誡)	
1706	诬	(誣)	
1707	语	(語)	
1709	袄	(襖)	
1714	误	(誤)	

规范字		繁体字	异体字
1715	诱	(誘)	
1716	诲	(誨)	
1717	说	(說)	
1718	诵	(誦)	
1719	垦	(墾)	
1723	昼	(晝)	
1726	费	(費)	
1728	逊	(遜)	
1731	陨	(隕)	
1733	险	(險)	
1738	姻		[婣]
1739	娇	(嬌)	
1744	贺	(賀)	
1751	垒	(壘)	
1752	绑	(綁)	
1753	绒	(絨)	[毧羢]
1754	结	(結)	
1755	绕	(繞)	[遶]
1756	骄	(驕)	

规范字		繁体字	异体字
1757	绘	(繪)	
1758	给	(給)	
1759	绚	(絢)	
1760	骆	(駱)	
1761	络	(絡)	
1762	绝	(絕)	
1763	绞	(絞)	
1764	骇	(駭)	
1765	统	(統)	
1766	耕		[畊]
1770	艳	(艷)	[豔豓]
1777	蚕	(蠶)	
1778	顽	(頑)	
1779	盏	(盞)	[琖醆]
1781	捞	(撈)	
1787	载	(載)	
1788	赶	(趕)	
1790	盐	(鹽)	
1792	捍		[扞[35]]

规范字		繁体字	异体字
1793	捏		[揑]
1796	捆		[綑]
1798	损	(損)	
1802	哲		[喆[36]]
1804	捡	(撿)	
1807	挽		[輓]
1808	挚	(摯)	
1809	热	(熱)	
1811	捣	(搗)	[擣擣]
1812	壶	(壺)	
1816	耻		[恥]
1818	耽		[躭]
1819	聂	(聶)	
1822	莱	(萊)	
1823	莲	(蓮)	
1827	获	(獲)	
		(穫)	
1828	晋		[晉]
1829	恶	(惡)	
		(噁)	
1830	莹	(瑩)	
1831	莺	(鶯)	[鸎]
1837	栖		[棲]
1838	档	(檔)	
1841	桥	(橋)	
1842	桦	(樺)	
1846	桩	(樁)	
1848	核		[覈]
1849	样	(樣)	
1855	栗		[慄]
1856	贾	(賈)	
1859	翅		[翄]
1861	唇		[脣]
1865	砾	(礫)	
1866	础	(礎)	
1874	顾	(顧)	
1875	轿	(轎)	
1876	较	(較)	

规范字		繁体字	异体字
1877	顿	(頓)	
1878	毙	(斃)	[獘]
1879	致	～	
		(緻)	
1881	桌		[槕]
1882	虑	(慮)	
1883	监	(監)	
1884	紧	(緊)	[緊緊]
1885	党	～	
		(黨)	
1887	晒	(曬)	
1889	晓	(曉)	
1891	唠	(嘮)	
1892	鸭	(鴨)	
1893	晃		[㨪]
1897	晕	(暈)	
1901	蚊		[螡蟁]
1909	恩		[恖]
1910	鸯	(鴦)	
1918	罢	(罷)	
1919	峭		[陗]
1920	峨		[峩]
1921	峰		[峯]
1922	圆	(圓)	
1924	贼	(賊)	
1925	贿	(賄)	
1926	赂	(賂)	
1927	赃	(贜)	
1928	钱	(錢)	
1929	钳	(鉗)	
1930	钻	(鑽)	[鑚]
1931	钾	(鉀)	
1932	铁	(鐵)	
1933	铃	(鈴)	
1934	铅	(鉛)	[鈆]
1939	牺	(犧)	
1941	乘		[乗椉]
1942	敌	(敵)	

规范字		繁体字	异体字
1945	积	(積)	
1948	称	(稱)	
1949	秘		[祕[37]]
1951	笔	(筆)	
1952	笑		[咲]
1953	笋		[筍]
1954	债	(債)	
1955	借	~	
		(藉[38])	
1959	倾	(傾)	
1965	赁	(賃)	
1966	俯		[俛頫[39]]
1968	倦		[勌]
1971	射		[䠶]
1972	躬		[躳]
1977	殷		[慇]
1978	舰	(艦)	
1979	舱	(艙)	
1983	拿		[拏舒挐]

规范字		繁体字	异体字
1984	耸	(聳)	
1987	爱	(愛)	
1990	颁	(頒)	
1991	颂	(頌)	
1994	脆		[脃]
1996	胸		[胷]
1997	胳		[肐]
1998	脏	(臟)	
		(髒)	
1999	脐	(臍)	
2000	胶	(膠)	
2001	脑	(腦)	
2002	脓	(膿)	
2004	狸		[貍]
2008	鸵	(鴕)	
2009	留		[畄畱𤱷]
2010	鸳	(鴛)	
2011	皱	(皺)	
2012	饿	(餓)	

规范字		繁体字	异体字
2013	馁	(餒)	
2015	凄		[淒悽]
2016	恋	(戀)	
2017	桨	(槳)	
2018	浆	(漿)	
2023	席		[蓆]
2024	准	～	
		(準)	
2026	症	～	
		(癥)	
2029	斋	(齋)	[亝]
2034	效		[効傚]
2035	离	(離)	
2039	资	(資)	[貲[40]]
2040	凉		[涼]
2043	竞	(競)	
2048	阅	(閱)	
2051	瓶		[缾]
2059	烦	(煩)	

规范字		繁体字	异体字
2060	烧	(燒)	
2061	烛	(燭)	
2062	烟		[菸煙]
2064	递	(遞)	
2065	涛	(濤)	
2066	浙		[淛]
2067	涝	(澇)	
2072	涡	(渦)	
2075	涂	～	
		(塗)	
2079	涤	(滌)	
2081	润	(潤)	
2082	涧	(澗)	
2086	涨	(漲)	
2087	烫	(燙)	
2088	涩	(澀)	[澁濇]
2089	涌		[湧]
2090	悖		[誖]
2093	悍		[猂]

规范字		繁体字	异体字
2095	悯	(憫)	
2098	宽	(寬)	
2099	家	~	
		(傢)	
2101	宴		[醼讌]
2102	宾	(賓)	
2103	窍	(竅)	
2108	请	(請)	
2110	诸	(諸)	
2111	诺	(諾)	
2112	读	(讀)	
2114	诽	(誹)	
2115	袜	(襪)	[韈韤]
2120	课	(課)	
2121	冥		[冥寘]
2122	谁	(誰)	
2123	调	(調)	
2124	冤		[寃寃]
2125	谅	(諒)	

规范字		繁体字	异体字
2126	谆	(諄)	
2127	谈	(談)	
2128	谊	(誼)	
2130	恳	(懇)	
2132	剧	(劇)	
2144	娘		[孃]
2147	难	(難)	
2148	预	(預)	
2149	桑		[桒]
2150	绢	(絹)	
2151	绣	(綉)	[繡]
2152	验	(驗)	[騐]
2153	继	(繼)	
2154	骏	(駿)	
2155	球		[毬]
2156	琐	(瑣)	[瑣]
2158	琉		[瑠璢]
2159	琅		[瑯]
2167	捷		[捷]

规范字		繁体字	异体字
2171	捶		[搥]
2180	掏		[搯]
2186	掷	(擲)	
2189	据	～	
		(據)	[㨿]
2191	掺	(摻)	
2192	职	(職)	
2199	菱		[䕩]
2204	萝	(蘿)	
2213	萤	(螢)	
2214	营	(營)	
2216	萧	(蕭)	
2217	萨	(薩)	
2221	梦	(夢)	
2222	婪		[惏]
2226	梅		[楳槑]
2227	检	(檢)	
2232	救		[捄]
2236	酝	(醞)	
2238	厢		[廂]
2239	戚		[慼慽]
2241	硕	(碩)	
2245	聋	(聾)	
2246	袭	(襲)	
2250	辅	(輔)	
2251	辆	(輛)	
2252	颅	(顱)	
2262	眯		[瞇]
2264	悬	(懸)	
2265	野		[埜壄]
2276	跃	(躍)	
2277	略		[畧]
2280	蛇		[虵]
2282	累	～	
		(纍)	
2286	啰	(囉)	
2291	啸	(嘯)	
2294	崭	(嶄)	[嶃]

规范字		繁体字	异体字
2295	逻	(邏)	
2301	婴	(嬰)	
2303	铸	(鑄)	
2304	铛	(鐺)	
2305	铝	(鋁)	
2306	铜	(銅)	
2307	铭	(銘)	
2308	铲	(鏟)	[剷]
2309	银	(銀)	
2310	矫	(矯)	
2312	秸		[稭]
2313	梨		[棃]
2314	犁		[犂]
2315	秽	(穢)	
2316	移		[迻]
2318	笼	(籠)	
2327	偿	(償)	
2330	偷		[媮]
2335	躯	(軀)	
2336	兜		[兠]
2337	假		[叚[41]]
2338	衅	(釁)	
2342	衔	(銜)	[啣銜]
2343	盘	(盤)	
2345	船		[舩]
2349	鸽	(鴿)	
2350	敛	(斂)	[歛]
2352	欲		[慾]
2353	彩		[綵]
2354	领	(領)	
2355	脚		[腳]
2356	脖		[頚]
2359	脸	(臉)	
2362	够		[夠]
2365	猪		[豬]
2366	猎	(獵)	
2367	猫		[貓]
2372	馅	(餡)	

规范字		繁体字	异体字
2373	馆	(館)	[舘]
2374	凑		[湊]
2375	减		[減]
2378	庶		[庻]
2379	麻		[蔴]
2380	庵		[菴]
2382	痒	(癢)	
2393	旋	~	
		(鏇)	
2394	望		[朢]
2396	阁	(閣)	
2397	阑	(闌)	
2400	盖	(蓋)	
2401	眷		[睠]
2403	粗		[觕麤]
2405	断	(斷)	
2407	兽	(獸)	
2408	焊		[釬銲]
2412	鸿	(鴻)	

规范字		繁体字	异体字
2413	淋		[痳]
2417	渐	(漸)	
2422	淆		[殽]
2423	渊	(淵)	
2424	淫		[婬滛]
2425	渔	(漁)	
2427	淳		[湻]
2431	淀	~	
		(澱)	
2432	深		[湥]
2436	梁		[樑]
2437	渗	(滲)	
2440	惭	(慚)	[慙]
2442	惧	(懼)	
2445	惊	(驚)	
2447	悴		[顇]
2449	惨	(慘)	
2450	惯	(慣)	
2451	寇		[冦宼]

规范字		繁体字	异体字
2455	宿		[㝛]
2457	窑		[窰窯]
2459	谋	(謀)	
2460	谍	(諜)	
2461	谎	(謊)	
2462	谐	(諧)	
2464	祷	(禱)	
2465	祸	(禍)	[旤]
2466	谓	(謂)	
2467	谚	(諺)	
2468	谜	(謎)	
2473	弹	(彈)	
2475	堕	(墮)	
2476	随	(隨)	
2480	隐	(隱)	
2482	婵	(嬋)	
2484	颇	(頗)	
2485	颈	(頸)	
2486	绩	(績)	[勣[42]]
2487	绪	(緒)	
2488	续	(續)	
2489	骑	(騎)	
2490	绰	(綽)	
2491	绳	(繩)	
2492	维	(維)	
2493	绵	(綿)	[緜]
2494	绷	(綳)	[繃]
2495	绸	(綢)	[紬]
2496	综	(綜)	
2497	绽	(綻)	
2498	绿	(緑)	[菉[43]]
2499	缀	(綴)	
2501	琴		[琹]
2504	琼	(瓊)	
2508	款		[欵]
2510	塔		[墖]
2515	趁		[趂]
2516	趋	(趨)	

规范字		繁体字	异体字
2518	揽	(攬)	
2519	堤		[隄]
2521	博		[愽]
2526	插		[挿]
2527	揪		[揫]
2528	搜		[蒐[44]]
2529	煮		[煑]
2531	搀	(攙)	
2533	搁	(擱)	
2535	搂	(摟)	
2536	搅	(攪)	
2542	期		[朞]
2544	联	(聯)	
2546	散		[㪔]
2548	葬		[塟𦵏]
2554	葱		[蔥]
2555	蒋	(蔣)	
2556	蒂		[蔕]
2558	韩	(韓)	
2563	棱		[稜]
2564	棋		[棊碁]
2576	棕		[椶]
2579	椭	(橢)	
2582	逼		[偪]
2587	厨		[㕑廚]
2588	厦		[廈]
2591	确	(確)	
2593	雁		[鴈]
2597	颊	(頰)	
2598	雳	(靂)	
2599	暂	(暫)	[蹔]
2601	翘	(翹)	
2602	辈	(輩)	
2605	凿	(鑿)	
2606	辉	(輝)	[煇]
2609	赏	(賞)	
2612	睐	(睞)	
2614	最		[冣㝡]

规范字		繁体字	异体字
2615	晰		[晢]
2618	喷	(噴)	
2627	畴	(疇)	
2628	践	(踐)	
2633	遗	(遺)	
2634	蛙		[鼃]
2640	鹃	(鵑)	
2641	喂		[餧餵]
2645	啼		[嗁]
2646	喧		[諠]
2649	帽		[帽]
2650	赋	(賦)	
2651	赌	(賭)	
2652	赎	(贖)	
2653	赐	(賜)	
2654	赔	(賠)	
2656	铸	(鑄)	
2657	铺	(鋪)	[舖]
2658	链	(鏈)	
2659	销	(銷)	
2660	锁	(鎖)	[鎻]
2661	锄	(鋤)	[鉏耡]
2662	锅	(鍋)	
2663	锈	(銹)	[鏽]
2664	锋	(鋒)	
2665	锌	(鋅)	
2666	锐	(鋭)	
2674	鹅	(鵝)	[鵞䳘]
2675	剩		[賸]
2682	筑	~ (築)	
2683	策		[筴筞]
2684	筛	(篩)	
2685	筒		[筩]
2686	筏		[栰]
2697	储	(儲)	
2698	皓		[暠皜]
2703	惩	(懲)	

规范字		繁体字	异体字
2704	御	～	
		(禦)	
2708	逾		[踰]
2710	释	(釋)	
2712	腊	(臘)	[臈]
2717	鲁	(魯)	
2719	猬		[蝟]
2722	惫	(憊)	
2724	馈	(饋)	[餽]
2725	馋	(饞)	
2726	装	(裝)	
2727	蛮	(蠻)	
2729	敦		[㪟]
2737	阔	(闊)	[濶]
2742	粪	(糞)	
2748	焰		[燄]
2750	滞	(滯)	
2755	渺		[淼[45]渺]
2756	湿	(濕)	[溼]

规范字		繁体字	异体字
2759	溃	(潰)	
2760	溅	(濺)	
2764	湾	(灣)	
2766	游		[遊]
2770	愤	(憤)	
2776	愧		[媿]
2778	慨		[嘅]
2782	寓		[庽]
2783	窜	(竄)	
2784	窝	(窩)	
2786	窗		[窓窻牕牎窻]
2788	遍		[徧]
2789	雇		[僱]
2791	裤	(褲)	[袴]
2792	裙		[帬裠]
2793	禅	(禪)	
2795	谢	(謝)	
2796	谣	(謠)	
2797	谤	(謗)	

规范字		繁体字	异体字
2798	谦	(謙)	
2800	属	(屬)	
2801	屡	(屢)	
2802	强		[強彊]
2804	疏		[疎]
2812	婿		[壻]
2814	缅	(緬)	
2815	缆	(纜)	
2816	缉	(緝)	
2817	缎	(緞)	
2818	缓	(緩)	
2819	缔	(締)	
2820	缕	(縷)	
2821	骗	(騙)	
2822	编	(編)	
2823	骚	(騷)	
2824	缘	(緣)	
2826	鹉	(鵡)	
2828	瑰		[瓌]

规范字		繁体字	异体字
2830	魂		[䰟]
2832	摄	(攝)	
2837	鼓		[皷]
2838	摆	(擺)	
		(襬)	
2839	携		[擕㩗攜𢹂]
2844	摊	(攤)	
2848	勤		[懃]
2849	靴		[鞾]
2851	鹊	(鵲)	
2852	蓝	(藍)	
2854	幕		[幙]
2859	蒙	~	
		(濛)	
		(懞)	
		(矇)	
2861	献	(獻)	
2866	榄	(欖)	
2870	楼	(樓)	

规范字		繁体字	异体字	规范字		繁体字	异体字
2871	概		[槩]	2911	照		[炤]
2872	赖	(賴)	[頼]	2914	跷	(蹺)	[蹻]
2874	酬		[酧詶醻]	2916	跺		[跥]
2876	碍	(礙)		2923	蜗	(蝸)	
2880	碰		[掽踫]	2925	蜂		[䗬蠭]
2881	碗		[㼝盌椀[46]]	2931	置		[寘]
2882	碌		[磟]	2932	罪		[辠]
2883	尴	(尷)		2936	错	(錯)	
2886	雾	(霧)		2937	锚	(錨)	
2888	辐	(輻)		2938	锡	(錫)	
2889	辑	(輯)		2939	锣	(鑼)	
2890	输	(輸)		2940	锤	(錘)	[鎚]
2892	频	(頻)		2941	锥	(錐)	
2893	龄	(齡)		2942	锦	(錦)	
2894	鉴	(鑒)	[鑑鑬]	2943	键	(鍵)	
2896	睹		[覩]	2944	锯	(鋸)	
2901	睬		[倸]	2945	锰	(錳)	
2906	暖		[㬉煗煖]	2947	辞	(辭)	[辤]
2909	暗		[晻闇]	2948	稚		[稺穉]

规范字		繁体字	异体字
2950	颓	(頽)	[穨]
2952	筹	(籌)	
2953	签	(簽)	
		(籤)	
2954	简	(簡)	
2956	毁		[燬譭]
2966	愈		[瘉癒]
2968	腻	(膩)	
2971	腮		[顋]
2974	鹏	(鵬)	
2975	腾	(騰)	
2976	腿		[骽]
2977	鲍	(鮑)	
2978	猿		[猨蝯]
2979	颖	(穎)	[頴]
2980	触	(觸)	
2983	雏	(雛)	
2984	馍	(饃)	[饝]
2985	馏	(餾)	

规范字		繁体字	异体字
2986	酱	(醬)	
2987	禀		[稟]
2988	痹		[痺]
2990	痴		[癡]
2992	廉		[亷㢘]
2995	韵		[韻]
2997	誊	(謄)	
2998	粮	(糧)	
2999	数	(數)	
3005	满	(滿)	
3009	滤	(濾)	
3010	滥	(濫)	
3012	溪		[谿[47]]
3014	漓	~	
		(灕)	
3017	溯		[泝遡]
3018	滨	(濱)	
3022	滩	(灘)	
3023	慎		[昚]

规范字		繁体字	异体字	规范字		繁体字	异体字
3024	誉	(譽)				(巇)	
3027	窥	(窺)	[闚]	3074	蔼	(藹)	
3029	寝	(寢)	[寑]	3075	熙		[熈煕]
3030	谨	(謹)		3079	槛	(檻)	
3032	裸		[躶臝]	3081	榜		[牓]
3034	谬	(謬)		3082	榨		[搾]
3035	群		[羣]	3084	歌		[謌]
3037	辟	~		3088	酿	(釀)	
		(闢)		3091	碱		[堿鹻鹼]
3043	叠		[曡疊疉]	3094	愿	(願)	
3044	缚	(縛)		3096	辖	(轄)	
3045	缝	(縫)		3097	辗	(輾)	
3046	缠	(纏)		3100	颗	(顆)	
3047	缤	(繽)		3101	瞅		[𥄫矁]
3048	剿		[勦劋]	3103	嗽		[㗉]
3051	璃		[琍瓈]	3104	踊	(踴)	
3052	赘	(贅)		3106	蜡	(蠟)	
3054	墙	(墻)	[牆]	3107	蝇	(蠅)	
3070	蔑	~		3109	蝉	(蟬)	

规范字		繁体字	异体字
3112	赚	(賺)	
3113	锹	(鍬)	[鍫]
3114	锻	(鍛)	
3115	镀	(鍍)	
3118	稳	(穩)	
3119	熏		[燻]
3122	箩	(籮)	
3123	管		[筦[48]]
3124	箫	(簫)	
3125	舆	(輿)	
3134	膀		[髈]
3135	鲜	(鮮)	[尠尟鱻]
3138	馒	(饅)	
3145	瘩		[𤻊]
3148	辣		[辢]
3152	旗		[旂]
3156	弊		[獘]
3160	潇	(瀟)	
3162	漱		[潄]

规范字		繁体字	异体字
3171	寨		[砦]
3172	赛	(賽)	
3174	察		[詧]
3177	谭	(譚)	
3181	谱	(譜)	
3183	嫩		[嫰]
3186	凳		[櫈]
3187	骡	(騾)	[驘]
3188	缩	(縮)	
3190	撵	(攆)	
3196	撑		[撐]
3201	墩		[墪]
3205	撰		[譔]
3206	聪	(聰)	
3207	鞋		[鞵]
3208	鞍		[鞌]
3210	蕊		[蕋橤蘂]
3212	蕴	(藴)	
3215	樱	(櫻)	

规范字		繁体字	异体字	规范字		繁体字	异体字
3221	飘	(飄)	[飃]	3276	鲤	(鯉)	
3223	醇		[醕]	3277	鲫	(鯽)	
3231	霉	(黴)		3280	褒		[褎]
3232	瞒	(瞞)		3281	瘪	(癟)	[癟]
3233	题	(題)		3282	瘤		[癅]
3236	嘻		[譆]	3283	瘫	(癱)	
3243	踩		[跴]	3285	颜	(顏)	
3244	踪		[蹤]	3287	糊		[粘餬]
3245	蝶		[蜨]	3290	潜		[潛]
3248	蝎		[蠍]	3294	鲨	(鯊)	
3253	嘱	(囑)		3298	澜	(瀾)	
3256	镇	(鎮)		3299	澄		[澂[49]]
3257	镐	(鎬)		3301	憔		[癄顦]
3258	镑	(鎊)		3304	额	(額)	[頟]
3263	稿		[稾]	3307	谴	(譴)	
3266	篓	(簍)		3308	鹤	(鶴)	
3269	僵		[殭]	3314	缭	(繚)	
3272	德		[悳]	3317	操		[捺掺]
3274	膝		[厀]	3319	燕		[鷰]

规范字		繁体字	异体字
3321	薯		[藷]
3327	颠	(顛)	
3330	橱		[櫥]
3334	融		[螎]
3339	辙	(轍)	
3344	蹄		[蹏]
3346	蟆		[蟇]
3349	噪		[譟]
3350	鹦	(鸚)	
3351	赠	(贈)	
3354	镜	(鏡)	
3355	赞	(贊)	[賛讚]
3357	篮	(籃)	
3358	篡		[簒]
3360	篱	~	
		(籬)	
3365	雕		[彫琱鵰]
3366	鲸	(鯨)	
3368	瘾	(癮)	

规范字		繁体字	异体字
3372	辩	(辯)	
3374	糖		[餹]
3375	糕		[餻]
3377	濒	(瀕)	
3380	懒	(懶)	[嬾]
3386	缰	(繮)	[韁]
3387	缴	(繳)	
3395	檐		[簷]
3398	磷		[粦燐]
3405	瞩	(矚)	
3414	赡	(贍)	
3419	繁		[緐]
3420	徽		[幑]
3424	鳄	(鰐)	[鱷]
3426	辫	(辮)	
3427	赢	(贏)	
3428	糟		[蹧]
3429	糠		[粇穅]
3433	臀		[臋]

规范字		繁体字	异体字
3436	骤	(驟)	
3439	藤		[籐]
3443	嚣	(囂)	
3444	镰	(鐮)	[鎌鐮]
3445	翻		[繙飜]
3446	鳍	(鰭)	
3447	鹰	(鷹)	
3452	孽		[孼]
3461	巅	(巔)	
3464	蟹		[蠏]
3465	颤	(顫)	
3467	癣	(癬)	
3470	鳖	(鱉)	[鼈]
3473	鬓	(鬢)	
3476	耀		[燿]
3478	蠕		[蝡]
3483	鳞	(鱗)	
3485	糯		[稬穤]
3488	蠢		[惷]

规范字		繁体字	异体字
3489	霸		[覇]
3492	躏	(躪)	
3495	赣	(贛)	[贑灨]
3497	镶	(鑲)	
3499	罐		[鑵]
3509	韦	(韋)	
3514	厄		[戹阸]
3522	闩	(閂)	
3523	讣	(訃)	
3532	札		[剳劄[50]]
3534	匝		[帀]
3537	劢	(勱)	
3547	卮		[巵]
3550	刍	(芻)	
3551	邝	(鄺)	
3554	讦	(訐)	
3555	讧	(訌)	
3556	讪	(訕)	
3557	讫	(訖)	

规范字		繁体字	异体字
3562	驭	(馭)	
3566	玑	(璣)	
3574	圹	(壙)	
3575	扪	(捫)	
3584	芗	(薌)	
3585	亘		[亙]
3586	厍	(厙)	
3597	钇	(釔)	
3603	伛	(傴)	
3607	伥	(倀)	
3608	伧	(傖)	
3610	伫		[佇竚]
3617	犷	(獷)	
3618	犸	(獁)	
3620	凫	(鳧)	
3621	邬	(鄔)	
3622	饧	(餳)	
3630	忏	(懺)	
3631	讴	(謳)	

规范字		繁体字	异体字
3632	讵	(詎)	
3634	讷	(訥)	
3638	阱		[穽]
3644	纡	(紆)	
3645	纣	(紂)	
3646	纥	(紇)	
3647	纨	(紈)	
3649	玙	(璵)	
3650	抟	(摶)	
3653	坂		[阪[51]岅]
3655	坞	(塢)	[隖]
3658	㧐	(摟)	
3661	芸	~	
		(蕓)	
3663	苈	(藶)	
3667	苋	(莧)	
3669	苌	(萇)	
3670	苁	(蓯)	
3676	苎	(苧)	

规范字		繁体字	异体字
3686	矶	(磯)	
3687	奁	(奩)	[匳匲籢]
3690	欤	(歟)	
3691	轫	(軔)	[軔]
3696	邺	(鄴)	
3699	呒	(嘸)	
3700	呓	(囈)	
3702	呖	(嚦)	
3704	旸	(暘)	
3707	虬		[虯]
3708	呗	(唄)	
3712	帏	(幃)	
3715	岘	(峴)	
3717	岚	(嵐)	
3719	囵	(圇)	
3721	钊	(釗)	
3722	钋	(釙)	
3723	钌	(釕)	
3738	佥	(僉)	
3748	鸠	(鳩)	
3749	邹	(鄒)	
3750	饨	(飩)	
3751	饩	(餼)	
3752	饪	(飪)	[餁]
3753	饫	(飫)	
3754	饬	(飭)	
3756	庑	(廡)	
3759	疖	(癤)	
3761	闱	(闈)	
3762	闳	(閎)	
3763	闵	(閔)	
3764	羌		[羗羌]
3765	炀	(煬)	
3766	沣	(灃)	
3769	沤	(漚)	
3777	沨	(渢)	
3781	沩	(溈)	
3783	怃	(憮)	

规范字		繁体字	异体字
3784	怄	(慪)	
3786	忤		[啎]
3787	忾	(愾)	
3788	怅	(悵)	
3791	怆	(愴)	
3794	诂	(詁)	
3795	诃	(訶)	
3796	诅	(詛)	
3797	诋	(詆)	
3798	诌	(謅)	
3799	诏	(詔)	
3800	诒	(詒)	
3802	陇	(隴)	
3805	陉	(陘)	
3807	妩	(嫵)	
3808	妪	(嫗)	
3810	妊		[姙]
3812	妫	(媯)	
3818	刭	(剄)	

规范字		繁体字	异体字
3821	纭	(紜)	
3822	纰	(紕)	
3823	纴	(紝)	
3824	纶	(綸)	
3825	纾	(紓)	
3826	玮	(瑋)	
3835	匦	(匭)	
3841	垆	(壚)	
3848	㧟	(擓)	
3852	坳		[岰]
3857	茏	(蘢)	
3868	茑	(蔦)	
3870	茔	(塋)	
3871	茕	(煢)	
3874	枥	(櫪)	
3878	枧	(梘)	
3880	枨	(棖)	
3881	枞	(樅)	
3887	砀	(碭)	

规范字		繁体字	异体字
3890	瓯	(甌)	
3892	郏	(郟)	
3893	轭	(軛)	
3895	鸢	(鳶)	
3898	昙	(曇)	
3910	虮	(蟣)	
3913	黾	(黽)	
3918	咛	(嚀)	
3922	咝	(噝)	
3924	岿	(巋)	
3927	帙		[袟袠]
3930	刿	(劌)	
3931	迥		[逈]
3933	剀	(剴)	
3935	峄	(嶧)	
3938	罔		[㒺]
3939	钍	(釷)	
3940	钎	(釺)	
3941	钏	(釧)	
3942	钒	(釩)	
3943	钕	(釹)	
3944	钗	(釵)	
3947	牦		[犛氂]
3958	侃		[偘]
3960	侩	(儈)	
3963	侪	(儕)	
3966	侬	(儂)	
3971	刽	(劊)	
3973	怂	(慫)	
3974	籴	(糴)	
3975	瓮		[甕罋]
3976	戗	(戧)	
3978	䏝	(膞)	
3983	迩	(邇)	
3991	枭	(梟)	
3992	饯	(餞)	
3993	饴	(飴)	
3997	疠	(癘)	

规范字		繁体字	异体字	规范字		繁体字	异体字
3999	疡	(瘍)		4052	诜	(詵)	
4003	炜	(煒)		4053	诟	(詬)	
4004	炬	(熰)		4054	诠	(詮)	
4007	炝	(熗)		4055	诣	(詣)	
4011	泷	(瀧)		4056	诤	(諍)	
4012	泸	(瀘)		4057	诧	(詫)	
4017	泺	(濼)		4058	诨	(諢)	
4022	泯		[冺]	4059	诩	(詡)	
4024	泾	(涇)		4066	姗		[姍]
4031	怡	(㥮)		4070	驽	(駑)	
4034	怿	(懌)		4071	虱		[蝨]
4038	诓	(誆)		4074	绀	(紺)	
4039	诔	(誄)		4075	绁	(紲)	[絏]
4040	诖	(詿)		4076	绂	(紱)	
4041	诘	(詰)		4077	驷	(駟)	
4043	诙	(詼)		4078	驸	(駙)	
4045	郓	(鄆)		4079	绉	(縐)	
4048	袆	(褘)		4080	绌	(絀)	
4051	诛	(誅)		4081	驿	(驛)	

规范字		繁体字	异体字
4082	骀	(駘)	
4085	珐		[琺]
4087	珑	(瓏)	
4088	玳		[瑇]
4090	顸	(頇)	
4094	垭	(埡)	
4095	挝	(撾)	
4097	挞	(撻)	
4100	贳	(貰)	
4101	垱	(壋)	
4106	挦	(撏)	
4109	荚	(莢)	
4111	贲	(賁)	
4112	荜	(蓽)	
4118	荞	(蕎)	[荍]
4123	荟	(薈)	
4126	荠	(薺)	
4129	茔	(塋)	
4130	荥	(滎)	
4131	荦	(犖)	
4132	荨	(蕁)	
4133	荩	(藎)	
4134	剋		[尅]
4135	荪	(蓀)	
4137	荬	(蕒)	
4138	荮	(葤)	
4140	栉	(櫛)	
4143	栊	(櫳)	
4146	栌	(櫨)	
4153	栀		[梔]
4155	栎	(櫟)	
4160	柽	(檉)	
4163	郦	(酈)	
4165	砗	(硨)	
4168	斫		[斮斲斵]
4170	砜	(碸)	
4175	殇	(殤)	
4178	轱	(軲)	

规范字		繁体字	异体字
4179	轲	(軻)	
4180	轳	(轤)	
4181	轶	(軼)	
4182	轸	(軫)	
4183	虿	(蠆)	
4185	觇	(覘)	
4189	眍	(瞘)	
4192	眇		[眇]
4201	昵		[暱]
4203	哓	(嘵)	
4204	哔	(嗶)	
4206	毗		[毘]
4212	虻		[蝱]
4215	哕	(噦)	
4216	剐	(剮)	
4217	郧	(鄖)	
4220	咿		[吚]
4222	哙	(噲)	
4225	咩		[哶哔]

规范字		繁体字	异体字
4226	咤		[吒[52]]
4227	哝	(噥)	
4231	峣	(嶢)	
4233	帧	(幀)	
4234	峒		[峝]
4235	峤	(嶠)	
4238	贶	(貺)	
4239	钚	(鈈)	
4240	钛	(鈦)	
4241	钡	(鋇)	
4242	钣	(鈑)	
4243	钤	(鈐)	
4244	钨	(鎢)	
4245	钫	(鈁)	
4246	钯	(鈀)	
4251	秕		[粃]
4255	笃	(篤)	
4256	俦	(儔)	
4257	俨	(儼)	

规范字		繁体字	异体字
4259	俪	(儷)	
4267	俟		[竢]
4269	徇		[狥]
4279	胨	(腖)	
4280	胪	(臚)	
4288	胫	(脛)	[踁]
4289	鸨	(鴇)	
4292	狯	(獪)	
4293	飑	(颮)	
4295	狲	(猻)	
4299	饷	(餉)	[饟]
4300	饴	(飴)	
4301	饹	(餎)	
4303	孪	(孿)	
4304	娈	(孌)	
4308	疬	(癧)	
4311	疭	(瘲)	
4315	飒	(颯)	[颭]
4316	闼	(闥)	
4317	闾	(閭)	
4318	闿	(闓)	
4319	阂	(閡)	
4322	籼		[秈]
4326	炽	(熾)	
4327	炯		[烱]
4330	烃	(烴)	
4335	浃	(浹)	
4339	涎		[㳄]
4342	浍	(澮)	
4345	浒	(滸)	
4346	浔	(潯)	
4347	浕	(濜)	
4349	恸	(慟)	
4351	恹	(懨)	
4353	恺	(愷)	
4354	恻	(惻)	
4357	恽	(惲)	
4361	衽		[衻]

规范字		繁体字	异体字
4368	诮	(誚)	
4370	祢	(禰)	
4371	诰	(誥)	
4372	诳	(誑)	
4373	鸩	(鴆)	[酖]
4382	娅	(婭)	
4384	娆	(嬈)	
4389	怼	(懟)	
4393	绔	(絝)	
4394	骁	(驍)	
4395	骅	(驊)	
4396	绗	(絎)	
4397	绛	(絳)	
4398	骈	(駢)	
4403	顼	(頊)	
4404	珰	(璫)	
4410	珲	(琿)	
4415	埘	(塒)	
4416	埙	(塤)	[壎]

规范字		繁体字	异体字
4417	埚	(堝)	
4423	贽	(贄)	
4426	盍		[盇]
4429	莳	(蒔)	
4430	莴	(萵)	
4435	莅		[涖蒞]
4439	莸	(蕕)	
4445	鸪	(鴣)	
4446	莼	(蒓)	[蓴]
4451	桡	(橈)	
4453	桢	(楨)	
4454	桤	(榿)	
4459	桧	(檜)	
4470	逦	(邐)	
4475	砺	(礪)	
4476	砧		[碪]
4483	砻	(礱)	
4484	轼	(軾)	
4485	轾	(輊)	

规范字		繁体字	异体字
4486	辂	(輅)	
4487	鹓	(鵷)	
4488	趸	(躉)	
4489	龀	(齔)	
4490	鸬	(鸕)	
4493	昽	(曨)	
4494	唛	(嘜)	
4503	鸮	(鴞)	
4511	蚬	(蜆)	
4512	蚝		[蠔]
4514	唢	(嗩)	
4516	唣		[唕]
4520	崂	(嶗)	
4521	崃	(崍)	
4525	觊	(覬)	
4526	赅	(賅)	
4527	钰	(鈺)	
4528	钲	(鉦)	
4529	钴	(鈷)	
4530	钵	(鉢)	[盋缽]
4531	钹	(鈸)	
4532	钺	(鉞)	
4533	钽	(鉭)	
4534	钼	(鉬)	
4535	钿	(鈿)	
4536	铀	(鈾)	
4537	铂	(鉑)	
4538	铄	(鑠)	
4539	铆	(鉚)	
4540	铈	(鈰)	
4541	铉	(鉉)	
4542	铊	(鉈)	
4543	铋	(鉍)	
4544	铌	(鈮)	
4545	铍	(鈹)	
4546	䥽	(鏺)	
4547	铎	(鐸)	
4548	氩	(氬)	

规范字		繁体字	异体字
4557	苋	(莧)	
4568	倏		[倐儵]
4575	隽		[雋]
4579	皋		[臯皐]
4582	衄		[衂䶊]
4583	颀	(頎)	
4584	徕	(徠)	
4592	胭		[臙]
4593	脍	(膾)	
4598	鸱	(鴟)	
4599	玺	(璽)	
4600	鸲	(鴝)	
4601	狷		[獧]
4604	猃	(獫)	
4608	袅	(裊)	[嫋褭嬝]
4609	饽	(餑)	
4611	栾	(欒)	
4612	挛	(攣)	
4615	疴		[痾]

规范字		繁体字	异体字
4618	痈	(癰)	
4619	疱		[皰]
4621	痉	(痙)	
4624	颃	(頏)	
4629	阃	(閫)	
4630	阄	(鬮)	
4631	訚	(誾)	
4632	阆	(閬)	
4636	郸	(鄲)	
4638	烨	(燁)	[爗]
4639	烩	(燴)	
4643	烬	(燼)	
4646	涞	(淶)	
4647	涟	(漣)	
4649	涅		[湼]
4650	涠	(潿)	
4657	浣		[澣]
4658	浚		[濬]
4660	悭	(慳)	

规范字		繁体字	异体字
4668	诹	(諏)	
4669	冢		[塚]
4670	诼	(諑)	
4671	袒		[襢]
4673	祯	(禎)	
4674	诿	(諉)	
4675	谀	(諛)	
4676	谂	(諗)	
4677	谄	(諂)	[讇]
4678	谇	(誶)	
4691	娲	(媧)	
4693	娴	(嫻)	[嫺]
4696	婀		[娿]
4699	绠	(綆)	
4700	骊	(驪)	
4701	绡	(綃)	
4702	骋	(騁)	
4703	绥	(綏)	
4704	绦	(縧)	[絛縚]
4705	绨	(綈)	
4706	骎	(駸)	
4708	鸶	(鷥)	
4711	焘	(燾)	
4713	琏	(璉)	
4715	麸	(麩)	[粰麱]
4720	掳	(擄)	
4721	掴	(摑)	
4732	鸷	(鷙)	
4737	掸	(撣)	
4740	壸	(壼)	
4744	掼	(摜)	
4767	萦	(縈)	
4771	梿	(槤)	
4773	觋	(覡)	
4779	棂	(欞)	
4780	啬	(嗇)	
4782	匮	(匱)	
4783	敕		[勅勑]

规范字		繁体字	异体字
4788	戛		[戞]
4792	硖	(硤)	
4793	硗	(磽)	
4797	鸸	(鴯)	
4800	厩		[廐廄]
4801	龚	(龔)	
4802	殒	(殞)	
4803	殓	(殮)	
4805	赍	(賫)	
4807	辄	(輒)	[輙]
4808	堑	(塹)	
4810	眦		[眥]
4811	啧	(嘖)	
4814	眺		[覜]
4821	勖		[勗]
4826	啭	(囀)	
4829	啮	(嚙)	[齧囓]
4830	跄	(蹌)	
4833	蛎	(蠣)	

规范字		繁体字	异体字
4836	蛊	(蠱)	
4840	蛏	(蟶)	
4848	啖		[啗噉]
4855	帻	(幘)	
4858	帼	(幗)	
4862	赇	(賕)	
4863	赈	(賑)	
4864	赊	(賒)	
4865	铑	(銠)	
4866	铒	(鉺)	
4867	铗	(鋏)	
4868	铙	(鐃)	
4869	铟	(銦)	
4870	铠	(鎧)	
4871	铡	(鍘)	
4872	铢	(銖)	
4873	铣	(銑)	
4874	铤	(鋌)	
4875	铧	(鏵)	

规范字		繁体字	异体字
4876	铨	(銓)	
4877	铩	(鎩)	
4878	铪	(鉿)	
4879	铫	(銚)	
4880	铬	(鉻)	
4881	铮	(錚)	
4882	铯	(銫)	
4883	铰	(鉸)	
4884	铱	(銥)	
4885	铳	(銃)	
4886	铵	(銨)	
4887	铷	(銣)	
4890	鸹	(鴰)	
4891	秾	(穠)	
4893	笺	(箋)	[牋椾]
4902	笾	(籩)	
4904	偾	(僨)	
4909	偬		[傯]
4910	偻	(僂)	
4911	皑	(皚)	
4913	鸻	(鴴)	
4916	舻	(艫)	
4919	龛	(龕)	
4926	猡	(玀)	
4930	狝	(獮)	
4932	馃	(餜)	
4933	馄	(餛)	
4934	鸾	(鸞)	
4945	阇	(闍)	
4946	阈	(閾)	
4947	阉	(閹)	
4948	阊	(閶)	
4949	阋	(鬩)	
4950	阌	(閿)	
4951	阍	(閽)	
4952	羟	(羥)	
4953	粝	(糲)	
4960	焖	(燜)	

规范字		繁体字	异体字
4963	渍	(漬)	
4968	渎	(瀆)	
4971	挲		[挱]
4974	渑	(澠)	
4983	惬	(愜)	[㥦]
4991	惇		[惽]
4992	惮	(憚)	
4994	谌	(諶)	
4995	谏	(諫)	
4997	皲	(皸)	
4998	谑	(謔)	
4999	裆	(襠)	
5002	谒	(謁)	
5003	谔	(諤)	
5004	谕	(諭)	
5005	谖	(諼)	
5006	谗	(讒)	
5007	谙	(諳)	
5008	谛	(諦)	

规范字		繁体字	异体字
5009	谝	(諞)	
5013	粜	(糶)	
5021	婵	(嬋)	
5025	愠		[慍]
5027	绫	(綾)	
5028	骐	(騏)	
5029	绮	(綺)	
5030	绯	(緋)	
5031	绱	(緔)	
5032	骒	(騍)	
5033	绲	(緄)	
5034	骓	(騅)	
5035	绶	(綬)	
5036	绺	(綹)	
5037	绻	(綣)	
5038	绾	(綰)	
5039	骖	(驂)	
5040	缁	(緇)	
5050	靓	(靚)	

规范字		繁体字	异体字
5057	辇	(輦)	
5058	鼋	(黿)	
5064	堙		[陻]
5067	颉	(頡)	
5069	撴	(撴)	[撩]
5073	蛰	(蟄)	
5074	塆	(壪)	
5086	葶		[葶]
5090	蒌	(蔞)	
5091	萱		[萲蕿藼藼]
5096	椟	(櫝)	
5097	棹		[櫂]
5098	椤	(欏)	
5099	棰		[箠]
5100	赍	(賫)	[賷齎]
5102	椁		[槨]
5106	鹁	(鵓)	
5111	鹂	(鸝)	
5113	殚	(殫)	
5117	辊	(輥)	
5118	辋	(輞)	
5119	椠	(槧)	
5120	辍	(輟)	
5121	辎	(輜)	
5124	睑	(瞼)	
5128	喋		[啑]
5135	跖		[蹠]
5137	跞	(躒)	
5142	蛱	(蛺)	
5143	蛲	(蟯)	
5145	蛳	(螄)	
5147	蛔		[蚘痐蛕蛔]
5149	蛴	(蠐)	
5156	喑		[瘖]
5158	喽	(嘍)	
5163	嵘	(嶸)	
5173	嵝	(嶁)	
5177	赕	(賧)	

规范字		繁体字	异体字
5178	铻	(鋙)	
5179	铼	(錸)	
5180	铿	(鏗)	
5181	锃	(鋥)	
5182	锂	(鋰)	
5183	锆	(鋯)	
5184	锇	(鋨)	
5185	锉	(銼)	[剉]
5186	锎	(鐦)	
5187	锑	(銻)	
5188	锒	(鋃)	
5189	锔	(鋦)	
5190	锕	(錒)	
5196	犊	(犢)	
5199	鹄	(鵠)	
5205	筚	(篳)	
5211	牍	(牘)	
5212	傥	(儻)	
5213	傧	(儐)	
5215	傩	(儺)	
5216	遁		[遯]
5218	媭	(嬃)	
5221	颌	(頜)	
5224	鸽	(鴿)	
5228	腌		[醃]
5235	鱿	(魷)	
5236	鲀	(魨)	
5237	鲂	(魴)	
5238	颍	(潁)	
5242	飔	(颸)	[颸]
5243	觞	(觴)	
5246	颎	(熲)	
5247	飧		[飱]
5248	馇	(餷)	
5249	馊	(餿)	
5250	亵	(褻)	
5251	脔	(臠)	
5254	痨	(癆)	

规范字		繁体字	异体字
5258	痫	(癇)	
5260	赓	(賡)	
5264	颏	(頦)	
5265	鹇	(鷴)	
5266	阑	(闌)	
5267	阒	(闃)	
5268	阕	(闋)	
5276	鹈	(鵜)	
5296	愦	(憒)	
5301	喾	(嚳)	
5303	谟	(謨)	[謩]
5305	裢	(褳)	
5307	裥	(襇)	
5310	谠	(讜)	
5311	幂		[冪]
5312	谡	(謖)	
5313	谥	(謚)	[諡]
5314	谧	(謐)	
5319	鹭	(鷺)	
5323	巯	(巰)	
5324	翚	(翬)	
5327	骛	(騖)	
5328	缂	(緙)	
5329	缃	(緗)	
5330	缄	(緘)	[椷]
5332	缇	(緹)	
5333	缈	(緲)	
5334	缌	(緦)	
5335	缑	(緱)	
5336	缒	(縋)	
5337	缗	(緡)	
5338	飨	(饗)	
5339	耢	(耮)	
5347	骜	(驁)	
5348	韫	(韞)	
5354	摅	(攄)	
5362	摈	(擯)	
5364	毂	(轂)	

规范字		繁体字	异体字
5373	蓦	(驀)	
5374	鹋	(鶓)	
5380	蓟	(薊)	
5381	蓑		[簑]
5384	蓠	(蘺)	
5390	蓥	(鎣)	
5391	颐	(頤)	
5393	楠		[枏柟]
5396	楫		[檝]
5402	榈	(櫚)	
5404	榉	(欅)	
5405	楦		[楥]
5417	碛	(磧)	
5422	碇		[矴椗]
5423	碜	(磣)	
5424	鹌	(鵪)	
5425	辏	(輳)	
5426	龃	(齟)	
5427	龅	(齙)	

规范字		繁体字	异体字
5433	韪	(韙)	
5442	嗫	(囁)	
5453	跶	(躂)	
5454	跸	(蹕)	
5457	跹	(躚)	
5458	跻	(躋)	
5468	嗥		[嘷獋]
5470	嗳	(噯)	
5482	锗	(鍺)	
5483	锛	(錛)	
5484	锜	(錡)	
5485	锝	(鍀)	
5486	锞	(錁)	
5487	锟	(錕)	
5488	锢	(錮)	
5489	锨	(鍁)	
5490	锩	(錈)	
5491	锭	(錠)	
5492	锱	(錙)	

规范字		繁体字	异体字
5498	稗		[粺]
5503	筲		[䈰]
5509	愆		[諐]
5511	觎	(覦)	
5516	颔	(頷)	
5520	腭		[齶]
5522	塍		[堘]
5525	鲅	(鮁)	
5526	鲆	(鮃)	
5527	鲇	(鮎)	
5528	鲈	(鱸)	
5529	稣	(穌)	
5530	鲋	(鮒)	
5531	鲐	(鮐)	
5533	鸽	(鴿)	
5534	飕	(颼)	
5537	馐	(饈)	
5538	鹑	(鶉)	
5541	痱		[疿]
5546	瘆	(瘮)	
5551	雍		[雝]
5552	阖	(闔)	
5553	阗	(闐)	
5554	阙	(闕)	
5557	粳		[秔粇稉]
5566	滟	(灩)	
5570	滢	(瀅)	
5577	滗	(潷)	
5582	滦	(灤)	
5587	滪	(澦)	
5589	慑	(懾)	[慴]
5591	鲎	(鱟)	
5592	骞	(騫)	
5593	窦	(竇)	
5602	谩	(謾)	
5603	谪	(謫)	[讁]
5607	嫒	(嬡)	
5608	嫔	(嬪)	

规范字		繁体字	异体字	规范字		繁体字	异体字
5610	缙	(縉)		5669	槠	(櫧)	
5611	缜	(縝)		5670	榷		[搉榷]
5612	缛	(縟)		5672	酽	(釅)	
5613	辔	(轡)		5675	厮		[廝]
5614	骝	(騮)		5677	碴		[餷]
5615	缟	(縞)		5683	殡	(殯)	
5616	缡	(縭)		5685	霁	(霽)	
5617	缢	(縊)		5686	辕	(轅)	
5618	缣	(縑)		5690	龇	(齜)	
5619	骟	(騸)		5691	龈	(齦)	
5625	靓	(靚)		5692	睿		[叡]
5628	韬	(韜)		5693	瞜	(瞜)	
5629	叆	(靉)		5699	嘎		[嘠]
5635	撄	(攖)		5700	暧	(曖)	
5644	蔷	(薔)		5702	踌	(躊)	
5652	蔺	(藺)		5707	蝈	(蟈)	
5658	鹕	(鶘)		5713	螂		[蜋]
5667	槁		[槀]	5717	鹗	(鶚)	
5668	槟	(檳)		5719	嘤	(嚶)	

规范字		繁体字	异体字
5723	罴	(羆)	
5728	赙	(賻)	
5729	罂	(罌)	[甖]
5732	鹘	(鶻)	
5733	锲	(鍥)	
5734	锴	(鍇)	
5735	锶	(鍶)	
5736	锷	(鍔)	
5737	锸	(鍤)	
5738	锵	(鏘)	
5739	镁	(鎂)	
5740	镂	(鏤)	
5743	箦	(簀)	
5744	箧	(篋)	
5746	箸		[筯]
5747	箬		[篛]
5749	箪	(簞)	
5753	箓	(籙)	
5767	膑	(臏)	
5768	鲑	(鮭)	
5769	鲔	(鮪)	
5770	鲚	(鱭)	
5771	鲛	(鮫)	
5772	鲟	(鱘)	
5773	獐		[麞]
5777	馑	(饉)	
5778	銮	(鑾)	
5783	瘘	(瘻)	
5789	阚	(闞)	
5791	鲞	(鯗)	
5794	粽		[糉]
5795	糁	(糝)	
5797	鹚	(鷀)	[鶿]
5805	潋	(瀲)	
5812	潍	(濰)	
5818	谮	(譖)	
5821	褓		[緥]
5822	褛	(褸)	

规范字		繁体字	异体字
5824	谯	(譙)	
5825	谰	(讕)	
5826	谲	(譎)	
5829	鹛	(鶥)	
5831	嫱	(嬙)	
5840	鹜	(鶩)	
5841	骠	(驃)	
5842	缥	(縹)	
5843	缦	(縵)	
5844	缧	(縲)	
5845	缨	(纓)	
5846	骢	(驄)	
5847	缪	(繆)	
5848	缫	(繅)	
5850	耧	(耬)	
5854	璎	(瓔)	
5857	璇		[璿]
5859	髯		[髥]
5861	撷	(擷)	

规范字		繁体字	异体字
5864	撸	(擼)	
5867	撺	(攛)	
5869	聩	(聵)	
5870	觐	(覲)	
5871	鞑	(韃)	
5873	鞒	(鞽)	
5881	蕲	(蘄)	
5882	赜	(賾)	
5884	樯	(檣)	[艢]
5892	靥	(靨)	
5893	魇	(魘)	
5894	餍	(饜)	
5898	辘	(轆)	
5899	龉	(齬)	
5900	龊	(齪)	
5901	觑	(覷)	
5908	颛	(顓)	
5915	踬	(躓)	
5917	踯	(躑)	

规范字		繁体字	异体字
5921	蝶	(蠑)	
5928	蝼	(螻)	
5931	颚	(顎)	
5935	噜	(嚕)	
5938	颛	(顓)	
5946	镊	(鑷)	
5947	镉	(鎘)	
5948	镌	(鎸)	
5949	镍	(鎳)	
5950	镏	(鎦)	
5951	镒	(鎰)	
5952	镓	(鎵)	
5953	镔	(鑌)	
5956	箦	(簀)	
5965	鹞	(鷂)	
5966	膘		[臕]
5968	鲠	(鯁)	[骾]
5969	鲡	(鱺)	
5970	鲢	(鰱)	

规范字		繁体字	异体字
5971	鲣	(鰹)	
5972	鲥	(鰣)	
5973	鲧	(鯀)	
5974	鲩	(鯇)	
5977	觯	(觶)	
5978	馓	(饊)	
5979	馔	(饌)	[籑]
5986	鼒	(鼒)	
5992	糍		[餈]
6010	谳	(讞)	
6011	褴	(襤)	
6014	谵	(譫)	
6016	屦	(屨)	
6019	戮		[剹]
6021	缬	(纈)	
6022	缮	(繕)	
6023	缯	(繒)	
6024	骣	(驏)	
6042	擞	(擻)	

规范字		繁体字	异体字	规范字		繁体字	异体字
6045	颞	(顳)		6116	镛	(鏞)	
6048	颟	(顢)		6117	镝	(鏑)	
6053	薮	(藪)		6118	镞	(鏃)	
6057	橛		[橜]	6119	镠	(鏐)	
6061	橹	(櫓)	[樐艪艣艫]	6120	氇	(氌)	
6062	樽		[罇]	6122	憩		[憇]
6064	橼	(櫞)		6123	穑	(穡)	
6073	赝	(贋)	[贗]	6131	翱		[翺]
6074	飙	(飆)		6132	魉	(魎)	
6078	霓		[蜺]	6136	膳		[饍]
6079	錾	(鏨)		6139	鲮	(鯪)	
6080	辚	(轔)		6140	鲱	(鯡)	
6086	瞰		[矙]	6141	鲲	(鯤)	
6097	螨	(蟎)		6142	鲳	(鯧)	
6111	锗	(鍺)		6143	鲴	(鯝)	
6112	镖	(鏢)		6144	鲵	(鯢)	
6113	镗	(鏜)		6145	鲷	(鯛)	
6114	镘	(鏝)		6146	鲻	(鯔)	
6115	镚	(鏰)		6148	獭	(獺)	

规范字		繁体字	异体字
6151	鹛	(鶥)	
6153	赟	(贇)	
6156	瘿	(癭)	
6161	斓	(斕)	
6174	濑	(瀨)	
6191	颡	(顙)	
6192	缱	(繾)	
6193	缲	(繰)	
6194	缳	(繯)	
6210	蘖	(櫱)	
6216	翳		[瞖]
6219	鹧	(鷓)	
6220	龋	(齲)	
6221	龌	(齷)	
6227	蹑	(躡)	
6228	蹒	(蹣)	
6237	羁	(羈)	[覊]
6245	镡	(鐔)	
6246	镢	(钁)	

规范字		繁体字	异体字
6247	镣	(鐐)	
6248	镦	(鐓)	
6249	镧	(鑭)	
6250	镩	(鑹)	
6251	镪	(鏹)	
6252	镫	(鐙)	
6258	簖	(籪)	
6263	鹪	(鷦)	
6273	膻		[羴羶]
6276	鲼	(鱝)	
6277	鲽	(鰈)	
6278	鳀	(鯷)	
6279	鳃	(鰓)	
6280	鳅	(鰍)	[鰌]
6281	鳇	(鰉)	
6282	鳊	(鯿)	
6284	燮		[爕]
6285	鹫	(鷲)	
6292	澹	(澹)	

规范字		繁体字	异体字
6301	襁		[繦]
6308	鹝	(鷊)	
6311	𪚊	(鼇)	[鼈]
6313	鬃		[騌鬉騣]
6315	鞲	(韝)	
6320	藜		[蔾]
6330	颢	(顥)	
6333	蹚		[𨂿]
6334	鹭	(鷺)	
6339	鹮	(䴉)	
6342	髅	(髏)	
6344	镬	(鑊)	
6345	镭	(鐳)	
6346	镯	(鐲)	
6349	簪		[簮]
6351	雠	(讎)	[讐]
6353	鳎	(鰨)	
6354	鳏	(鰥)	
6355	鳐	(鰩)	
6356	癞	(癩)	
6368	攒	(攢)	
6379	霭	(靄)	
6383	蹰		[躕]
6387	蹴		[蹵]
6389	躏	(躪)	
6395	髋	(髖)	
6396	髌	(髕)	
6397	镲	(鑔)	
6399	籁	(籟)	
6403	鳓	(鰳)	
6404	鳔	(鰾)	
6405	鳕	(鱈)	
6406	鳗	(鰻)	
6407	鳙	(鱅)	
6416	谶	(讖)	
6418	骥	(驥)	
6419	缵	(纘)	
6420	瓒	(瓚)	

规范字		繁体字	异体字
6430	鼍	(鼉)	
6432	黩	(黷)	
6434	黪	(黲)	
6435	镳	(鑣)	
6436	镴	(鑞)	
6438	纂		[篹]
6441	臜	(臢)	
6442	鳜	(鱖)	
6443	鳝	(鱔)	[鱓]
6444	鳟	(鱒)	
6445	獾		[貛𧳜]
6447	骧	(驤)	
6452	颦	(顰)	
6454	鳢	(鱧)	
6455	癫	(癲)	
6459	灏	(灝)	
6467	鹳	(鸛)	
6473	镵	(鑱)	
6478	趱	(趲)	
6481	颧	(顴)	
6482	躜	(躦)	
6483	鼹		[鼴]
6485	麟		[麐]
6497	馕	(饢)	
6498	戆	(戇)	
6509	戋	(戔)	
6520	讦	(訐)	
6521	讱	(訒)	
6536	钆	(釓)	
6538	伣	(俔)	
6546	闫	(閆)	
6547	𬇙	(澫)	
6549	䜣	(訢)	
6550	讻	(訩)	
6551	𬣙	(訏)	
6553	𬘓	(紃)	
6554	纩	(纊)	
6558	玚	(瑒)	

规范字		繁体字	异体字	规范字		繁体字	异体字
6559	刬	(剗)		6623	戋	(諓)	
6560	坂	(堰)		6624	祃	(禡)	
6561	坜	(壢)		6625	诇	(詗)	
6564	坨	(埨)		6627	诎	(詘)	
6567	抆	(撝)		6628	诐	(詖)	
6576	芳	(蔿)		6629	屃	(屓)	
6582	杩	(榪)		6630	弜	(彄)	
6585	轪	(軑)		6638	纮	(紘)	
6586	轫	(軏)		6639	驲	(馹)	
6591	呙	(咼)		6640	驳	(駮)	
6594	岖	(嶇)		6641	纻	(紵)	
6599	觃	(覎)		6642	纨	(紈)	
6602	伧	(傖)		6643	驮	(馱)	
6607	飏	(颺)		6644	纼	(紖)	
6609	闳	(閎)		6647	玱	(瑲)	
6612	沅	(潕)		6660	苧	(薴)	
6613	沣	(灃)		6664	枘	(棡)	
6614	沄	(澐)		6670	轵	(軹)	
6616	涢	(溳)		6671	昳	(暐)	

规范字		繁体字	异体字
6672	𬀩	(晛)	
6682	岽	(崬)	
6688	𫓧	(釴)	
6689	钐	(釤)	
6690	钔	(鍆)	
6691	钖	(鍚)	
6706	郐	(鄶)	
6713	狝	(獮)	
6714	饳	(飿)	
6726	峃	(嶨)	
6730	诇	(詗)	
6731	𬣙	(詪)	
6732	𬩽	(鄩)	
6733	鸤	(鳲)	
6737	𬮿	(隑)	
6739	𬯀	(隮)	
6744	𫰛	(娙)	
6745	迳	(逕)	
6747	𬳵	(駓)	
6748	驵	(駔)	
6749	𬳶	(駉)	
6750	𬘩	(絅)	
6751	𬳽	(騊)	
6752	𬳿	(駭)	
6753	绋	(紼)	
6754	绐	(紿)	
6761	𬍛	(瓅)	
6766	𫐐	(軷)	
6768	𫭟	(墶)	
6770	垲	(塏)	
6785	荙	(薘)	
6786	荛	(蕘)	
6791	𫇭	(蕳)	
6796	荭	(葒)	
6806	𬸘	(鴘)	
6814	龚	(龔)	
6815	轵	(軹)	
6816	轷	(軤)	

规范字		繁体字	异体字
6817	轹	(轢)	
6818	轺	(軺)	
6820	𬑋	(睍)	
6821	昽	(曨)	
6827	哒	(噠)	
6843	钘	(鈃)	
6844	𫓧	(鈇)	
6845	钜	(鉅)	
6846	𬬮	(鋹)	
6847	𬬭	(釿)	
6848	𬬻	(錀)	
6849	钪	(鈧)	
6850	𬬱	(𨥁)	
6851	钭	(鈄)	
6854	俫	(倈)	
6861	舣	(艤)	
6864	鸧	(鶬)	
6872	飐	(颭)	
6874	𫗦	(餏)	
6886	浈	(湞)	
6887	浉	(溮)	
6895	浐	(滻)	
6903	祎	(禕)	
6917	绖	(絰)	
6918	骃	(駰)	
6919	𬘡	(絪)	
6920	𬳵	(駪)	
6921	𬘩	(綎)	
6922	𫄧	(綖)	
6924	骉	(驫)	
6932	𪟝	(勣)	
6937	𬍤	(璕)	
6941	𫭟	(塄)	
6951	𬜬	(𦱳)	
6953	莶	(薟)	
6955	𫈟	(䕭)	
6958	桠	(椏)	
6959	梾	(棶)	

规范字		繁体字	异体字
6967	颏	(頦)	
6972	硁	(硜)	
6976	轪	(軑)	
6977	轫	(軔)	
6978	辁	(輇)	
6981	赀	(貲)	
6985	啧	(嘖)	
6989	晔	(曄)	
6991	晖	(暉)	
6995	鄣	(鄣)	
6996	帱	(幬)	
6999	崟	(崟)	
7000	崄	(嶮)	
7003	赆	(贐)	
7004	钛	(鈦)	
7005	钜	(鉅)	
7006	铲	(鏟)	
7007	钟	(鍾)	
7008	铝	(鋁)	

规范字		繁体字	异体字
7009	铒	(鉺)	
7019	俾	(俾)	
7029	鸨	(鴇)	
7034	鲂	(魴)	
7039	馃	(餜)	
7053	焊	(焊)	
7059	涢	(溳)	
7070	岩	(嵒)	
7074	鸾	(鸞)	
7079	祓	(襏)	
7093	骍	(騂)	
7094	绨	(綈)	
7095	绤	(綌)	
7096	骍	(騂)	
7097	绽	(綻)	
7099	琎	(璡)	
7114	埤	(墠)	
7117	壶	(壺)	
7119	聍	(聹)	

规范字		繁体字	异体字
7121	萚	(蘀)	
7125	勚	(勩)	
7132	䓨	(罃)	
7135	梼	(檮)	
7138	梾	(棶)	
7144	厣	(厴)	
7146	础	(礎)	
7147	硙	(磑)	
7148	硚	(礄)	
7152	鸳	(鴛)	
7153	龁	(齕)	
7161	颋	(頲)	
7166	蛛	(蝀)	
7168	啴	(嘽)	
7176	铏	(鉶)	
7177	铑	(銠)	
7178	铒	(鉺)	
7179	铕	(銪)	
7180	铍	(鈹)	
7181	铖	(鋮)	
7182	铆	(鉚)	
7183	铚	(銍)	
7184	锅	(鍋)	
7185	铦	(銛)	
7186	铴	(鐋)	
7194	偽	(鵂)	
7205	舟鸟	(鵃)	
7209	貙	(貙)	
7210	腡	(腡)	
7214	鲍	(鮑)	
7221	庼	(廎)	
7224	鸡	(鷄)	
7227	阌	(閿)	
7234	涠	(潿)	
7241	鋈	(鑿)	
7249	诬	(誣)	
7250	诚	(誠)	
7252	裈	(褌)	

规范字		繁体字	异体字
7254	谡	(謖)	
7255	谀	(諛)	
7256	谞	(諝)	
7260	隤	(隤)	
7266	嫱	(嬙)	
7273	缙	(縉)	
7274	缑	(緱)	
7275	骓	(騅)	
7276	驹	(駒)	
7277	绹	(綯)	
7278	综	(綜)	
7279	绰	(綽)	
7280	骕	(驌)	
7281	琭	(琭)	
7298	萦	(縈)	
7299	嵝	(嶁)	
7307	蒇	(蕆)	
7310	蒉	(蕢)	
7326	椟	(櫝)	

规范字		繁体字	异体字
7327	鹀	(鵐)	
7334	鹔	(鷫)	
7336	酦	(醱)	
7337	觌	(覿)	
7342	詟	(讋)	
7343	輗	(輗)	
7344	辌	(輬)	
7346	龂	(齗)	
7347	龂	(齘)	
7361	嵽	(嵽)	
7365	嵚	(嶔)	
7366	翙	(翽)	
7367	颉	(頡)	
7370	赑	(贔)	
7372	赒	(賙)	
7373	镂	(鏤)	
7374	镑	(鎊)	
7375	钍	(釷)	
7376	铩	(鎩)	

规范字		繁体字	异体字
7377	铽	(鋱)	
7378	锔	(鋦)	
7379	锊	(鋝)	
7380	锍	(鋶)	
7381	锏	(鐧)	
7382	铉	(鉉)	
7383	锓	(鋟)	
7385	颋	(頲)	
7389	筜	(簹)	
7399	颣	(纇)	
7401	腘	(膕)	
7405	颀	(頎)	
7406	鲃	(䰾)	
7408	鹙	(鶖)	
7411	馉	(餶)	
7414	廞	(廞)	
7421	阓	(闠)	
7423	焯	(燀)	
7425	渍	(漬)	

规范字		繁体字	异体字
7427	溁	(濚)	
7435	溇	(漊)	
7441	敩	(斅)	
7445	裣	(襝)	
7454	毵	(毿)	
7456	骕	(驌)	
7457	骎	(騠)	
7458	缊	(縕)	
7459	缐	(線)	
7460	骙	(騤)	
7465	鹋	(鶓)	
7479	赪	(赬)	
7491	蓣	(蕷)	
7499	榇	(櫬)	
7503	酞	(醲)	
7508	礴	(磾)	
7511	辒	(轀)	
7512	辎	(輶)	
7513	辋	(輮)	

规范字		繁体字	异体字
7514	龆	(齠)	
7518	鹍	(鵾)	
7519	噁	(噁)	
7526	赒	(賙)	
7528	锖	(錆)	
7529	锜	(錡)	
7530	锘	(鍩)	
7531	锳	(鍈)	
7532	锧	(鑕)	
7533	锪	(鍃)	
7534	锝	(鍀)	
7535	锫	(錇)	
7536	锬	(錟)	
7537	铍	(鈹)	
7540	穇	(穇)	
7541	篑	(簣)	
7543	筼	(篔)	
7548	鹎	(鵯)	
7557	膢	(膢)	
7558	鲉	(鮋)	
7559	鲊	(鮓)	
7560	鲌	(鮊)	
7561	鲫	(鯽)	
7562	鲍	(鮑)	
7563	鲍	(鮀)	
7564	鲏	(鮍)	
7567	飔	(颸)	
7569	馌	(饁)	
7573	瘅	(癉)	
7575	鹒	(鶊)	
7579	阘	(闒)	
7580	阑	(闌)	
7587	滠	(灄)	
7602	祯	(禎)	
7608	谫	(譾)	
7609	鹔	(鷫)	
7610	颋	(頲)	
7617	骕	(驌)	

规范字		繁体字	异体字
7618	骙	(騤)	
7619	缞	(縗)	
7622	璊	(璊)	
7625	瑷	(璦)	
7644	蔹	(蘞)	
7649	槚	(檟)	
7650	𣗋	(欓)	
7654	鹥	(鷖)	
7656	酾	(釃)	
7661	𥖨	(礷)	
7667	𫚉	(鮆)	
7668	䴗	(鶪)	
7671	鹝	(鷊)	
7678	𨱏	(鎝)	
7679	锺	(鍾)	
7680	锼	(鎪)	
7681	锽	(鍠)	
7682	𫓺	(鍭)	
7683	锾	(鍰)	
7684	锿	(鎄)	
7685	镃	(鎡)	
7686	镄	(鐨)	
7687	镅	(鎇)	
7689	鹜	(鶩)	
7690	箨	(籜)	
7699	鲒	(鮚)	
7700	鲕	(鮞)	
7701	𫚕	(鰤)	
7702	鲖	(鮦)	
7703	鲗	(鰂)	
7704	鲘	(鮜)	
7705	鲙	(鱠)	
7706	𫚙	(鮡)	
7707	𬶋	(鮠)	
7708	𩽾	(鮟)	
7711	飗	(飀)	
7712	𬸚	(鸑)	
7716	瘗	(瘞)	

规范字		繁体字	异体字
7719	鲝	(鮺)	
7724	潆	(瀠)	
7735	窭	(窶)	
7737	谑	(謔)	
7746	缤	(繽)	
7748	麴	(麴)	
7751	䃮	(䃮)	
7761	鹝	(鷊)	
7765	慭	(憖)	
7772	蟏	(蠨)	
7785	镆	(鏌)	
7786	镈	(鎛)	
7787	镋	(钂)	
7788	镎	(鎿)	
7789	镏	(鎦)	
7790	镕	(鎔)	
7795	鹛	(鶥)	
7798	鹟	(鶲)	
7799	鲵	(鯢)	
7800	鲦	(鰷)	
7801	鲳	(鯧)	
7802	鲬	(鯒)	
7805	鹞	(鷂)	
7806	鹟	(鶲)	
7807	糇		[餱]
7810	鹚	(鷀)	
7811	鹨	(鷚)	
7817	潲	(澛)	
7824	骞	(騫)	
7828	谖	(譞)	
7831	骤	(驎)	
7841	蘋	(蘋)	
7853	獱	(獱)	
7854	镲	(鑔)	
7855	龁	(齮)	
7856	龂	(齯)	
7857	龃	(齹)	
7870	巘	(巘)	

规范字		繁体字	异体字
7872	锴	(鍇)	
7873	镄	(鐨)	
7874	镦	(鐓)	
7878	镵	(鑱)	
7885	鲭	(鯖)	
7886	鲯	(鯕)	
7887	鲰	(鯫)	
7888	鲺	(鯴)	
7889	鲹	(鰺)	
7890	𫗴	(饘)	
7891	⿰享单	(⿰享單)	
7894	⿱夸鸟	(⿱夸鳥)	
7912	黉	(黌)	
7914	鹨	(鷚)	
7916	𫄷	(繶)	
7918	𤩽	(瓛)	
7935	蟏	(蠨)	
7936	𫫇	(囒)	
7937	⿰钅喜	(⿰金喜)	
7938	镤	(鏷)	
7939	镖	(鏢)	
7940	⿰钅番	(鐇)	
7941	镥	(鑥)	
7942	镨	(鐠)	
7943	⿰钅粦	(鏻)	
7944	⿰钅尊	(鐏)	
7945	⿰钅遂	(鐆)	
7946	⿰钅喬	(鐈)	
7958	⿰番鸟	(鷭)	
7960	䲠	(鰆)	
7961	⿰鱼剌	(鯻)	
7962	鲾	(鰏)	
7963	⿰鱼柬	(鰊)	
7964	鲙	(鱠)	
7965	鳁	(鰛)	
7966	鳂	(鰃)	
7967	⿰鱼宗	(鯮)	
7968	⿰鱼祭	(鰶)	

规范字		繁体字	异体字	规范字		繁体字	异体字
7972	襕	(襴)		8030	缨	(纓)	
7974	鬶	(鬹)		8038	鳖	(鱉)	
7979	缧	(縹)		8042	鲸	(鯨)	
7980	缥	(縹)		8043	鳒	(鰜)	
7983	鬻	(鬻)		8044	鳚	(鳚)	
7987	蔼	(藹)		8045	鳛	(鰼)	
7991	鹲	(鸏)		8049	蠖	(蠖)	
7993	黡	(黶)		8055	颢	(顥)	
8003	镮	(鐶)		8062	鳍	(鰭)	
8004	镱	(鐿)		8072	骦	(驦)	
8005	酂	(酇)		8073	缞	(縗)	
8014	臜	(臢)		8079	龊	(齪)	
8015	鳑	(鰟)		8082	鳠	(鱯)	
8016	鳒	(鰜)		8083	鳡	(鱤)	
8017	鳠	(鱯)		8084	鳣	(鱣)	
8018	鹯	(鸇)		8092	鹳	(鸛)	
8023	韂	(韂)		8096	鳤	(鱛)	
8029	鹛	(鶥)		8100	鳢	(鱧)	

[1]瞭：读 liào 时不简化作“了”，如“瞭望”“瞭哨”。

[2]迺：可用于姓氏人名、地名。

[3]乾：读 qián 时不简化作“干”，如“乾坤”“乾隆”。

[4]麽：读 mó 时不简化作“么”，如“幺麽小丑”。

[5]椏：可用于姓氏人名、地名和科学技术术语，但须类推简化作“桠”（参见本表序号 6958），如“五桠果科”。

[6]耑：可用于姓氏人名，读 duān。读 zhuān 时用“专”。

[7]鉅：可用于姓氏人名、地名，但须类推简化作“钜”（参见本表序号 6845）。

[8]昇：可用于姓氏人名，如“毕昇”。

[9]陞：可用于姓氏人名、地名。

[10]讎：用于“校雠”“雠定”“仇雠”等，但须类推简化作“雠”（参见本表序号 6351）。其他意义用“仇”。

[11]祇：用于表示地神，读 qí。读 zhǐ 时用“只”。

[12]甯：可用于姓氏人名。

[13]颺：可用于姓氏人名，但须类推简化作“飏”（参见本表序号 6607）。

[14]袷：用于“袷袢”，读 qiā。读 jiá 时用“夹”。

[15]麴：可用于姓氏人名，但须类推简化作“麹”（参见本表序号 7748）。

[16]仝：可用于姓氏人名。

[17]夥：作“多”解时不简化作“伙”。

[18]剋：表示训斥、打人时读 kēi，不简化作“克”。

[19]甦：可用于姓氏人名。

[20]邨：可用于姓氏人名。

[21]氾：可用于姓氏人名，读 fán。读 fàn 时用“泛”。

[22]堃：可用于姓氏人名。

[23]蘋：用于表示植物名时简化作“𬞟”（参见本表序号 7841），不简化作“苹”。

[24]犇：可用于姓氏人名。

[25]龢：可用于姓氏人名。

[26]訢：可用于姓氏人名，但须类推简化作“䜣”（参见本表序号6549）。

[27]徵：用于表示“宫商角徵羽”五音之一时读zhǐ，不简化作“征”。

[28]逕：可用于姓氏人名、地名，但须类推简化作“迳”（参见本表序号6745）。

[29]鑪：用于科学技术术语，指一种人造的放射性元素（符号为Rf），但须类推简化作“𬬻”（参见本表序号7006）。

[30]線：可用于姓氏人名，但须类推简化作“缐”（参见本表序号7459）。

[31]釐：可用于姓氏人名，读xī。读lí时用“厘”。

[32]鍾：用于姓氏人名时可简化作“锺”（参见本表序号7679）。

[33]脩：用于表示干肉，如“束脩”。其他意义用“修”。

[34]絜：读xié或jié时均可用于姓氏人名。

[35]扞：用于表示相互抵触，如“扞格”。其他意义用“捍”。

[36]喆：可用于姓氏人名。

[37]祕：可用于姓氏人名。

[38]藉：读jí或用于慰藉、衬垫义时不简化作“借”，如“狼藉（jí）”“枕藉（jiè）”。

[39]頫：可用于姓氏人名，但须类推简化作“𫖯”（参见本表序号7399），如“赵孟𫖯”。

[40]賫：可用于姓氏人名和表示计量义，但须类推简化作“赍”（参见本表序号6981）。

[41]叚：可用于姓氏人名，读xiá。读jiǎ时用“假”。

[42]勣：可用于姓氏人名，但须类推简化作“𪟝”（参见本表序号6932）。

[43]菉：可用于姓氏人名、地名。

[44]蒐：用于表示草名和春天打猎。其他意义用“搜”。

[45]淼：可用于姓氏人名、地名。

[46]椀：用于科学技术术语，如“橡椀”。其他意义用“碗”。

[47]谿：可用于姓氏人名。

[48]筦：可用于姓氏人名。

[49]澂：可用于姓氏人名。

[50]劄：用于科学技术术语，如中医学中的“目劄”。其他意义用“札”。

[51]阪：可用于地名，如“大阪”。

[52]吒：可用于姓氏人名，读 zhā，如“哪吒”。读 zhà 时用“咤”。

附件2

《通用规范汉字表》笔画检字表

一画

0001 一
0002 乙

二画

[一]
0003 二
0004 十
0005 丁
0006 厂
0007 七
[丨]
0008 卜
[丿]
0009 八
0010 人
0011 入
3501 乂
0012 儿
0013 匕
0014 几
0015 九
[乛]
0016 刁
0017 了
0018 刀
0019 力
0020 乃
0021 又
3502 乜

三画

[一]
0022 三
0023 干
6501 亍
0024 于
0025 亏
0026 工
0027 土
0028 士
0029 才
0030 下
0031 寸
0032 大
0033 丈
3503 兀
6502 尢
0034 与
0035 万
3504 弋
[丨]
0036 上
0037 小
0038 口
0039 山
0040 巾
[丿]
0041 千
0042 乞
0043 川
0044 亿
6503 彳
0045 个
0046 夕
0047 久
0048 么
0049 勺
0050 凡
0051 丸
0052 及
[丶]
0053 广
0054 亡
0055 门
0056 丫
0057 义
0058 之
[乛]
0059 尸
0060 己
0061 已
0062 巳
0063 弓
0064 子
3505 孑
0065 卫
3506 孓
0066 也
0067 女
0068 刃
0069 飞
0070 习
0071 叉
0072 马
0073 乡
3507 幺

四画

[一一]
0074 丰
0075 王
3508 亓
0076 开
0077 井
0078 天
0079 夫
0080 元
0081 无
3509 韦
0082 云
0083 专
[一丨]
0084 丐
0085 扎
3510 廿
0086 艺
0087 木
0088 五
0089 支
3511 丏
[一丿]
0090 厅
3512 卅
0091 不
3513 仄
0092 犬
0093 太
0094 区
0095 历
0096 歹
0097 友
0098 尤
3514 厄
0099 匹
[一乛]
0100 车
0101 巨
0102 牙
0103 屯
0104 戈
0105 比
0106 互

0107 切
0108 瓦
[丨一]
0109 止
[丨丿]
0110 少
[丨乛]
0111 曰
0112 日
0113 中
0114 贝
0115 冈
0116 内
0117 水
0118 见
[丿一]
0119 午
0120 牛
0121 手
0122 气
0123 毛
0124 壬
0125 升
0126 夭
0127 长
[丿丨]
0128 仁
0129 什
3515 仃
0130 片
0131 仆
0132 化
3516 仉
0133 仇
0134 币
3517 仂
0135 仍
0136 仅
[丿丿]
0137 斤
0138 爪
0139 反
[丿丶]
3518 兮
3519 刈
0140 介
0141 父
0142 从
3520 爻
0143 仑
0144 今
0145 凶
0146 分
0147 乏
0148 公
0149 仓
[丿乛]
0150 月
0151 氏
0152 勿
0153 欠
0154 风
0155 丹
0156 匀
0157 乌
6504 卬
6505 殳
0158 勾
0159 凤
[丶一]
3521 卞
0160 六
0161 文
0162 亢
0163 方
[丶丨]
3522 闩
[丶丿]
0164 火
0165 为
[丶丶]
0166 斗
0167 忆
[丶乛]
0168 计
0169 订
0170 户
3523 讣
0171 认
0172 冗
0173 讥
0174 心
[乛一]
3524 尹
0175 尺
3525 夬
0176 引
[乛丨]
0177 丑
3526 爿
0178 巴
0179 孔
0180 队
6506 𠙶
[乛丿]
0181 办
[乛丶]
0182 以
0183 允
0184 予
0185 邓
0186 劝
0187 双
[乛乛]
6507 毌
0188 书
3527 毋
0189 幻

五画

[一一]
0190 玉
0191 刊
0192 未
0193 末
0194 示
0195 击
3528 邗
6508 邘
6509 戋
[一丨]
6510 圢
0196 打
0197 巧
0198 正
0199 扑
0200 卉
0201 扒
3529 邛
0202 功
0203 扔
0204 去
0205 甘
0206 世
0207 艾
3530 艽
0208 古
0209 节
3531 艿
0210 本
0211 术
3532 札
0212 可
3533 叵
3534 匝
0213 丙
[一丿]
0214 左
0215 厉
3535 丕
0216 石
0217 右
0218 布
0219 夯
0220 戊
0221 龙
[一丶]
0222 平
0223 灭
[一乛]
0224 轧
0225 东
3536 匜
3537 劢

[丨一]
0226 卡
0227 北
0228 占
0229 凸
0230 卢
[丨丨]
0231 业
0232 旧
[丨丿]
0233 帅
0234 归
[丨乛]
0235 旦
0236 目
0237 且
0238 叶
0239 甲
0240 申
0241 叮
0242 电
0243 号
0244 田
0245 由
3538 卟
0246 只
0247 叭
0248 史
0249 央
3539 叱
0250 兄
0251 叽
0252 叼
0253 叫
0254 叩
0255 叨
3540 叻
0256 另
0257 叹
0258 冉
0259 皿
0260 凹
0261 囚
0262 四
[丿一]
0263 生
0264 矢
0265 失
6511 氕
0266 乍
0267 禾
[丿丨]
3541 仨
0268 丘
3542 仕
0269 付
0270 仗
0271 代
0272 仙
3543 仟
3544 仡
3545 仫
6512 伋
0273 们
0274 仪
0275 白
0276 仔
0277 他
3546 仞
[丿丿]
0278 斥
3547 卮
0279 瓜
[丿丶]
6513 仝
0280 乎
0281 丛
0282 令
[丿乛]
0283 用
0284 甩
0285 印
3548 氐
0286 尔
0287 乐
0288 句
0289 匆
3549 犰
0290 册
0291 卯
0292 犯
0293 外
0294 处
0295 冬
0296 鸟
0297 务
3550 刍
0298 包
0299 饥
[丶一]
0300 主
6514 冮
0301 市
3551 邝
0302 立
0303 冯
3552 邙
0304 玄
[丶丨]
0305 闪
[丶丿]
0306 兰
0307 半
[丶丶]
0308 汁
3553 汀
0309 汇
0310 头
6515 氿
6516 汈
0311 汉
6517 汜
6518 忉
0312 宁
0313 穴
0314 它
6519 宄
[丶乛]
3554 讦
6520 𬣙
3555 讧
0315 讨
0316 写
0317 让
0318 礼
3556 讪
3557 讫
0319 训
0320 议
0321 必
0322 讯
0323 记
0324 永
6521 讱
[乛一]
0325 司
0326 尼
3558 尻
0327 民
0328 弗
0329 弘
[乛丨]
0330 出
3559 阡
0331 辽
[乛丿]
0332 奶
0333 奴
3560 尕
0334 召
0335 加
0336 皮
0337 边
0338 孕
0339 发
[乛丶]
0340 圣
0341 对
3561 弁
0342 台
0343 矛
[乛乛]
0344 纠

3562 驭
0345 母
0346 幼
0347 丝

六画

[一一]
3563 匡
3564 耒
0348 邦
3565 玎
3566 玑
0349 式
0350 迂
0351 刑
3567 邢
0352 戎
0353 动

[一丨]
3568 圩
6522 扞
3569 圬
3570 圭
0354 扛
0355 寺
0356 吉
0357 扣
6523 圲
3571 扦
0358 考
6524 圫
3572 圪
0359 托
3573 圳
0360 老
0361 巩
0362 圾
0363 执
3574 圹
0364 扩
3575 扪
0365 扫
3576 圮
3577 圯
0366 地
0367 场
0368 扬
0369 耳
0370 芋
6525 芏
0371 共
3578 芊
3579 芍
6526 芃
3580 芄
3581 芨
0372 芒
0373 亚
0374 芝
3582 芑
3583 芎
3584 芗
0375 朽
0376 朴
6527 朳
0377 机
6528 朸
0378 权
0379 过
3585 亘
0380 臣
0381 吏
0382 再
0383 协
0384 西
6529 邞

[一丿]
0385 压
0386 厌
3586 厍
0387 戌
0388 在
0389 百
0390 有
0391 存
0392 而
0393 页
0394 匠
0395 夸
0396 夺
3587 夼
0397 灰
0398 达
3588 戍
3589 尥
0399 列
0400 死
0401 成

[一丶]
0402 夹

[一乛]
0403 夷
0404 轨
0405 邪
6530 邨
0406 尧
0407 划
0408 迈
0409 毕
0410 至

[丨一]
0411 此
3590 乩
0412 贞

[丨丿]
0413 师
0414 尘
0415 尖
0416 劣

[丨丶]
0417 光
0418 当

[丨乛]
0419 早
0420 吁
0421 吐
0422 吓
3591 旯
3592 曳
0423 虫
0424 曲
0425 团
0426 吕
0427 同
0428 吊
6531 吒
0429 吃
0430 因
0431 吸
6532 吖
0432 吗
0433 吆
6533 屼
0434 屿
6534 屾
0435 屹
0436 岁
3593 岌
0437 帆
6535 岀
0438 回
3594 屺
0439 岂
0440 则
0441 刚
0442 网
0443 肉
3595 囟
3596 囡

[丿一]
6536 钆
3597 钇
0444 年
0445 朱
3598 缶
3599 氘
3600 氖
0446 先
3601 牝
0447 丢
0448 廷
0449 舌
0450 竹
0451 迁

0452 乔
0453 迄
[丿丨]
0454 伟
0455 传
0456 乒
0457 乓
0458 休
0459 伍
3602 伎
0460 伏
3603 伛
0461 优
0462 臼
3604 伢
0463 伐
6537 仳
0464 延
3605 佤
0465 仲
6538 伣
3606 仵
0466 件
0467 任
0468 伤
3607 伥
0469 价
0470 伦
0471 份
3608 伧
0472 华
0473 仰
3609 伉
0474 仿
0475 伙
0476 伪
3610 伫
6539 伈
0477 自
0478 伊
6540 𠂤
0479 血
0480 向
3611 囟
0481 似
[丿丿]
0482 后
0483 行
6541 甪
0484 舟
[丿丶]
0485 全
0486 会
0487 杀
0488 合
0489 兆
0490 企
3612 汆
0491 众
0492 爷
0493 伞
6542 邠
0494 创
[丿乛]
3613 刖
0495 肌
0496 肋
0497 朵
0498 杂
3614 夙
0499 危
0500 旬
0501 旨
3615 旮
0502 旭
0503 负
6543 犴
3616 刎
3617 犷
0504 匈
3618 犸
3619 舛
0505 名
0506 各
0507 多
3620 凫
0508 争
3621 邬
0509 色
3622 饧
[丶一]
6544 冱
0510 壮
0511 冲
0512 妆
0513 冰
0514 庄
0515 庆
0516 亦
0517 刘
0518 齐
0519 交
0520 衣
0521 次
0522 产
0523 决
0524 亥
6545 邡
0525 充
0526 妄
[丶丨]
6546 闫
0527 闭
0528 问
0529 闯
[丶丿]
0530 羊
0531 并
0532 关
0533 米
0534 灯
0535 州
[丶丶]
0536 汗
0537 污
0538 江
6547 沥
3623 汕
3624 汔
3625 汐
6548 汋
3626 汲
0539 汛
3627 汜
0540 池
0541 汝
0542 汤
3628 汊
3629 忖
3630 忏
0543 忙
0544 兴
0545 宇
0546 守
0547 宅
0548 字
0549 安
[丶乛]
0550 讲
0551 讳
3631 讴
0552 军
3632 讵
0553 讶
3633 祁
3634 讷
0554 许
0555 讹
6549 䜣
0556 论
6550 讻
0557 讼
0558 农
0559 讽
0560 设
0561 访
6551 讠
0562 诀
[乛一]
3635 聿
0563 寻
0564 那
3636 艮

3637 厾
0565 迅
0566 尽
0567 导
0568 异
0569 弛
[乛丨]
3638 阱
3639 阮
0570 孙
0571 阵
6552 孖
0572 阳
0573 收
3640 阪
0574 阶
0575 阴
0576 防
3641 丞
[乛丿]
0577 奸
0578 如
3642 妁
0579 妇
0580 妃
0581 好
0582 她
0583 妈
[乛丶]
0584 戏
0585 羽
0586 观
3643 牟
0587 欢
0588 买
[乛乛]
3644 纡
0589 红
3645 纣
0590 驮
0591 纤
3646 纥
0592 驯
6553 𬘓
0593 约
3647 纨
0594 级
6554 纩
0595 纪
0596 驰
0597 纫
0598 巡

七画

[一一]
0599 寿
3648 玕
6555 玒
0600 弄
3649 玙
0601 麦
0602 玖
6556 玓
6557 玘
6558 玚
0603 玛
0604 形
0605 进
0606 戒
0607 吞
0608 远
0609 违
0610 韧
6559 刬
0611 运
[一丨]
0612 扶
0613 抚
0614 坛
3650 抟
0615 技
0616 坏
3651 抔
6560 𫭟
0617 抠
6561 坜
0618 扰
0619 扼
0620 拒
6562 坉
6563 扽
0621 找
0622 批
0623 址
0624 扯
0625 走
0626 抄
0627 贡
0628 汞
0629 坝
0630 攻
0631 赤
3652 圻
0632 折
0633 抓
3653 坂
0634 扳
6564 𫭢
0635 抡
6565 坋
0636 扮
0637 抢
6566 扺
0638 孝
0639 坎
3654 坍
0640 均
3655 坞
0641 抑
0642 抛
0643 投
3656 抃
0644 坟
0645 坑
0646 抗
0647 坊
6567 抆
0648 抖
0649 护
0650 壳
0651 志
0652 块
3657 抉
0653 扭
0654 声
0655 把
0656 报
0657 拟
0658 却
0659 抒
0660 劫
3658 㧐
6568 毐
0661 芙
3659 芫
0662 芜
0663 苇
3660 邯
3661 芸
3662 芾
6569 芰
6570 苿
3663 苈
6571 苊
6572 苉
3664 苣
0664 芽
6573 芘
3665 芷
3666 芮
3667 苋
3668 芼
3669 苌
0665 花
0666 芹
0667 芥
3670 苁
3671 芩
0668 芬
0669 苍
3672 芪
6574 芴
3673 芡
3674 芟
3675 苄

6575 芰
0670 芳
0671 严
6576 苈
3676 苎
0672 芦
0673 芯
0674 劳
0675 克
0676 芭
6577 芤
0677 苏
3677 苡
0678 杆
0679 杠
0680 杜
0681 材
0682 村
6578 杕
0683 杖
3678 杌
6579 杙
0684 杏
6580 杄
0685 杉
0686 巫
3679 杓
0687 极
6581 杧
3680 杞
0688 李
0689 杨
3681 杈
6582 杩
0690 求
3682 忑
3683 孛
0691 甫
0692 匣
0693 更
0694 束
0695 吾
0696 豆
0697 两
3684 邴
0698 酉
0699 丽
[一丿]
0700 医
0701 辰
0702 励
3685 邳
0703 否
0704 还
3686 矶
3687 奁
6583 尪
3688 豕
6584 尨
0705 尬
0706 歼
[一丶]
0707 来
3689 忒
[一乛]
0708 连
3690 欤
0709 轩
6585 轪
6586 𫐄
3691 轫
3692 迓
6587 坒
[丨一]
3693 邶
3694 忐
6588 芈
0710 步
0711 卤
3695 卣
[丨丨]
3696 邺
0712 坚
[丨丶]
0713 肖
[丨乛]
3697 旰
0714 旱
6589 旴
0715 盯
0716 呈
0717 时
0718 吴
3698 呋
3699 呒
0719 助
0720 县
0721 里
3700 呓
0722 呆
6590 旵
0723 吱
0724 吠
3701 呔
0725 呕
0726 园
3702 呖
3703 呃
0727 旷
0728 围
0729 呀
0730 吨
3704 旸
3705 吡
3706 町
0731 足
3707 虬
0732 邮
0733 男
0734 困
0735 吵
0736 串
3708 呗
0737 员
0738 呐
6591 呙
3709 吽
0739 听
6592 吺
0740 吟
0741 吩
0742 呛
0743 吻
0744 吹
0745 呜
0746 吭
3710 吣
3711 吲
0747 吧
0748 邑
0749 吼
0750 囤
0751 别
0752 吮
6593 岍
3712 帏
3713 岐
0753 岖
6594 𪩘
6595 岠
3714 岈
0754 岗
3715 岘
0755 帐
3716 岑
3717 岚
3718 兕
6596 岜
0756 财
6597 呇
6598 冏
3719 囵
3720 囫
6599 尫
[丿一]
0757 针
0758 钉
3721 钊
3722 钋
3723 钌
3724 迕
3725 氙
3726 氚
0759 牡

0760 告
3727 牤
0761 我
0762 乱
0763 利
0764 秃
0765 秀
0766 私
6600 𥝌
0767 每
[丿丨]
3728 佞
0768 兵
3729 邱
0769 估
0770 体
0771 何
0772 佐
6601 伾
0773 佑
3730 攸
0774 但
0775 伸
0776 佃
3731 佚
0777 作
0778 伯
0779 伶
0780 佣
0781 低
0782 你
3732 佝
3733 佟
6602 㑇
0783 住
0784 位
6603 伭
0785 伴
3734 佗
6604 佖
0786 身
0787 皂
0788 伺
6605 伲
0789 佛
3735 伽
0790 囱
6606 佁
[丿丿]
0791 近
0792 彻
0793 役
3736 彷
0794 返
[丿丶]
3737 佘
0795 余
0796 希
3738 佥
0797 坐
0798 谷
3739 孚
0799 妥
3740 豸
0800 含
0801 邻
3741 坌
0802 岔
[丿乛]
0803 肝
3742 肟
0804 肛
0805 肚
0806 肘
0807 肠
3743 邸
0808 龟
0809 甸
3744 奂
0810 免
3745 劬
0811 狂
0812 犹
0813 狈
3746 狄
6607 飏
0814 角
0815 删
6608 狃
3747 狁
3748 鸠
0816 条
0817 彤
0818 卵
0819 灸
0820 岛
3749 邹
0821 刨
3750 饨
0822 迎
3751 饩
3752 饪
3753 饫
3754 饬
0823 饭
0824 饮
0825 系
[丶一]
0826 言
0827 冻
0828 状
0829 亩
0830 况
3755 亨
3756 庑
0831 床
3757 庋
0832 库
0833 庇
3758 疔
0834 疗
3759 疖
0835 吝
0836 应
0837 这
0838 冷
0839 庐
0840 序
0841 辛
3760 肓
0842 弃
0843 冶
0844 忘
[丶丨]
0845 闰
3761 闱
0846 闲
3762 闳
0847 间
3763 闵
6609 闶
0848 闷
[丶丿]
3764 羌
0849 判
0850 兑
0851 灶
0852 灿
0853 灼
3765 炀
0854 弟
[丶丶]
3766 沣
0855 汪
6610 汧
6611 汫
3767 沅
6612 𣲘
6613 𬇕
6614 沄
0856 沐
0857 沛
3768 沔
0858 汰
3769 沤
0859 沥
3770 沌
6615 沘
3771 沏
3772 沚
0860 沙
3773 汩
3774 汨
6616 𬇙

6617 汭
0861 汽
0862 沃
3775 沂
6618 沒
0863 沦
0864 汹
3776 汾
0865 泛
0866 沧
3777 沨
0867 没
0868 沟
3778 汴
3779 汶
3780 沆
3781 沩
0869 沪
0870 沈
0871 沉
0872 沁
3782 泐
6619 沇
3783 怃
6620 忮
0873 怀
3784 怄
0874 忧
6621 忳
3785 忡
3786 忤
3787 忾
3788 怅
3789 忻
3790 忪
3791 怆
6622 忺
3792 忭
0875 忱
0876 快
3793 忸
0877 完
0878 宋
0879 宏
0880 牢
0881 究
0882 穷
0883 灾

[丶乛]

0884 良
6623 诶
0885 证
3794 诂
3795 诃
0886 启
0887 评
0888 补
0889 初
0890 社
0891 祀
6624 祃
3796 诅
0892 识
6625 诇
0893 诈
0894 诉
0895 罕
0896 诊
3797 诋
3798 诌
6626 邲
0897 词
6627 诎
3799 诏
6628 诐
0898 译
3800 诒

[乛一]

0899 君
0900 灵
0901 即
0902 层
0903 屁
6629 屃
0904 屄
0905 尾
0906 迟
0907 局
6630 𫸩
0908 改
0909 张
0910 忌

[乛丨]

0911 际
0912 陆
0913 阿
3801 孜
3802 陇
0914 陈
6631 岊
6632 阽
0915 阻
6633 邮
6634 阼
0916 附
0917 坠
3803 陀
3804 陂
3805 陉

[乛丿]

3806 妍
6635 妧
3807 妩
6636 妘
0918 妓
3808 妪
3809 妣
0919 妙
3810 妊
0920 妖
3811 妗
0921 姊
0922 妨
3812 妫
0923 妒
3813 妞
3814 姒
3815 妤
0924 努
3816 邵
3817 劭
0925 忍

[乛丶]

3818 到
0926 劲
6637 郱
3819 甬
3820 郃
0927 矣
0928 鸡

[乛乛]

0929 纬
3821 纭
0930 驱
6638 纮
0931 纯
3822 纰
0932 纱
6639 驲
0933 纲
0934 纳
3823 纴
0935 驳
0936 纵
3824 纶
0937 纷
0938 纸
6640 𫘜
0939 纹
0940 纺
6641 纻
0941 驴
6642 纼
6643 驶
6644 纼
0942 纽
3825 纾

八画

[一一]

0943 奉
6645 玤
6646 玞
0944 玩

3826 玮
0945 环
3827 玡
3828 玭
0946 武
0947 青
0948 责
0949 现
0950 玫
3829 玠
3830 玢
6647 玱
3831 玥
0951 表
6648 玟
3832 玦
3833 盂
3834 忝
0952 规
3835 匦
[一丨]
0953 抹
0954 卦
6649 邽
3836 坩
6650 邿
0955 坷
0956 坯
0957 拓
0958 拢
0959 拔
0960 坪
3837 抨
0961 拣
3838 拤
3839 坫
3840 拈
3841 垆
0962 坦
6651 坥
0963 担
0964 坤
0965 押
3842 抻
0966 抽
3843 劼
0967 拐
6652 坰
3844 拃
0968 拖
3845 拊
0969 者
0970 拍
0971 顶
3846 坼
0972 拆
6653 坬
6654 坽
0973 拎
0974 拥
3847 坻
0975 抵
0976 拘
0977 势
0978 抱
0979 拄
0980 垃
0981 拉
0982 拦
0983 幸
0984 拌
3848 拡
0985 拧
3849 坨
3850 坭
3851 抿
0986 拂
0987 拙
0988 招
0989 坡
0990 披
0991 拨
0992 择
6655 弆
0993 抬
0994 拇
3852 坳
0995 拗
6656 耵
0996 其
3853 耶
0997 取
0998 茉
3854 苷
0999 苦
3855 苯
1000 昔
1001 苛
3856 苤
1002 若
6657 郏
1003 茂
3857 茏
1004 苹
3858 苫
3859 苜
3860 苴
1005 苗
6658 苢
1006 英
3861 苒
3862 苘
3863 茌
3864 苻
3865 苓
3866 茚
6659 茋
1007 苟
3867 茆
3868 茑
1008 苑
1009 苞
1010 范
6660 苧
3869 茓
3870 茔
6661 苾
3871 茕
1011 直
6662 苠
3872 茀
1012 茁
3873 苕
1013 茄
1014 茎
1015 苔
1016 茅
1017 枉
6663 枅
1018 林
1019 枝
1020 杯
1021 枢
3874 枥
1022 柜
3875 枇
3876 杪
3877 杳
6664 枫
6665 枘
3878 枧
3879 杵
1023 枚
3880 枨
1024 析
1025 板
6666 柃
3881 枞
1026 松
1027 枪
1028 枫
1029 构
1030 杭
3882 枋
1031 杰
1032 述
1033 枕
3883 杻
3884 杷
3885 杼
1034 丧
1035 或
1036 画
1037 卧

1038 事
1039 刺
1040 枣
1041 雨
1042 卖
［一丿］
3886 矸
6667 矼
1043 郁
6668 矻
1044 矾
1045 矿
3887 砀
1046 码
1047 厕
1048 奈
3888 刳
1049 奔
1050 奇
6669 匼
3889 奄
1051 奋
1052 态
3890 瓯
1053 欧
1054 殴
1055 垄
3891 殁
［一丶］
3892 郏
［一乛］
1056 妻
1057 轰
1058 顷
1059 转
3893 轭
1060 斩
1061 轮
6670 𫐐
1062 软
1063 到
3894 郅
3895 鸢
［丨一］
1064 非
1065 叔
1066 歧
1067 肯
1068 齿
1069 些
1070 卓
1071 虎
1072 虏
［丨丨］
1073 肾
1074 贤
［丨丶］
1075 尚
［丨乛］
3896 盱
1076 旺
1077 具
3897 昊
6671 昁
3898 昙
1078 味
3899 杲
1079 果
3900 昃
1080 昆
1081 国
1082 哎
1083 咕
1084 昌
1085 呵
3901 咂
1086 畅
6672 𬀪
6673 旿
6674 昇
3902 呸
3903 昕
6675 昄
1087 明
6676 昒
1088 易
1089 咙
3904 昀
1090 昂
3905 旻
3906 昉
3907 炅
6677 昈
3908 咔
3909 畀
3910 虮
1091 迪
1092 典
1093 固
1094 忠
3911 咀
3912 呷
1095 呻
3913 黾
6678 咉
1096 咒
1097 咋
1098 咐
3914 呱
1099 呼
3915 呤
3916 咚
1100 鸣
3917 咆
3918 咛
6679 咇
1101 咏
1102 呢
1103 咄
3919 呶
1104 咖
6680 咍
3920 呣
3921 呦
3922 咝
6681 岵
3923 岢
1105 岸
1106 岩
6682 岽
1107 帖
1108 罗
3924 岿
6683 岨
3925 岬
3926 岫
1109 帜
3927 帙
6684 岞
1110 帕
1111 岭
3928 岣
3929 峁
3930 刿
6685 峂
6686 峒
3931 迥
3932 岷
3933 剀
1112 凯
3934 帔
3935 峄
6687 囷
3936 沓
1113 败
1114 账
1115 贩
1116 贬
1117 购
1118 贮
3937 囹
1119 图
3938 罔
［丿一］
3939 钍
6688 𬬱
3940 钎
3941 钏
6689 钐
1120 钓
3942 钒
6690 钔

3943	钕	6693	佴	1150	佩	1164	所	1180	肤	1196	狐
6691	钖	1138	供	1151	货	6705	舠	3978	䏝	1197	忽
3944	钗	1139	使	1152	侈	[丿丶]		1181	肺	6713	狝
3945	邾	3952	佰	6699	隹	1165	舍	1182	肢	1198	狗
1121	制	3953	侑	6700	㑊	1166	金	3979	肽	3987	狍
1122	知	3954	侉	6701	佹	3971	刽	3980	肱	1199	狞
1123	迭	1140	例	3963	侪	6706	郐	3981	肫	3988	狒
1124	氛	1141	侠	3964	佼	1167	刹	1183	肿	3989	咎
3946	迮	3955	臾	1153	依	6707	郃	6709	肭	1200	备
1125	垂	1142	侥	6702	佽	1168	命	1184	胀	3990	炙
3947	牦	1143	版	3965	佯	1169	肴	6710	肸	3991	枭
1126	牧	1144	侄	6703	侘	3972	郄	1185	朋	3992	饯
1127	物	6694	垈	3966	侬	1170	斧	6711	肷	1201	饰
6692	牥	3956	岱	3967	帛	3973	怂	1186	股	1202	饱
1128	乖	1145	侦	1154	卑	1171	爸	1187	肮	1203	饲
1129	刮	1146	侣	1155	的	1172	采	1188	肪	6714	饳
1130	秆	3957	侗	1156	迫	3974	籴	1189	肥	3993	饴
1131	和	3958	侃	3968	阜	1173	觅	1190	服	[丶一]	
1132	季	1147	侧	3969	侔	1174	受	1191	胁	3994	冽
1133	委	3959	侏	[丿丿]		1175	乳	1192	周	1204	变
3948	竺	6695	侁	1157	质	1176	贪	3982	剁	1205	京
1134	秉	1148	凭	1158	欣	1177	念	1193	昏	1206	享
3949	迤	6696	侹	6704	郈	1178	贫	3983	迩	3995	冼
[丿丨]		6697	佸	1159	征	6708	攽	3984	郇	1207	庞
1135	佳	1149	侨	3970	徂	1179	忿	1194	鱼	1208	店
1136	侍	6698	佺	1160	往	3975	瓮	1195	兔	1209	夜
3950	佶	3960	侩	1161	爬	3976	戗	6712	狉	1210	庙
1137	岳	3961	佻	1162	彼	[丿𠃍]		3985	狙	1211	府
3951	佬	3962	佾	1163	径	3977	肼	3986	狎	1212	底

3996 庖
1213 疟
3997 疠
3998 疝
1214 疙
1215 疚
3999 疡
1216 剂
1217 卒
1218 郊
6715 忞
4000 兖
1219 庚
1220 废
1221 净
4001 妾
1222 盲
1223 放
1224 刻
6716 於
4002 劾
1225 育
1226 氓

[、丨]

1227 闸
1228 闹

[、丿]

1229 郑
1230 券
1231 卷
1232 单
4003 炜
4004 炬
1233 炬
4005 炖
1234 炒
4006 炘
6717 炌
4007 炝
1235 炊
6718 炆
1236 炕
1237 炎
1238 炉
4008 炔

[、、]

1239 沫
1240 浅
1241 法
4009 泔
1242 泄
1243 沽
4010 沭
1244 河
4011 泷
6719 泙
1245 沾
4012 泸
1246 泪
1247 沮
6720 沺
1248 油
4013 泱
6721 泂
4014 泗
4015 泗
1249 泊
4016 泠
6722 泜
4017 泺
1250 沿
6723 泃
4018 泖
1251 泡
1252 注
1253 泣
4019 泫
4020 泮
1254 泞
4021 沱
1255 泻
1256 泌
1257 泳
1258 泥
4022 泯
1259 沸
4023 泓
1260 沼
6724 泇
1261 波
1262 泼
1263 泽
4024 泾
1264 治
1265 怔
1266 怯
4025 怙
4026 怵
1267 怖
4027 怦
4028 怛
4029 怏
1268 性
4030 怍
1269 怕
1270 怜
4031 㤘
4032 怩
4033 怫
6725 怊
4034 怿
1271 怪
1272 怡
6726 峃
1273 学
1274 宝
1275 宗
1276 定
4035 宕
1277 宠
1278 宜
1279 审
1280 宙
1281 官
1282 空
1283 帘
6727 穸
4036 穹
1284 宛
1285 实
4037 宓

[、乛]

4038 诓
4039 诔
1286 试
1287 郎
4040 诖
1288 诗
4041 诘
4042 戾
1289 肩
1290 房
4043 诙
4044 戽
1291 诚
4045 郓
1292 衬
1293 衫
4046 衩
4047 祆
4048 祎
4049 祉
1294 视
1295 祈
4050 祇
6728 祋
6729 祊
6730 诇
4051 诛
4052 诜
1296 话
1297 诞
4053 诟
4054 诠
1298 诡
1299 询
4055 诣
4056 诤
1300 该
1301 详
4057 诧
4058 诨
6731 𬤊
4059 诩

［乛一］
1302 建
6732 郡
1303 肃
1304 录
1305 隶
1306 帚
1307 屉
1308 居
1309 届
1310 刷
6733 鸤
1311 屈
1312 弧
1313 弥
1314 弦
6734 弢
6735 弨

［乛丨］
1315 承
1316 孟
1317 陋
4060 戕
1318 陌
6736 陑
1319 孤
4061 孢
1320 陕
4062 亟
6737 陧
6738 陎
1321 降
6739 陗
1322 函
4063 陔
1323 限
6740 卺
6741 屾

［乛丿］
1324 妹
1325 姑
6742 妭
4064 妲
1326 姐
4065 妯
1327 姓
6743 姈
4066 姗
1328 妮
6744 妷
1329 始
4067 帑
4068 弩
4069 孥
4070 驽
1330 姆
4071 虱
1331 迢
4072 迦
1332 驾

［乛丶］
6745 迳
1333 叁
1334 参
4073 迨
1335 艰
6746 叕

［乛乛］
1336 线
4074 绀
4075 绁
6747 驱
4076 绂
1337 练
6748 驵
1338 组
1339 绅
1340 细
1341 驶
1342 织
6749 驷
6750 絧
4077 驷
4078 驸
1343 驹
1344 终
6751 骀
4079 绉
1345 驻
6752 弦
1346 绊
1347 驼
6753 绋
4080 绌
1348 绍
4081 驿
1349 绎
1350 经
4082 骀
6754 绐
1351 贯
4083 甾

九画

［一一］
6755 砉
6756 耔
1352 契
1353 贰
6757 挈
1354 奏
1355 春
1356 帮
4084 珏
4085 珐
4086 珂
4087 珑
6758 玶
1357 玷
6759 玥
6760 珅
4088 玳
4089 珀
4090 顼
1358 珍
1359 玲
6761 珠
1360 珊
6762 珋
6763 玹
6764 珌
4091 珉
6765 玿
4092 珈
1361 玻
1362 毒
1363 型
6766 韨

［一丨］
1364 拭
6767 垚
1365 挂
1366 封
1367 持
4093 拮
1368 拷
1369 拱
4094 垭
4095 挝
4096 垣
1370 项
1371 垮
1372 挎
6768 垯
4097 挞
1373 城
1374 挟
1375 挠
4098 垤
1376 政
1377 赴
1378 赵
4099 赳
4100 贲
6769 垙
4101 垱
1379 挡
1380 拽
4102 垌
1381 哉
6770 垲
1382 挺
1383 括
6771 埏

4103 郝
6772 垍
4104 垧
1384 垢
6773 耇
1385 拴
1386 拾
1387 挑
1388 垛
1389 指
1390 垫
6774 垺
6775 垎
1391 挣
1392 挤
6776 垴
4105 垓
6777 垟
1393 拼
6778 垞
6779 挓
1394 挖
6780 垵
1395 按
1396 挥
6781 垏
4106 挦
1397 挪
4107 垠
1398 拯
6782 拶
1399 某
1400 甚
1401 荆
6783 茏
1402 茸
6784 萓
1403 革
4108 茜
1404 茬
1405 荐
6785 荙
1406 巷
4109 荚
4110 荑
4111 贯
6786 荛
4112 荜
6787 茈
1407 带
1408 草
1409 茧
4113 莒
4114 茼
1410 茵
4115 茴
4116 茱
4117 莛
4118 荞
4119 茯
6788 荏
4120 荏
4121 荇
4122 荃
4123 荟
1411 茶
4124 荀
4125 茗
4126 荠
4127 茭
4128 茨
1412 荒
6789 荄
6790 茺
6791 茼
4129 垩
6792 荓
6793 茳
1413 茫
1414 荡
1415 荣
1416 荤
4130 荥
4131 荦
1417 荧
4132 荨
6794 茛
6795 莨
1418 故
4133 荩
1419 胡
4134 剋
4135 荪
1420 荫
4136 茹
1421 荔
1422 南
4137 荬
6796 荭
4138 荮
1423 药
1424 标
4139 柰
1425 栈
6797 柭
1426 柑
1427 枯
4140 栉
4141 柯
1428 柄
4142 柘
4143 栊
4144 柩
4145 枰
1429 栋
4146 栌
1430 相
1431 查
4147 柙
4148 枵
4149 柚
4150 枳
6798 柷
4151 柞
1432 柏
4152 柝
4153 栀
6799 柃
4154 柢
4155 栎
4156 枸
1433 栅
1434 柳
6800 柊
6801 枹
1435 柱
1436 柿
1437 栏
4157 柈
1438 柠
4158 柁
6802 柍
6803 柖
4159 枷
4160 柽
1439 树
1440 勃
4161 剌
6804 郚
6805 剅
1441 要
6806 鸸
4162 酊
6807 迺
4163 郦
1442 柬

[一丿]

1443 咸
6808 庞
1444 威
1445 歪
4164 甭
1446 研
6809 砆
1447 砖
1448 厘
4165 砗
1449 厚
6810 砑
4166 砘
4167 砒
1450 砌
1451 砂
1452 泵

1453 砚
4168 斫
4169 砭
1454 砍
4170 砜
6811 砄
1455 面
1456 耐
6812 耏
1457 耍
4171 奎
4172 耷
6813 奓
1458 牵
1459 鸥
4173 虺
6814 巭
1460 残
4174 殂
1461 殃
4175 殇
4176 殄
4177 殆
[一乛]
4178 轱
4179 轲
4180 轳
1462 轴
6815 轵
4181 轶
6816 轷
4182 轸
6817 轹
6818 轺
1463 轻
1464 鸦
4183 虿
1465 皆
4184 毖
[丨一]
1466 韭
1467 背
1468 战
4185 觇
1469 点
1470 虐
[丨丨]
1471 临
1472 览
1473 竖
[丨丿]
4186 尜
1474 省
[丨丶]
1475 削
1476 尝
[丨乛]
4187 哐
1477 昧
4188 眄
4189 眍
4190 啷
1478 盹
1479 是
4191 郢
4192 眇
6819 昺
6820 眀
4193 眊
1480 盼
1481 眨
6821 昽
6822 昫
4194 眈
1482 哇
6823 咡
1483 哄
1484 哑
1485 显
1486 冒
6824 咺
1487 映
4195 禺
4196 哂
1488 星
6825 昳
1489 昨
6826 昣
4197 咴
6827 哒
6828 昤
6829 昫
4198 曷
4199 昴
1490 咧
4200 昱
6830 昡
4201 昵
4202 咦
4203 哓
1491 昭
4204 哔
6831 咥
6832 畀
4205 畎
1492 畏
4206 毗
1493 趴
4207 呲
1494 胃
4208 胄
1495 贵
4209 畋
4210 畈
1496 界
6833 虷
1497 虹
1498 虾
4211 虼
4212 虻
1499 蚁
6834 虸
1500 思
1501 蚂
4213 盅
4214 咣
1502 虽
1503 品
6835 咟
1504 咽
1505 骂
4215 哕
4216 剐
4217 郧
1506 勋
4218 咻
1507 哗
1508 咱
4219 囿
4220 咿
1509 响
4221 哌
4222 哙
1510 哈
4223 哚
4224 咯
1511 哆
1512 咬
1513 咳
4225 咩
1514 咪
4226 咤
4227 哝
1515 哪
4228 哏
4229 哞
1516 哟
4230 峙
6836 峘
6837 耑
1517 炭
6838 峛
1518 峡
4231 峣
4232 罘
4233 帧
1519 罚
6839 峂
4234 峒
4235 峤
6840 峗
4236 峋

4237 峥
6841 峧
6842 峅
1520 贱
1521 贴
4238 贶
1522 贻
1523 骨
1524 幽

［丿一］

6843 钘
6844 铁
1525 钙
4239 钚
4240 钛
6845 钜
1526 钝
1527 钞
1528 钟
4241 钡
1529 钢
1530 钠
6846 𫓧
6847 𬬱
4242 钣
6848 𬬭
4243 铃
1531 钥
1532 钦
1533 钧
4244 钨
1534 钩
6849 钪
4245 钫
6850 钬
6851 钭
1535 钮
4246 钯
1536 卸
1537 缸
1538 拜
1539 看
1540 矩
6852 矧
1541 毡
4247 氡
4248 氟
1542 氢
4249 牯
1543 怎
4250 郜
1544 牲
1545 选
1546 适
6853 秬
4251 秕
1547 秒
1548 香
1549 种
4252 秭
1550 秋
1551 科
1552 重
1553 复
1554 竿
4253 竽
4254 笈
4255 笃

［丿丨］

4256 俦
1555 段
4257 俨
4258 俅
1556 便
1557 俩
4259 俪
6854 俫
6855 舁
4260 叟
4261 垡
1558 贷
4262 牮
1559 顺
1560 修
1561 俏
4263 俣
4264 俚
1562 保
6856 俜
1563 促
1564 俄
1565 俐
1566 侮
6857 俙
1567 俭
1568 俗
1569 俘
1570 信
6858 俍
1571 皇
1572 泉
4265 皈
1573 鬼
1574 侵
1575 禹
1576 侯
1577 追
4266 俑
4267 俟
1578 俊

［丿丿］

1579 盾
6859 垕
4268 逅
6860 衎
1580 待
1581 徊
4269 徇
4270 徉
1582 衍
1583 律
1584 很
1585 须
4271 舢
6861 舣

［丿丶］

1586 叙
4272 俞
6862 弇
4273 郗
1587 剑
6863 㑒
1588 逃
4274 俎
4275 郤
4276 爰
4277 郛
1589 食
4278 瓴
1590 盆
6864 鸧

［丿乛］

6865 [illegible]
6866 胠
6867 胋
1591 胚
1592 胧
6868 胈
4279 胨
6869 胩
4280 胪
1593 胆
4281 胛
4282 胂
1594 胜
4283 胙
6870 胣
4284 胍
4285 胗
4286 胝
4287 朐
1595 胞
1596 胖
1597 脉
6871 胐
4288 胫
1598 胎
4289 鸨
4290 匍
1599 勉
4291 狨
1600 狭
1601 狮
1602 独

4292	狳	4303	孪	4314	彦	4323	酋	4332	洹	1674	洽
1603	狰	4304	娈	4315	飒	1651	首	6882	涑	4343	洮
1604	狡	1617	将	1633	帝	1652	逆	1665	洒	1675	染
6872	飐	1618	奖	1634	施	1653	兹	4333	洧	6891	洈
4293	飑	1619	哀	[丶丨]		1654	总	6883	洿	4344	洵
4294	狩	1620	亭	1635	闺	6877	炣	6884	淢	6892	洚
1605	狱	1621	亮	1636	闻	4324	炳	4334	洌	6893	洺
1606	狠	6875	庤	4316	闼	4325	炻	4335	浃	1676	洛
4295	狲	1622	度	1637	闽	1655	炼	1666	柒	1677	浏
4296	訇	4305	弈	4317	闾	6878	炟	1667	浇	1678	济
6873	訄	4306	奕	4318	闿	4326	炽	6885	泚	6894	洨
4297	逄	1623	迹	1638	阀	4327	炯	6886	浈	6895	浐
4298	昝	1624	庭	1639	阁	1656	炸	6887	浉	6896	浺
1607	贸	4307	庥	4319	阂	4328	烀	6888	洸	1679	洋
1608	怨	4308	疬	[丶丿]		6879	𬊤	1668	浊	6897	洴
1609	急	4309	疣	1640	差	1657	烁	1669	洞	6898	洣
1610	饵	4310	疥	1641	养	1658	炮	4336	洇	1680	洲
1611	饶	4311	疭	1642	美	4329	炷	4337	洄	1681	浑
1612	蚀	1625	疮	4320	羑	1659	炫	1670	测	4345	浒
4299	饷	1626	疯	1643	姜	1660	烂	4338	洙	1682	浓
4300	饸	1627	疫	4321	迸	4330	烃	1671	洗	1683	津
4301	饹	6876	疢	1644	叛	1661	剃	1672	活	4346	浔
1613	饺	1628	疤	1645	送	[丶丶]		6889	洑	4347	浕
6874	饻	4312	庠	1646	类	6880	洭	4339	涎	4348	洳
4302	胤	1629	咨	4322	籼	1662	洼	4340	洎	4349	恸
1614	饼	1630	姿	1647	迷	1663	洁	6890	洢	1684	恃
[丶一]		1631	亲	1648	籽	6881	洘	4341	洫	1685	恒
1615	峦	4313	竑	1649	娄	4331	洱	1673	派	4350	恓
1616	弯	1632	音	1650	前	1664	洪	4342	浍	4351	恹

1686 恢
1687 恍
4352 恫
4353 恺
4354 恻
1688 恬
1689 恤
1690 恰
4355 恂
4356 恪
6899 恔
1691 恼
4357 恽
1692 恨
1693 举
1694 觉
1695 宣
1696 宦
4358 宥
6900 宬
1697 室
1698 宫
1699 宪
1700 突
1701 穿
6901 窀
1702 窃
1703 客
[丶乛]
1704 诫
1705 冠
1706 诬
1707 语
6902 扂
1708 扁
4359 扃
6903 祎
4360 衲
4361 衽
1709 袄
4362 衿
4363 袂
4364 祛
4365 祜
6904 祏
6905 祐
4366 祓
1710 祖
1711 神
1712 祝
4367 祚
4368 诮
4369 祗
4370 祢
6906 祕
1713 祠
1714 误
4371 诰
1715 诱
1716 诲
4372 诳
4373 鸩
1717 说
4374 衵
1718 诵
[乛一]
4375 郡
1719 垦
1720 退
1721 既
6907 叚
1722 屋
1723 昼
4376 咫
1724 屏
1725 屎
4377 弭
1726 费
[乛丨]
1727 陡
1728 逊
4378 牁
1729 眉
4379 胥
1730 孩
4380 陛
4381 陟
6908 陧
1731 陨
6909 陞
1732 除
1733 险
1734 院
[乛丿]
6910 娀
1735 娃
6911 姞
1736 姥
4382 娅
4383 姮
6912 姱
1737 姨
4384 娆
1738 姻
4385 姝
1739 娇
6913 姤
6914 姶
1740 姚
6915 姽
4386 姣
4387 姘
4388 姹
1741 娜
1742 怒
1743 架
1744 贺
1745 盈
[乛丶]
4389 怼
4390 羿
6916 臬
1746 勇
4391 炱
1747 怠
1748 癸
1749 蚤
1750 柔
4392 矜
1751 垒
[乛乛]
1752 绑
1753 绒
1754 结
4393 绔
4394 骁
1755 绕
6917 绖
6918 骃
6919 𬘡
6920 𬳽
6921 𫄧
1756 骄
6922 𬘩
4395 骅
4396 绗
1757 绘
1758 给
1759 绚
6923 彖
4397 绛
1760 骆
1761 络
1762 绝
1763 绞
1764 骇
1765 统
4398 骈
6924 骉

十画

[一一]
1766 耕
1767 耘
4399 耖
1768 耗
1769 耙
1770 艳
4400 挈
6925 恝
1771 泰
1772 秦
6926 珪
4401 珥
4402 珙

6927	珛	1779	盏	1798	损	4426	盍	6954	莝	1837	栖
4403	项	[一丨]		1799	袁	1814	埃	4437	莩	6959	梜
6928	珹	1780	匪	4418	挹	1815	挨	4438	荽	4451	桡
6929	琊	4412	恚	1800	捌	1816	耻	1827	获	4452	桎
6930	玼	6941	𫭟	1801	都	1817	耿	4439	莸	4453	桢
6931	珖	1781	捞	1802	哲	1818	耽	4440	荻	6960	桄
4404	珰	1782	栽	1803	逝	1819	聂	4441	莘	1838	档
6932	𪟝	4413	埔	4419	耆	6949	莰	1828	晋	6961	梠
1773	珠	1783	捕	4420	耄	6950	茝	1829	恶	1839	桐
6933	珽	1784	埂	1804	捡	4427	荸	4442	莎	4454	桤
6934	珦	1785	捂	1805	挫	4428	莆	4443	莞	1840	株
4405	珩	1786	振	4421	埒	6951	𬜬	6955	䓖	4455	梃
4406	珧	1787	载	4422	捋	6952	鄀	1830	莹	4456	栝
4407	珣	6942	埗	6944	垺	1820	恭	4444	莨	1841	桥
4408	珞	1788	赶	1806	换	1821	莽	1831	莺	6962	栴
4409	琤	1789	起	1807	挽	1822	莱	1832	真	4457	桕
6935	珫	1790	盐	6945	埆	1823	莲	6956	莙	6963	梴
1774	班	1791	捎	4423	贽	4429	莳	4445	鸪	1842	桦
4410	珲	6943	垾	1808	挚	1824	莫	4446	莼	4458	桁
6936	珒	1792	捍	1809	热	4430	莴	1833	框	1843	栓
6937	𪻲	4414	埕	1810	恐	4431	莪	1834	梆	4459	桧
6938	珢	1793	捏	1811	捣	1825	莉	6957	栻	1844	桃
4411	敖	4415	埘	6946	垿	4432	莠	1835	桂	4460	桅
6939	珕	1794	埋	4424	垸	4433	莓	1836	桔	6964	栒
6940	珝	1795	捉	6947	埌	1826	荷	4447	栲	1845	格
1775	素	1796	捆	1812	壶	4434	莜	4448	栳	1846	桩
1776	匿	1797	捐	4425	捃	4435	莅	6958	桠	1847	校
1777	蚕	4416	埙	6948	埇	4436	荼	4449	郴	1848	核
1778	顽	4417	埚	1813	捅	6953	莶	4450	桓	1849	样

4461 栟
4462 桉
1850 根
4463 栩
4464 逑
1851 索
4465 逋
4466 彧
1852 哥
1853 速
4467 鬲
4468 豇
1854 逗
1855 栗
1856 贾
4469 酐
6965 酎
1857 酌
1858 配
6966 酏
6967 颏
4470 逦
1859 翅
[一丿]
1860 辱
1861 唇
4471 厝
4472 孬
1862 夏
4473 砝
4474 砹
6968 砵
1863 砸
4475 砺
1864 砰
4476 砧
6969 砠
4477 砷
4478 砟
4479 砼
4480 砥
1865 砾
6970 砫
6971 砬
4481 砣
1866 础
1867 破
6972 硁
6973 恧
1868 原
1869 套
4482 剞
1870 逐
4483 砻
1871 烈
1872 殊
1873 殉
6974 翃
1874 顾
[一乛]
6975 郪
4484 轼
4485 轾
6976 [illegible]
1875 轿
6977 辀
6978 辁
4486 辂
1876 较
6979 鸫
4487 鸫
1877 顿
4488 趸
1878 毙
1879 致
[丨一]
6980 剕
4489 龀
1880 柴
6981 赀
1881 桌
4490 鸬
4491 虔
1882 虑
[丨丨]
1883 监
1884 紧
[丨丶]
4492 逍
1885 党
[丨乛]
4493 眬
6982 哢
4494 唛
1886 逞
6983 暅
1887 晒
4495 晟
4496 眩
1888 眠
1889 晓
6984 晊
4497 眙
6985 唝
4498 哧
6986 哳
1890 哮
1891 唠
1892 鸭
1893 晃
6987 哱
6988 咠
1894 哺
4499 哽
4500 唔
6989 晔
1895 晌
4501 晁
1896 剔
6990 晐
4502 晏
6991 晖
1897 晕
4503 鸮
4504 趵
4505 趿
6992 [illegible]
4506 畛
1898 蚌
4507 蚨
4508 蚜
4509 蚍
4510 蚋
4511 蚬
1899 畔
4512 蚝
4513 蚧
1900 蚣
1901 蚊
6993 蚄
1902 蚪
1903 蚓
6994 蚆
1904 哨
4514 唢
1905 哩
1906 圃
1907 哭
6995 郰
4515 圄
1908 哦
4516 唣
4517 唏
1909 恩
4518 盎
4519 唑
1910 鸯
1911 唤
1912 唁
1913 哼
1914 唧
1915 啊
1916 唉
1917 唆
6996 帱
6997 崁
4520 崂
6998 峿
6999 峯
4521 崃
4522 罡
1918 罢
4523 罟
1919 峭

1920 峨
7000 崄
4524 峪
1921 峰
7001 帨
7002 崀
1922 圆
4525 觊
1923 峻
1924 贼
1925 贿
1926 赂
1927 赃
4526 赅
7003 赆
［丿一］
4527 钰
1928 钱
4528 钲
1929 钳
4529 钴
4530 钵
7004 𬬹
7005 钜
4531 钹
4532 钺
1930 钻
7006 𬬿
4533 钽
4534 钼
1931 钾
7007 钟
4535 钿
4536 铀
1932 铁
4537 铂
1933 铃
4538 铄
1934 铅
4539 铆
4540 铈
4541 铉
4542 铊
4543 铋
4544 铌
7008 𬬁
4545 铍
4546 钹
4547 铎
7009 𬬀
7010 眚
7011 牲
1935 缺
4548 氩
4549 氤
4550 氦
1936 氧
1937 氨
4551 毪
1938 特
1939 牺
1940 造
1941 乘
1942 敌
4552 舐
4553 秣
4554 秫
1943 秤
1944 租
1945 积
1946 秧
4555 盉
1947 秩
1948 称
1949 秘
1950 透
4556 笄
4557 笕
1951 笔
1952 笑
4558 笊
7012 笫
4559 笏
1953 笋
4560 笆
［丿丨］
4561 俸
4562 倩
1954 债
4563 俵
7013 倻
1955 借
4564 偌
1956 值
7014 倴
1957 倚
1958 俺
1959 倾
1960 倒
4565 俳
4566 俶
4567 倬
4568 倏
7015 脩
1961 倘
1962 俱
7016 倮
1963 倡
1964 候
7017 倕
1965 赁
4569 恁
4570 倭
4571 倪
4572 俾
4573 倜
4574 隼
4575 隽
7018 倞
1966 俯
1967 倍
1968 倦
7019 𫢸
7020 倓
7021 倧
4576 倌
4577 倥
4578 臬
1969 健
1970 臭
1971 射
4579 皋
1972 躬
1973 息
4580 郫
4581 倨
1974 倔
7022 衃
4582 衄
［丿丿］
1975 徒
4584 徕
7023 虒
1976 徐
1977 殷
7024 舭
7025 舯
1978 舰
1979 舱
1980 般
1981 航
4585 舫
7026 舥
7027 瓞
［丿丶］
1982 途
1983 拿
4586 釜
1984 耸
1985 爹
1986 舀
1987 爱
1988 豺
1989 豹
4587 奚
7028 鬯
4588 衾
7029 鸰
1990 颁
1991 颂
1992 翁
［丿乛］
4589 胯

1993	胰	4601	狷	2017	桨	2033	脊	[丶丿]		4639	烩
4590	胱	4602	猁	2018	浆	2034	效	7045	羖	2063	烙
4591	胴	4603	狳	2019	衰	2035	离	2049	羞	4640	烊
4592	胭	4604	猃	7040	勍	4622	衮	7046	羓	4641	剡
4593	脍	4605	狺	2020	衷	2036	紊	2050	羔	4642	郯
7030	脎	4606	逖	2021	高	2037	唐	4633	恙	7053	𬊈
7031	脁	2005	狼	4613	亳	4623	凋	2051	瓶	4643	烬
1994	脆	2006	卿	2022	郭	4624	颃	7047	桊	2064	递
1995	脂	7036	猑	2023	席	2038	瓷	2052	拳	[丶丶]	
1996	胸	7037	狻	2024	准	2039	资	7048	敉	2065	涛
1997	胳	2007	逢	2025	座	4625	恣	2053	粉	2066	浙
1998	脏	4607	桀	2026	症	2040	凉	2054	料	7054	涍
1999	脐	2008	鸵	4614	疳	2041	站	4634	粑	2067	涝
2000	胶	2009	留	4615	疴	2042	剖	2055	益	7055	浡
2001	脑	4608	袅	2027	病	2043	竞	2056	兼	2068	浦
7032	胲	7038	眢	4616	疸	2044	部	4635	朔	7056	浭
4594	胼	2010	鸳	4617	疽	7044	竘	4636	郸	4644	涑
4595	朕	2011	皱	2028	疾	2045	旁	2057	烤	4645	浯
4596	脒	4609	饽	7041	痄	4626	旆	2058	烘	2069	酒
4597	胺	7039	𫗧	2029	斋	4627	旄	4637	烜	4646	涞
2002	脓	2012	饿	2030	疹	2046	旅	7049	烠	4647	涟
4598	鸱	2013	馁	4618	痈	4628	旃	2059	烦	2070	涉
7033	虓	[丶一]		2031	疼	2047	畜	2060	烧	4648	娑
4599	玺	2014	凌	4619	疱	[丶丨]		2061	烛	2071	消
7034	鱽	4610	凇	7042	疰	4629	阃	7050	烔	4649	涅
4600	鸲	2015	凄	7043	痃	4630	阄	2062	烟	7057	浬
2003	逛	4611	栾	4620	痂	4631	訚	7051	烶	4650	涠
7035	狴	4612	挛	2032	疲	2048	阅	7052	烻	7058	𬇙
2004	狸	2016	恋	4621	痉	4632	阆	4638	烨	4651	浞

4652	涓	2088	涩	2103	窍	4672	袢	4680	屙	4693	娴
7059	涢	2089	涌	7072	窅	2118	被	2134	弱	4694	娣
2072	涡	7066	涘	2104	窄	7079	袯	[乛丨]		2144	娘
4653	浥	4658	浚	7073	窊	4673	祯	2135	陵	4695	娓
4654	涔	7067	悈	2105	容	7080	祧	4681	陬	4696	婀
2073	浩	2090	悖	7074	窎	2119	祥	4682	勐	7087	砮
7060	涐	4659	悚	4666	窈	2120	课	4683	奘	7088	[illegible]
7061	浰	2091	悟	4667	剜	2121	冥	7083	疍	7089	[illegible]
2074	海	4660	悭	2106	宰	4674	诿	4684	牂	[乛丶]	
4655	浜	2092	悄	2107	案	4675	谀	4685	蚩	4697	畚
7062	浟	2093	悍	[丶乛]		7081	寉	2136	崇	7090	翀
2075	涂	4661	悝	2108	请	2122	谁	4686	陲	7091	翂
4656	浠	7068	悃	2109	朗	4676	谂	7084	院	2145	通
2076	浴	4662	悒	2110	诸	2123	调	7085	陴	2146	能
2077	浮	2094	悔	4668	诹	2124	冤	2137	陶	2147	难
7063	浛	2095	悯	2111	诺	4677	谄	2138	陷	4698	逡
2078	涣	2096	悦	2112	读	2125	谅	2139	陪	2148	预
7064	浼	4663	悌	7075	扅	2126	谆	7086	烝	2149	桑
7065	浲	7069	悢	7076	扆	4678	谇	[乛丿]		7092	剟
2079	涤	4664	悛	4669	冢	2127	谈	4687	姬	[乛乛]	
2080	流	7070	[illegible]	4670	诼	2128	谊	4688	娠	4699	绠
2081	润	2097	害	2113	扇	[乛一]		2140	娱	4700	骊
2082	涧	2098	宽	2114	诽	2129	剥	4689	娌	4701	绡
2083	涕	7071	宧	2115	袜	2130	恳	4690	娉	4702	骋
4657	浣	4665	宸	7077	祛	7082	塱	2141	娟	2150	绢
2084	浪	2099	家	4671	袒	2131	展	4691	娲	2151	绣
2085	浸	2100	宵	2116	袖	2132	剧	2142	恕	7093	[illegible]
2086	涨	2101	宴	7078	袗	2133	屑	2143	娥	7094	绨
2087	烫	2102	宾	2117	袍	4679	屐	4692	娩	2152	验

7095 绤
4703 绥
4704 绦
7096 骍
2153 继
4705 绨
7097 综
4706 骎
2154 骏
4707 邕
4708 鸶

十一画

[一一]

4709 彗
4710 耜
7098 焘
4711 焘
4712 舂
7099 琎
2155 球
7100 琂
4713 琏
2156 琐
7101 珵
2157 理
7102 琄
4714 琇
7103 琈
7104 琀
4715 麸
2158 琉
2159 琅
7105 珺

[一丨]

2160 捧
7106 掭
2161 堵
7107 堎
4716 揶
2162 措
2163 描
4717 埴
2164 域
7108 埡
2165 捺
7109 埼
7110 掎
4718 埯
2166 掩
2167 捷
4719 捯
2168 排
2169 焉
2170 掉
4720 掳
7111 埫
4721 掴
4722 埸
7112 堌
4723 埵
2171 捶
2172 赦
4724 赧
2173 堆
2174 推
4725 埤
4726 捭
2175 埠
7113 晢
2176 掀
4727 逵
2177 授
4728 埝
2178 捻
4729 堋
2179 教
4730 堍
2180 掏
2181 掐
4731 掬
4732 鸷
2182 掠
2183 掂
4733 掖
4734 捽
2184 培
4735 掊
2185 接
4736 堉
2186 掷
7114 埫
4737 掸
7115 掞
7116 埪
2187 控
7117 壸
4738 捩
4739 掮
2188 探
4740 悫
4741 埭
4742 埽
2189 据
2190 掘
2191 掺
7118 埌
4743 掇
4744 掼
2192 职
4745 聃
2193 基
2194 聆
2195 勘
2196 聊
7119 聍
2197 娶
4746 菁
7120 菝
2198 著
2199 菱
7121 萚
4747 萁
7122 菥
4748 菘
4749 堇
2200 勒
2201 黄
7123 萴
4750 萘
7124 萕
4751 萋
7125 勚
2202 菲
4752 菽
7126 菖
4753 菖
2203 萌
4754 萜
2204 萝
2205 菌
2206 萎
4755 萸
4756 萑
7127 萆
7128 菂
2207 菜
7129 菍
4757 棻
4758 菔
4759 菟
2208 萄
4760 萏
2209 菊
4761 萃
2210 菩
7130 菼
4762 菏
2211 萍
4763 菹
2212 菠
7131 菪
4764 菪
4765 菅
4766 菀
2213 萤
2214 营
7132 萦
4767 萦
2215 乾
2216 萧
7133 菉
7134 菰
4768 菰

4769 菡
2217 萨
2218 菇
7135 梼
2219 械
7136 梽
2220 彬
2221 梦
4770 梵
2222 婪
7137 桲
2223 梗
2224 梧
7138 梾
4771 梿
2225 梢
7139 桯
7140 桍
4772 梏
2226 梅
7141 梌
4773 觋
2227 检
4774 桴
4775 桷
4776 梓
2228 梳
4777 棁
2229 梯

4778 桫
7142 桹
4779 棂
2230 桶
2231 梭
2232 救
4780 啬
4781 郾
4782 匮
2233 曹
4783 敕
2234 副
7143 敔
4784 豉
2235 票
4785 鄄
2236 酝
4786 酞
2237 酗
4787 酚
[一丿]
2238 厢
7144 厣
2239 戚
4788 戛
4789 硎
2240 硅
7145 硔
4790 硭

4791 硒
2241 硕
7146 𬒈
4792 硖
4793 硗
4794 硐
7147 硙
7148 硚
4795 硇
7149 硊
4796 硌
7150 硍
7151 勔
4797 鸸
4798 瓠
4799 匏
2242 奢
2243 盔
2244 爽
4800 厩
2245 聋
4801 龚
2246 袭
7152 䴕
4802 殒
4803 殓
4804 殍
2247 盛
[一丶]
4805 赉

2248 匾
4806 雩
2249 雪
[一乛]
4807 辄
2250 辅
2251 辆
4808 堑
[丨一]
7153 龁
7154 逴
2252 颅
2253 虚
2254 彪
[丨丿]
2255 雀
[丨丶]
2256 堂
2257 常
[丨乛]
2258 眶
4809 眭
7155 唪
4810 眦
4811 啧
2259 匙
4812 晡
4813 晤
2260 晨

4814 眺
4815 眵
2261 睁
2262 眯
2263 眼
4816 眸
2264 悬
2265 野
4817 圊
7156 啫
2266 啪
2267 啦
4818 喏
4819 喵
4820 啉
4821 勖
2268 曼
7157 𪰶
2269 晦
4822 晞
4823 唵
4824 晗
4825 冕
2270 晚
2271 啄
7158 𬀩
4826 啭
7159 晙
2272 啡

4827 畦
7160 畤
7161 𬱟
7162 趼
4828 趺
7163 跂
2273 距
2274 趾
2275 啃
2276 跃
4829 啮
4830 跄
2277 略
4831 蚶
4832 蛄
7164 蛃
4833 蛎
7165 蚲
7166 𬟽
4834 蛆
4835 蚰
7167 蚺
4836 蛊
4837 圉
4838 蚱
2278 蚯
4839 蛉
2279 蛀
2280 蛇

4840 蛏
4841 蚴
2281 唬
2282 累
2283 鄂
2284 唱
2285 患
2286 啰
2287 唾
2288 唯
2289 啤
2290 啥
4842 啁
4843 啕
4844 唿
4845 啐
4846 唼
4847 唷
7168 啴
4848 啖
4849 啵
4850 啶
4851 啷
4852 唳
2291 啸
4853 唰
4854 啜
4855 帻
7169 翙
4856 崚
7170 崧
2292 崖
2293 崎
4857 崦
2294 崭
2295 逻
4858 帼
4859 崮
2296 崔
2297 帷
7171 崟
4860 崤
2298 崩
7172 崞
7173 崒
2299 崇
4861 崆
7174 崌
2300 崛
7175 崡
4862 赇
4863 赈
2301 婴
4864 赊
2302 圈

[丿一]

7176 铏
7177 铐
2303 铐
4865 铑
4866 铒
7178 铕
7179 铕
7180 铊
7181 铖
4867 铗
7182 铘
4868 铙
7183 铚
2304 铛
2305 铝
2306 铜
7184 铞
4869 铟
4870 铠
4871 铡
4872 铢
4873 铣
7185 铥
4874 铤
4875 铧
4876 铨
4877 铩
4878 铪
4879 铫
2307 铭
4880 铬
4881 铮
4882 铯
4883 铰
4884 铱
2308 铲
4885 铳
7186 铴
4886 铵
2309 银
4887 铷
2310 矫
4888 氪
4889 牾
7187 牻
7188 牿
2311 甜
4890 鸹
2312 秸
2313 梨
2314 犁
7189 稆
2315 秽
2316 移
4891 秾
4892 逶
4893 笺
4894 筇
2317 笨
4895 笸
2318 笼
4896 笪
2319 笛
2320 笙
4897 笮
2321 符
7190 笱
4898 笠
4899 笥
2322 第
7191 笯
4900 笤
4901 笳
4902 笾
4903 笞
2323 敏

[丿丨]

7192 偰
4904 偾
7193 偡
2324 做
7194 鸺
4905 偃
7195 偭
4906 偕
2325 袋
2326 悠
2327 偿
2328 偶
4907 偈
2329 偎
7196 偲
4908 傀
2330 偷
7197 偁
2331 您
4909 偬
2332 售
2333 停
4910 偻
2334 偏
2335 躯
7198 皑
4911 皑
2336 兜
4912 皎
2337 假
7199 郫
7200 偓
2338 衅

[丿丿]

4913 鸻
7201 徛
2339 徘
2340 徙
4914 徜
2341 得
2342 衔

7202 衒
4915 舸
4916 舻
7203 舳
2343 盘
4917 舴
2344 舶
7204 舲
2345 船
7205 鸼
4918 舷
2346 舵

[丿丶]

2347 斜
7206 悆
7207 鄃
4919 龛
2348 盒
2349 鸽
7208 瓻
2350 敛
2351 悉
2352 欲
2353 彩
7209 䝙
2354 领
4920 翎

[丿乛]

2355 脚
2356 脖
2357 脯
2358 豚
7210 脶
2359 脸
7211 脞
7212 脟
4921 脬
2360 脱
7213 䏲
4922 脘
4923 脲
4924 匐
7214 鲃
2361 象
2362 够
2363 逸
2364 猜
2365 猪
2366 猎
2367 猫
4925 猗
7215 猇
2368 凰
2369 猖
4926 猡
7216 猊
4927 猞
7217 猄
4928 猝
4929 斛
7218 觖
4930 猕
2370 猛
4931 馗
2371 祭
4932 馃
4933 馄
2372 馅
2373 馆

[丶一]

2374 凑
2375 减
4934 鸾
7219 恴
2376 毫
4935 孰
2377 烹
7220 庱
2378 庶
4936 庹
2379 麻
2380 庵
7221 庼
4937 庾
7222 庳
4938 痔
4939 痍
7223 痓
4940 疵
2381 痊
2382 痒
2383 痕
7224 䴔
2384 廊
2385 康
2386 庸
2387 鹿
2388 盗
2389 章
2390 竟
7225 竫
4941 翊
2391 商
4942 旌
2392 族
4943 旎
2393 旋
7226 塈
2394 望
4944 袤
2395 率

[丶丨]

4945 阇
4946 阈
4947 阉
4948 阊
4949 阋
7227 阌
4950 阍
2396 阎
4951 阏
2397 阐

[丶丿]

2398 着
2399 羚
7228 羝
4952 羟
2400 盖
7229 羕
2401 眷
4953 粝
2402 粘
2403 粗
4954 粕
2404 粒
2405 断
2406 剪
2407 兽
4955 敝
4956 焐
2408 焊
7230 焆
4957 烯
4958 焓
2409 焕
4959 烽
4960 焖
4961 烷
7231 烺
4962 焗
7232 焌

[丶丶]

2410 清
4963 渍
2411 添
4964 渚
2412 鸿
4965 淇
2413 淋
4966 淅
4967 淞
4968 渎
2414 涯
2415 淹
4969 涿
2416 渠
2417 渐
2418 淑
4970 淖
4971 挲
2419 淌
7233 淏
2420 混
7234 𬇙

4972 湃
7235 渋
4973 涸
4974 渑
2421 淮
4975 淦
2422 淆
2423 渊
2424 淫
7236 淜
4976 淝
2425 渔
2426 淘
7237 淴
2427 淳
2428 液
4977 淬
4978 涪
2429 淤
7238 渏
7239 湴
2430 淡
4979 淙
2431 淀
4980 涫
7240 涴
2432 深
4981 渌
2433 涮
2434 涵
2435 婆
7241 壑
2436 梁
2437 渗
4982 淄
2438 情
4983 惬
7242 悽
4984 悻
2439 惜
2440 惭
4985 悱
2441 悼
4986 惝
2442 惧
2443 惕
4987 惘
4988 悸
2444 惟
4989 惆
7243 惛
4990 惚
2445 惊
4991 惇
2446 惦
2447 悴
4992 惮
7244 惔
7245 悰
2448 惋
2449 惨
7246 惙
2450 惯
2451 寇
2452 寅
2453 寄
7247 寁
2454 寂
7248 逭
2455 宿
2456 窒
2457 窑
4993 窕
2458 密
[丶乛]
2459 谋
4994 谌
2460 谍
2461 谎
7249 谭
4995 谏
7250 諴
4996 扈
4997 皲
2462 谐
4998 谑
4999 裆
2463 袱
5000 袷
7251 袼
7252 裈
5001 裉
2464 祷
2465 祸
7253 祲
7254 谒
5002 谒
2466 谓
5003 谔
7255 谀
5004 谕
5005 谖
5006 谗
5007 谙
2467 谚
5008 谛
2468 谜
5009 谝
7256 谞
[乛一]
5010 逯
2469 逮
2470 敢
2471 尉
2472 屠
7257 艴
7258 弸
7259 弶
2473 弹
[乛丨]
2474 隋
2475 堕
5011 郿
2476 随
2477 蛋
2478 隅
5012 隈
7260 隤
5013 粜
5014 隍
5015 隗
7261 隃
2479 隆
2480 隐
[乛丿]
5016 婧
5017 婊
7262 婞
7263 娵
7264 婼
7265 媖
7266 婳
7267 婍
5018 婕
7268 婌
7269 婫
5019 娼
5020 婢
7270 婤
2481 婚
7271 婘
5021 婵
2482 婶
7272 婠
2483 婉
5022 胬
5023 袈
2484 颇
[乛丶]
2485 颈
5024 翌
5025 恿
5026 欸
[乛乛]
7273 绩
2486 绩
2487 绪
5027 绫
5028 骐
7274 绯
2488 续
2489 骑
5029 绮
7275 骓

5030 绯
2490 绰
5031 绱
5032 骒
5033 绲
2491 绳
5034 骓
2492 维
2493 绵
5035 绶
2494 绷
2495 绸
7276 𫘦
7277 绹
5036 绺
7278 𬘫
7279 𬘬
5037 绻
2496 综
2497 绽
5038 绾
7280 骕
7281 𫘨
2498 绿
5039 骖
2499 缀
5040 缁
2500 巢

十二画

[一一]

5041 耠
7282 絜
5042 琫
5043 琵
7283 珷
2501 琴
5044 琶
5045 琪
5046 瑛
2502 琳
5047 琦
2503 琢
7284 琲
7285 琡
5048 琥
5049 琨
5050 靓
7286 琟
2504 琼
2505 斑
5051 琰
5052 琮
7287 琔
5053 琯
5054 琬
5055 琛
7288 琭
5056 琚
5057 辇
2506 替
5058 鼋

[一丨]

5059 揳
2507 揍
7289 堾
2508 款
7290 堼
2509 堪
7291 揕
5060 堞
5061 搽
2510 塔
2511 搭
5062 揸
2512 堰
5063 揠
5064 堙
7292 [illegible]
7293 [illegible]
2513 揩
2514 越
5065 趄
2515 趁
2516 趋
2517 超
2518 揽
2519 堤
2520 提
7294 喆
5066 揖
2521 博
5067 颉
7295 堨
2522 揭
2523 喜
2524 彭
2525 揣
5068 塄
5069 揿
2526 插
2527 揪
7296 塅
2528 搜
2529 煮
7297 堠
5070 耋
5071 揄
2530 援
2531 搀
5072 蛩
5073 蛰
7298 絷
5074 塆
2532 裁
2533 搁
2534 搓
7299 𫭢
2535 搂
2536 搅
2537 壹
7300 [illegible]
2538 握
5075 摒
5076 揆
2539 搔
2540 揉
5077 掾
7301 葜
5078 聒
2541 斯
2542 期
2543 欺
7302 惎
2544 联
5079 葑
5080 葚
2545 葫
7303 萳
7304 葙
7305 靬
5081 靰
5082 靸
2546 散
7306 葴
5083 葳
2547 惹
7307 蒇
2548 葬
7308 蒈
7309 鄚
2549 募
5084 葺
2550 葛
7310 蒉
5085 葸
5086 萼
7311 蓇
7312 萩
2551 董
5087 葆
7313 葂
5088 葩
7314 葰
7315 葎
2552 葡
2553 敬
2554 葱
2555 蒋
5089 葶
2556 蒂
5090 蒌
7316 鄐

7317	蒎	2571	棵	7335	甦	2595	裂	［丨丨］		2619	喳
2557	落	2572	棍	2581	惑	2596	雄	2605	凿	2620	晶
5091	萱	5098	椤	2582	逼	5113	殚	7348	黹	7352	晪
7318	葖	5099	棰	5107	覃	5114	殛	［丨丶］		2621	喇
7319	蒄	2573	椎	2583	粟	［一丶］		2606	辉	2622	遇
7320	萹	2574	棉	2584	棘	2597	颊	2607	敞	2623	喊
2558	韩	7325	椑	2585	酣	2598	雳	2608	棠	5131	喱
5092	戟	7326	[illegible]	5108	酤	5115	雯	7349	牚	5132	喹
2559	朝	7327	鸫	5109	酢	5116	霁	2609	赏	2624	遏
5093	葭	5100	赍	2586	酥	［一乛］		2610	掌	5133	晷
2560	辜	2575	棚	5110	酡	5117	辊	［丨乛］		2625	晾
2561	葵	7328	椆	7336	酦	5118	辋	2611	晴	2626	景
2562	棒	5101	椋	5111	鹂	7343	輗	2612	睐	7353	晱
5094	楮	5102	椁	7337	觌	5119	椠	2613	暑	5134	喈
2563	棱	7329	棓	［一丿］		2599	暂	2614	最	2627	畴
2564	棋	7330	棬	2587	厨	7344	辌	2615	晰	2628	践
2565	椰	5103	椪	2588	厦	5120	辍	5123	睄	5135	跖
7321	棤	7331	棪	7338	奡	5121	辎	2616	量	2629	跋
2566	植	2576	棕	7339	皕	2600	雅	7350	睎	2630	跌
2567	森	2577	棺	2589	硬	2601	翘	5124	睑	5136	跗
7322	棽	7332	椀	2590	硝	［丨一］		5125	睇	5137	跞
5095	棼	2578	榔	7340	硪	7345	棐	2617	鼎	5138	跚
2568	焚	7333	楗	2591	确	2602	辈	5126	睃	2631	跑
7323	棫	5104	棣	2592	硫	5122	斐	2618	喷	5139	跎
5096	椟	5105	椐	2593	雁	2603	悲	7351	晫	5140	跏
2569	椅	2579	椭	7341	欹	7346	断	5127	戢	2632	跛
7324	椓	5106	鹀	5112	厥	7347	龂	5128	喋	5141	跆
2570	椒	2580	惠	7342	奢	2604	紫	5129	嗒	7354	跔
5097	棹	7334	鹁	2594	殖			5130	喃	2633	遗

2634	蛙	5156	嗐	5172	嵯	5180	铿	2669	短	7388	筘
5142	蛱	2645	啼	5173	嵝	2659	销	2670	智	2682	筑
5143	蛲	5157	嗟	5174	嵫	2660	锁	5192	矬	2683	策
5144	蛭	5158	喽	5175	幄	5181	锃	5193	氰	5205	筚
5145	蛳	5159	嗞	7367	𫖮	2661	锄	5194	毳	2684	筛
5146	蛐	2646	喧	5176	嵋	5182	锂	2671	氮	7389	筜
5147	蛔	5160	喀	7368	圌	7378	[illegible]	2672	毯	7390	筥
2635	蛛	5161	喔	7369	圐	2662	锅	5195	毽	2685	筒
2636	蜓	5162	喙	2650	赋	5183	锆	2673	氯	7391	筅
5148	蛞	7359	崶	2651	赌	5184	锇	5196	犊	2686	筏
2637	蜒	7360	嵁	2652	赎	2663	锈	5197	犄	5206	筵
2638	蛤	2647	嵌	2653	赐	5185	锉	5198	犋	5207	筌
5149	蛴	7361	𫶇	7370	赑	7379	锊	5199	鹄	2687	答
5150	蛟	5163	嵘	7371	淼	2664	锋	5200	犍	2688	筋
5151	蛘	5164	嵖	7372	赒	2665	锌	2674	鹅	2689	筝
7355	蛑	2648	幅	2654	赔	7380	锍	7385	颋	[丿丨]	
7356	畯	7362	崾	5177	赕	7381	[illegible]	2675	剩	5208	傣
5152	喁	7363	嵅	2655	黑	5186	锏	5201	嵇	2690	傲
2639	喝	5165	崴	[丿一]		2666	锐	2676	稍	7392	傺
2640	鹃	5166	遄	2656	铸	5187	锑	2677	程	2691	傅
2641	喂	5167	詈	7373	[illegible]	7382	[illegible]	7386	稌	5209	傈
5153	喟	2649	帽	7374	铹	5188	锒	2678	稀	7393	傉
7357	咢	5168	嵎	7375	[illegible]	7383	锓	5202	黍	5210	舄
2642	喘	5169	崽	7376	[illegible]	5189	锔	5203	稃	5211	牍
5154	啾	7364	崿	2657	铺	5190	锕	2679	税	2692	牌
5155	嗖	7365	嵚	5178	铻	2667	甥	5204	稂	7394	翛
7358	喤	5170	嵬	5179	铼	7384	犇	2680	筐	5212	傥
2643	喉	5171	嵛	7377	[illegible]	5191	掣	7387	筀	2693	堡
2644	喻	7366	翙	2658	链	2668	掰	2681	等	7395	傒

2694 集
2695 焦
2696 傍
5213 傧
2697 储
7396 傕
5214 遑
2698 皓
2699 皖
2700 粤
2701 奥
5215 傩
[丿丿]
5216 遁
2702 街
2703 惩
2704 御
5217 徨
2705 循
5218 媭
7397 舾
2706 艇
[丿丶]
2707 舒
5219 畲
7398 畬
5220 弑
2708 逾
5221 颌
5222 翕
7399 𫖯
5223 釉
2709 番
2710 释
5224 鹆
2711 禽
5225 舜
5226 貂
[丿乛]
5227 腈
7400 脿
2712 腊
5228 腌
5229 腓
7401 腘
5230 腆
7402 䐃
5231 腴
2713 脾
2714 腋
5232 腑
7403 腙
5233 腚
2715 腔
2716 腕
5234 腱
7404 腒
7405 𬱖
5235 鱿
5236 鲀
2717 鲁
5237 鲂
7406 鲃
5238 颍
7407 猰
7408 骞
5239 猢
5240 猹
2718 猩
5241 猥
2719 猬
7409 猯
2720 猾
2721 猴
7410 㺄
5242 飓
5243 觞
5244 觚
5245 猱
2722 惫
5246 颎
5247 飧
2723 然
5248 馇
2724 馈
7411 馉
5249 馊
2725 馋
[丶一]
5250 亵
7412 溧
2726 装
2727 蛮
5251 脔
2728 就
7413 鄗
2729 敦
5252 裒
7414 廞
7415 廋
7416 廆
2730 斌
5253 痣
5254 痨
5255 痦
2731 痘
5256 痞
2732 痢
5257 痤
2733 痪
5258 痫
5259 痧
2734 痛
7417 鄘
5260 赓
7418 粢
5261 竦
2735 童
5262 瓿
2736 竣
5263 啻
7419 遆
7420 旐
5264 颏
[丶丨]
5265 鹇
7421 𬮱
5266 阑
5267 阒
2737 阔
5268 阕
[丶丿]
2738 善
2739 翔
2740 羡
2741 普
2742 粪
5269 粞
2743 尊
2744 奠
5270 遒
2745 道
2746 遂
5271 孳
2747 曾
5272 焯
5273 焜
2748 焰
7422 焞
5274 焙
7423 𬊤
7424 欻
5275 焱
5276 鹈
[丶丶]
7425 渍
5277 湛
2749 港
5278 渫
2750 滞
7426 溚
7427 𬇕
2751 湖
2752 湘
2753 渣
2754 渤
5279 湮
5280 湎
7428 湝
5281 湜
2755 渺
2756 湿
2757 温
2758 渴

5282 渭
2759 溃
5283 湍
2760 溅
2761 滑
2762 湃
5284 湫
5285 溲
5286 湟
5287 溆
2763 渝
7429 渰
5288 湲
7430 湓
7431 濦
2764 湾
7432 渟
2765 渡
2766 游
7433 溠
7434 渼
7435 溇
5289 湔
2767 滋
5290 湉
2768 渲
2769 溉
5291 渥
7436 湣
5292 湄
7437 湑
5293 滁
7438 溞
2770 愤
2771 慌
2772 惰
7439 愐
5294 愠
5295 惺
5296 愦
2773 愕
5297 惴
2774 愣
5298 愀
5299 愎
2775 惶
2776 愧
2777 愉
5300 愔
7440 愃
2778 慨
5301 喾
7441 敩
2779 割
2780 寒
2781 富
2782 寓
2783 窜
2784 窝
2785 窖
2786 窗
2787 窘
7442 甯
5302 寐

[丶乛]

5303 谟
5304 扉
2788 遍
7443 棨
2789 雇
7444 扊
5305 裢
5306 裎
7445 裣
2790 裕
2791 裤
5307 裥
2792 裙
5308 裬
5309 祺
7446 祼
5310 谠
2793 禅
2794 禄
5311 幂
5312 谡
2795 谢
2796 谣
2797 谤
5313 谥
2798 谦
5314 谧

[乛一]

5315 遐
2799 犀
2800 属
2801 屡
5316 孱
5317 弼
2802 强
2803 粥
5318 巽

[乛丨]

2804 疏
2805 隔
5319 骘
2806 隙
2807 隘

[乛丿]

2808 媒
7447 婻
7448 婹
7449 媞
5320 媪
2809 絮
7450 㛹
2810 嫂
7451 媓
5321 媛
5322 婷
7452 媂
7453 媄
2811 媚
2812 婿

[乛丶]

5323 巯
7454 毵
5324 翚
2813 登
5325 皴
7455 矞
5326 婺
5327 骛

[乛乛]

7456 𫘧
5328 缂
5329 缃
5330 缄
2814 缅
5331 彘
2815 缆
7457 𫘨
5332 缇
5333 缈
2816 缉
7458 缊
5334 缌
2817 缎
7459 缐
5335 缑
5336 缒
2818 缓
2819 缔
2820 缕
2821 骗
2822 编
5337 缗
7460 骙
2823 骚
2824 缘
5338 飨

十三画

[一一]

5339 耢
7461 瑃
2825 瑟
5340 瑚
7462 瑓
2826 鹉
7463 瑅
5341 瑁
7464 瑆
7465 鹋

2827 瑞
7466 瑖
7467 瑝
7468 瑔
2828 瑰
7469 瑀
5342 瑜
5343 瑗
7470 瑅
7471 瑳
5344 瑄
5345 瑕
7472 瑂
7473 嶅
5346 遨
5347 骜
7474 瑑
2829 瑙
7475 遘
5348 韫
2830 魂
[一丨]
5349 髡
7476 髢
2831 肆
2832 摄
2833 摸
2834 填
2835 搏
7477 塥
5350 塬
5351 鄢
5352 趔
5353 趑
5354 摅
2836 塌
5355 摁
2837 鼓
7478 堽
2838 摆
7479 赪
2839 携
5356 蜇
5357 搋
2840 搬
2841 摇
2842 搞
7480 摛
2843 塘
5358 搪
7481 塝
7482 搒
5359 搐
5360 搛
5361 搠
5362 摈
5363 彀
5364 毂
7483 搌
5365 搦
2844 摊
5366 搡
2845 聘
5367 蓁
5368 戡
2846 斟
2847 蒜
7484 蒱
5369 蓍
5370 鄞
2848 勤
2849 靴
5371 靳
2850 靶
2851 鹊
5372 蓐
2852 蓝
2853 墓
2854 幕
5373 蓦
5374 鹋
5375 蒽
7485 蒨
5376 蓓
5377 蓖
7486 蓏
5378 蓊
5379 蒯
5380 蓟
2855 蓬
5381 蓑
5382 蒿
5383 蒺
5384 蓠
7487 蔀
5385 蒟
5386 蒡
2856 蓄
5387 蒹
5388 蒴
2857 蒲
5389 蒗
2858 蓉
2859 蒙
7488 蓢
7489 蓂
5390 蓥
5391 颐
7490 蒻
2860 蒸
2861 献
7491 蓣
5392 楔
2862 椿
7492 椹
7493 楪
5393 楠
2863 禁
5394 楂
7494 𣗋
2864 楚
5395 楝
2865 楷
2866 榄
2867 想
5396 楫
7495 榅
7496 楒
7497 楞
5397 楸
5398 椴
7498 楩
2868 槐
5399 槌
5400 楯
5401 晳
2869 榆
7499 榇
7500 椸
5402 榈
5403 槎
2870 楼
5404 榉
5405 楦
2871 概
5406 楣
5407 楹
7501 楙
5408 椽
5409 裘
2872 赖
5410 剽
5411 甄
7502 歅
5412 酮
5413 酰
5414 酯
5415 酩
2873 酪
2874 酬
7503 𬪩
[一丿]
5416 蜃
2875 感
7504 碃
5417 碛
7505 碏
7506 硝
2876 碍
2877 碘
5418 碓
2878 碑
5419 硼
5420 碉

7507 碈
2879 碎
5421 碚
2880 碰
7508 䃅
5422 碇
7509 硿
2881 碗
2882 碌
5423 碜
5424 鹌
2883 尴

[一、]

7510 鄠
2884 雷
2885 零
2886 雾
2887 雹

[一乛]

5425 辏
2888 辐
2889 辑
7511 辒
2890 输
7512 𬨎
7513 𫐐

[丨一]

2891 督
2892 频
5426 龃
2893 龄
5427 龅
7514 龆
7515 觜
5428 訾
5429 粲
5430 虞

[丨丨]

2894 鉴

[丨、]

7516 鄚

[丨乛]

2895 睛
2896 睹
2897 睦
2898 瞄
5431 睚
5432 嗪
2899 睫
5433 韪
5434 嗷
5435 嗉
7517 暕
2900 睡
5436 睨
5437 睢
5438 雎
5439 睥
2901 睬
7518 鹍
5440 嘟
2902 嗜
5441 嗑
5442 嗫
5443 嗬
7519 噁
5444 嗔
2903 鄙
2904 嗦
5445 嗝
2905 愚
5446 戥
5447 嗄
2906 暖
7520 𪰶
2907 盟
5448 煦
2908 歇
2909 暗
7521 暅
5449 暄
2910 暇
2911 照
5450 遢
5451 暌
2912 畸
5452 跬
7522 跱
2913 跨
5453 跶
2914 跷
5454 跸
5455 跐
5456 跣
5457 跹
2915 跳
2916 跺
2917 跪
2918 路
5458 跻
2919 跤
2920 跟
2921 遣
7523 蚴
5459 蛸
2922 蜈
7524 蜎
2923 蜗
2924 蛾
5460 蜊
5461 蜍
5462 蜉
2925 蜂
5463 蜣
2926 蜕
5464 畹
5465 蛹
5466 嗣
5467 嗯
2927 嗅
5468 嗥
5469 嗲
5470 嗳
2928 嗡
5471 嗌
5472 嗍
5473 嗨
5474 嗐
5475 嗤
5476 嗵
2929 嗓
2930 署
2931 置
5477 罨
2932 罪
2933 罩
2934 蜀
2935 幌
5478 嵊
7525 嵲
5479 嵩
5480 嵴
7526 赗
7527 骱
5481 骰

[丿一]

7528 锖
5482 锗
7529 𫓹
2936 错
7530 锘
2937 锚
7531 锳
5483 锛
5484 锜
5485 锝
5486 锞
5487 锟
2938 锡
5488 锢
2939 锣
2940 锤
2941 锥
2942 锦
7532 锧
5489 锨
7533 锪
7534 𬭚
7535 锫
5490 锩
7536 锬
7537 𬭛
5491 锭
2943 键

2944 锯
2945 锰
5492 锱
2946 矮
5493 雉
5494 氲
5495 犏
2947 辞
5496 歃
7538 稑
7539 稙
5497 稞
2948 稚
5498 稗
5499 稔
2949 稠
2950 颓
2951 愁
7540 穇
2952 筹
7541 箦
5500 筠
5501 筢
5502 筮
7542 筻
5503 筲
7543 筼
7544 筶
5504 筱
2953 签
2954 简
2955 筷
7545 筦
7546 筤
[丿丨]
2956 毁
2957 舅
2958 鼠
5505 牒
5506 煲
2959 催
2960 傻
2961 像
7547 傺
2962 躲
7548 鹎
2963 魁
5507 敫
7549 僇
[丿丿]
2964 衙
2965 微
5508 徭
5509 愆
5510 艄
7550 艅
7551 艉
[丿丶]
5511 觎
5512 毹
2966 愈
7552 谼
2967 遥
7553 貆
5513 貊
5514 貅
5515 貉
5516 颔
[丿乛]
2968 腻
5517 腠
5518 腩
2969 腰
5519 腼
7554 腽
2970 腥
2971 腮
5520 腭
7555 腨
2972 腹
2973 腺
7556 腯
5521 腧
2974 鹏
5522 塍
5523 媵
2975 腾
7557 膢
2976 腿
5524 詹
5525 鲅
5526 鲆
5527 鲇
5528 鲈
7558 鲉
7559 鲊
5529 稣
5530 鲋
7560 鲌
7561 䲟
7562 𬶋
2977 鲍
7563 𬶍
7564 鲏
5531 鲐
7565 雊
5532 肄
2978 猿
2979 颖
5533 鸧
7566 猺
7567 飔
5534 飕
7568 觟
5535 觥
2980 触
2981 解
5536 遛
2982 煞
2983 雏
7569 馌
2984 馍
2985 馏
5537 馐
[丶一]
2986 酱
5538 鹑
7570 裛
2987 禀
5539 亶
7571 廒
5540 瘃
5541 痱
2988 痹
5542 痼
2989 廓
2990 痴
5543 痿
5544 瘐
5545 瘁
7572 瘀
7573 瘅
2991 痰
5546 瘆
2992 廉
7574 鄘
7575 鹒
7576 鄌
7577 麀
5547 麂
5548 裔
2993 靖
2994 新
7578 鄣
5549 歆
2995 韵
2996 意
5550 旒
5551 雍
[丶丨]
5552 阖
5553 阗
7579 阘
7580 阒
5554 阙
[丶丿]
5555 羧
5556 豢
2997 誊
5557 粳
2998 粮
2999 数
3000 煎

5558 猷
3001 塑
3002 慈
3003 煤
7581 煁
5559 煳
7582 煃
7583 煴
7584 煋
5560 煜
5561 煨
7585 煟
7586 煓
5562 煅
3004 煌
5563 煊
5564 煸
5565 煺

[丶丶]

5566 滟
5567 溱
5568 溘
7587 滠
3005 满
5569 漭
3006 漠
7588 溍
5570 滢
3007 滇
7589 溹
5571 溥
7590 滆
5572 溧
5573 溽
3008 源
3009 滤
3010 滥
5574 裟
7591 滉
5575 溻
5576 溷
7592 溦
5577 滗
5578 滫
5579 溴
7593 溵
5580 滏
3011 滔
3012 溪
5581 滃
3013 溜
5582 滦
7594 漷
7595 滧
3014 漓
3015 滚
5583 溏
5584 滂
3016 溢
3017 溯
3018 滨
3019 溶
5585 滓
5586 溟
7596 滘
3020 溺
7597 滍
3021 粱
3022 滩
5587 滪
5588 愫
7598 愭
5589 慑
3023 慎
7599 慥
7600 慆
5590 慊
3024 誉
5591 鲎
3025 塞
5592 骞
3026 寞
3027 窥
5593 窦
5594 窠
5595 窣
3028 窟
3029 寝

[丶乛]

7601 塱
3030 谨
7602 䙌
5596 裱
3031 褂
5597 褚
3032 裸
7603 裼
5598 裨
5599 裾
5600 裰
5601 禊
3033 福
7604 禋
7605 禔
7606 禘
7607 禒
5602 谩
5603 谪
7608 谫
3034 谬

[乛一]

7609 鹔
7610 颙
3035 群
3036 殿
3037 辟
7611 愍

[乛丨]

3038 障

[乛丿]

5604 媾
5605 嫫
7612 嫄
3039 媳
5606 媲
7613 媱
5607 嫒
3040 嫉
3041 嫌
3042 嫁
5608 嫔
5609 嫱
7614 戤

[乛丶]

7615 勠
7616 戬
3043 叠

[乛乛]

5610 缙
5611 缜
3044 缚
5612 缛
7617 𫘪
5613 辔
7618 骙
3045 缝
5614 骝
7619 缞
5615 缟
3046 缠
5616 缡
5617 缢
5618 缣
3047 缤
5619 骗
3048 剿

十四画

[一一]

7620 耤
5620 耥
7621 瑧
5621 璈
7622 璊
7623 瑨
7624 瑱
3049 静
3050 碧
5622 瑶
7625 瑷
3051 璃
5623 瑭
7626 瑢
5624 獒

3052 赘
3053 熬
5625 觏
7627 斠
5626 慝
5627 嫠
5628 韬
5629 叆
[一丨]
7628 摏
5630 髦
7629 墕
7630 墈
7631 墐
7632 墘
3054 墙
5631 摽
7633 摴
3055 墟
5632 墁
5633 撂
5634 摞
3056 嘉
3057 摧
5635 撄
3058 赫
3059 截
5636 翥
5637 踅
3060 誓
7634 銎
5638 摭
7635 𪣻
5639 墉
3061 境
3062 摘
5640 墒
3063 摔
3064 撇
7636 墚
5641 榖
7637 撖
7638 𪤗
5642 綦
3065 聚
5643 蔫
5644 蔷
5645 靺
5646 靼
5647 鞅
7639 靽
7640 鞁
5648 靿
7641 蔌
7642 蔈
3066 慕
3067 暮
3068 摹
3069 蔓
3070 蔑
5649 甍
5650 蔸
7643 蓰
7644 蔹
3071 蔡
3072 蔗
5651 蔟
5652 蔺
5653 戬
3073 蔽
7645 蔊
5654 蕖
5655 蔻
5656 蓿
3074 蔼
5657 斡
3075 熙
3076 蔚
5658 鹕
3077 兢
7646 嘏
5659 蓼
5660 榛
5661 榧
7647 榰
3078 模
7648 榑
7649 槚
3079 槛
7650 𣗋
5662 榻
5663 榫
7651 槜
5664 榭
5665 槔
3080 榴
5666 榱
5667 槁
3081 榜
5668 槟
3082 榨
3083 榕
5669 槠
5670 榷
7652 榍
7653 疐
7654 𬸘
3084 歌
3085 遭
5671 僰
3086 酵
5672 酽
7655 酺
7656 酾
7657 酲
3087 酷
5673 酶
7658 酴
5674 酹
3088 酿
3089 酸
[一丿]
5675 厮
7659 碶
5676 碡
3090 碟
5677 碴
3091 碱
7660 碜
7661 𬒔
5678 碣
7662 碨
7663 𬒗
3092 碳
5679 碲
5680 磋
3093 磁
7664 碹
7665 碥
3094 愿
7666 劂
5681 臧
5682 豨
5683 殡
[一丶]
3095 需
5684 霆
5685 霁
[一乛]
5686 辕
3096 辖
3097 辗
[丨一]
5687 蜚
5688 裴
5689 翡
3098 雌
5690 龇
5691 龈
7667 [illegible]
5692 睿
[丨丶]
3099 裳
[丨乛]
7668 䴗
3100 颗
7669 夥
3101 瞅
7670 瞍
5693 䁖
5694 睽
3102 墅
5695 嘞
5696 嘈
3103 嗽

5697 嘌
5698 嘁
5699 嘎
5700 暧
7671 鹖
5701 暝
7672 㬎
5702 踌
5703 踉
7673 跽
3104 踊
3105 蜻
5704 蜞
3106 蜡
5705 蜥
5706 蜮
7674 蜾
5707 蝈
5708 蜴
3107 蝇
3108 蜘
5709 蜱
5710 蜩
5711 蜷
3109 蝉
5712 蜿
5713 螂
5714 蜢
5715 嘘

5716 嘡
5717 鹗
5718 嘣
5719 嘤
5720 嘚
3110 嘛
3111 嘀
5721 嗾
5722 嘧
7675 幖
5723 罴
5724 罱
5725 幔
5726 嶂
5727 幛
7676 嶍
5728 赙
7677 圙
5729 罂
3112 赚
5730 骷
5731 骶
5732 鹘

[丿一]

5733 锲
7678 锘
5734 锴
5735 锶
5736 锷

5737 锸
3113 锹
7679 锺
3114 锻
7680 锼
7681 锽
7682 𫓹
7683 锾
5738 锵
7684 𫟹
3115 镀
5739 镁
5740 镂
7685 镃
7686 镄
7687 镅
3116 舞
5741 犒
3117 舔
7688 𨠵
3118 稳
7689 鸷
3119 熏
5742 箐
5743 箦
5744 箧
5745 箍
5746 箸
7690 𬕂

3120 箕
5747 箬
7691 箖
3121 算
5748 箅
3122 箩
7692 劄
5749 箪
5750 箔
3123 管
5751 箜
5752 箢
3124 箫
5753 箓
5754 毓

[丿丨]

3125 舆
5755 僖
5756 儆
5757 僳
3126 僚
5758 僭
7693 僬
5759 劁
7694 僦
5760 僮
7695 僔
3127 僧
3128 鼻

3129 魄
3130 魅
5761 魃
5762 魆
7696 僎
5763 睾

[丿丿]

7697 槃
5764 艋

[丿丶]

7698 [illegible]
5765 鄱
3131 貌

[丿乛]

3132 膜
3133 膊
5766 膈
3134 膀
5767 膑
5768 鲑
7699 鲒
5769 鲔
7700 鲕
7701 𫚕
7702 鲖
7703 鲗
7704 鲘
7705 鲙
7706 𫚙

7707 𩽹
5770 鲚
5771 鲛
3135 鲜
7708 鲏
5772 鲟
7709 夐
3136 疑
5773 獐
7710 獍
7711 飗
7712 鹙
5774 觫
5775 雒
3137 孵
5776 夤
5777 馑
3138 馒

[丶一]

7713 凘
5778 銮
3139 裹
3140 敲
3141 豪
3142 膏
5779 塾
7714 廑
3143 遮
5780 麽

7715 廙
3144 腐
3145 瘩
5781 瘌
7716 瘗
3146 瘟
3147 瘦
5782 瘊
7717 瘥
5783 瘘
7718 瘕
5784 瘙
5785 廖
3148 辣
3149 彰
3150 竭
5786 韶
3151 端
3152 旗
5787 旖
5788 膂
[丶丨]
5789 阚
[丶丿]
5790 鄯
7719 鲝
5791 鲞
3153 精
5792 粿
5793 粼
3154 粹
5794 粽
5795 糁
3155 歉
5796 槊
5797 鹚
3156 弊
7720 鄫
3157 熄
5798 熘
7721 熇
3158 熔
3159 煽
5799 熥
[丶丶]
7722 漹
7723 潡
5800 潢
7724 潆
3160 潇
7725 漤
3161 漆
5801 漕
3162 漱
3163 漂
5802 滹
3164 漫
7726 潩
5803 漯
5804 滮
7727 漼
7728 漴
7729 潽
5805 漖
5806 潴
5807 漪
7730 漈
5808 漉
5809 漳
3165 滴
5810 漩
3166 漾
3167 演
5811 澉
3168 漏
7731 漋
7732 漻
5812 潍
7733 慬
3169 慢
3170 慷
5813 慵
3171 寨
3172 赛
5814 搴
3173 寡
7734 窬
5815 窨
7735 窭
3174 察
3175 蜜
5816 寤
3176 寥
[丶乛]
7736 榘
7737 譓
3177 谭
3178 肇
5817 綮
5818 谮
5819 褡
5820 褙
3179 褐
5821 褓
7738 褕
5822 褛
5823 褊
3180 褪
7739 禛
7740 禚
5824 谯
5825 谰
3181 谱
5826 谲
[乛一]
5827 暨
5828 屣
[乛丨]
5829 鹛
7741 隩
3182 隧
[乛丿]
5830 嫣
5831 嫱
3183 嫩
5832 嫖
7742 嫕
7743 嫭
5833 嫦
5834 嫚
5835 嫘
7744 嫜
5836 嫡
7745 嫪
5837 鼐
[乛丶]
5838 翟
3184 翠
3185 熊
3186 凳
5839 瞀
5840 鹜
[乛乛]
5841 骠
5842 缥
5843 缦
3187 骡
5844 缧
5845 缨
5846 骢
7746 缜
3188 缩
5847 缪
5848 缫

十五画

[一一]
3189 慧
5849 耦
5850 耧
5851 瑾
5852 璜
7747 𬍤
5853 璀
5854 璎
5855 璁
7748 𪎌
5856 璋
5857 璇
7749 璆
7750 漦
5858 奭
7751 𬒈

[一丨]
3190 撵
5859 髯
5860 髫
5861 撷
3191 撕
3192 撒
5862 撅
3193 撩
3194 趣
3195 趟
7752 墣
3196 撑
3197 撮
3198 撬
5863 赭
7753 墦
3199 播
3200 擒
5864 撸
5865 鋆
3201 墩
3202 撞
3203 撤
7754 墡
5866 撙
3204 增
5867 撺
5868 墀
3205 撰
5869 聩
3206 聪
5870 觐
3207 鞋
5871 鞑
5872 蕙
5873 鞒
3208 鞍
5874 蕈
5875 蕨
5876 蕤
5877 蕞
5878 蕺
5879 瞢
3209 蕉
7755 劐
7756 薁
5880 蕃
5881 蕲
7757 蕰
3210 蕊
5882 赜
7758 蔃
3211 蔬
3212 蕴
7759 鼒
5883 槿
3213 横
5884 樯
3214 槽
7760 槱
5885 槭
5886 樗
5887 樘
3215 樱
5888 樊
3216 橡
5889 槲
3217 樟
3218 橄
3219 敷
7761 鹝
3220 豌
3221 飘
3222 醋
5890 醌
3223 醇
3224 醉
5891 醅
[一丿]
5892 靥
5893 魇
5894 餍
3225 磕
3226 磊
5895 磔
5896 磙
3227 磅
7762 磏
3228 碾
7763 磉
7764 殣
[一丶]
7765 慭
3229 震
3230 霄
3231 霉
7766 霅
5897 霈
[一乛]
5898 辘
[丨一]
5899 龉
5900 龊
5901 觑
[丨乛]
5902 瞌
3232 瞒
5903 瞋
3233 题
7767 暵
3234 暴
3235 瞎
5904 瞑
3236 嘻
5905 嘭
5906 噎
3237 嘶
5907 噶
3238 嘲
5908 颢
5909 暹
5910 噘
3239 嘹
3240 影
7768 暲
7769 暶
7770 踦
5911 踔
5912 踝
3241 踢
3242 踏
5913 踟
5914 踒
5915 踬
3243 踩
5916 踮
7771 踣
5917 踯
3244 踪
5918 踺
5919 踞
5920 蝽
3245 蝶
7772 䗖
5921 蝾
3246 蝴
5922 蝻
7773 蝘
7774 蝲
3247 蝠
5923 蝰
3248 蝎
3249 蝌
5924 蝮
5925 螋
3250 蝗
5926 蝓
5927 蝣
5928 蝼
7775 蝤
3251 蝙
5929 噗
5930 嘬
5931 颚
3252 嘿
5932 噍
5933 噢
5934 噙
5935 噜
7776 噇
7777 噂
5936 噌
3253 嘱

7778 噀
5937 噔
5938 颛
7779 罶
5939 幞
7780 嶲
7781 嶓
5940 幡
7782 嶡
3254 幢
5941 嶙
7783 嶟
7784 嶒
5942 嶝
3255 墨
5943 骺
5944 骼
5945 骸

［丿一］

5946 镊
7785 镆
3256 镇
7786 镈
5947 镉
7787 镋
5948 镌
5949 镍
7788 镎
7789 镏
5950 镏
3257 镐
3258 镑
5951 镒
5952 镓
5953 镔
7790 镕
3259 靠
7791 稹
3260 稽
5954 稷
3261 稻
3262 黎
3263 稿
3264 稼
3265 箱
5955 箴
5956 篑
5957 篁
5958 篌
3266 篓
3267 箭
3268 篇
5959 篆

［丿丨］

3269 僵
5960 牖
7792 儇
5961 儋
3270 躺
7793 皞
7794 皛
3271 僻

［丿丿］

3272 德
7795 鹛
5962 徵
3273 艘
7796 艎
5963 磐
7797 艏

［丿丶］

5964 虢
5965 鹞
7798 鹞

［丿乛］

3274 膝
5966 膘
3275 膛
5967 滕
5968 鲠
5969 鲡
5970 鲢
5971 鲣
5972 鲥
3276 鲤
7799 鲩
7800 鲦
5973 鲦
5974 鲩
7801 鲪
3277 鲫
7802 鲬
7803 獍
5975 獗
5976 獠
7804 觭
5977 觯
7805 鹠
5978 馓
5979 馔

［丶一］

3278 熟
3279 摩
5980 麾
3280 褒
5981 廛
5982 瘛
5983 瘼
3281 瘪
5984 瘢
3282 瘤
5985 瘠
3283 瘫
5986 齑
7806 鹡
3284 凛
3285 颜
3286 毅

［丶丿］

5987 羯
5988 羰
3287 糊
5989 糌
7807 糇
5990 遴
5991 糍
5992 糍
7808 糈
5993 糅
7809 翦
3288 遵
7810 鹚
7811 鹣
3289 憋
7812 熛
5994 熄
5995 熵
5996 熠

［丶丶］

7813 潖
3290 潜
5997 澍
3291 澎
5998 澌
7814 潵
3292 潮
5999 潸
3293 潭
7815 澽
6000 潦
3294 鲨
7816 潋
6001 潲
6002 鋈
6003 潟
3295 澳
3296 潘
7817 潽
6004 潼
3297 澈
7818 澄
3298 澜
7819 潽
7820 潾
6005 潺
3299 澄
7821 潏
3300 懂
7822 憭
6006 憬
3301 憔
3302 懊
6007 憧
3303 憎

7823 憕
7824 𫛭
7825 戭
6008 寮
6009 窳
3304 额
［丶乛］
6010 谳
3305 翩
3306 褥
6011 褴
6012 褟
6013 褫
7826 褯
7827 禤
3307 谴
7828 𫍽
3308 鹤
6014 谵
［乛一］
3309 憨
6015 熨
3310 慰
3311 劈
3312 履
6016 屦
［乛丿］
6017 嬉
7829 嫽
6018 勰
［乛丶］
6019 戮
7830 遹
6020 蝥
3313 豫
［乛乛］
6021 缬
3314 缭
6022 缮
7831 𬴊
6023 缯
6024 骣
6025 畿

十六画

［一一］
6026 耩
6027 耨
6028 耪
7832 璥
6029 璞
6030 璟
6031 靛
6032 璠
6033 璘
7833 璲
6034 聱
6035 螯
7834 璒
［一丨］
6036 髫
6037 髭
6038 髹
6039 擀
3315 撼
3316 擂
3317 操
6040 熹
7835 憙
6041 鬶
7836 擐
3318 擅
6042 擞
6043 縠
6044 磬
7837 鄹
6045 颞
6046 蕻
7838 薳
6047 鞘
7839 鞔
3319 燕
7840 黇
6048 颟
6049 薤
3320 蕾
7841 𬞟
7842 蕗
3321 薯
6050 薨
3322 薛
3323 薇
6051 檠
3324 擎
7843 薢
3325 薪
6052 薏
7844 蕹
6053 薮
3326 薄
3327 颠
3328 翰
3329 噩
6054 薜
6055 薅
6056 樾
7845 橞
3330 橱
6057 橛
7846 橑
6058 橇
6059 樵
6060 檎
6061 橹
7847 橦
6062 樽
6063 樨
3331 橙
3332 橘
6064 橼
6065 墼
3333 整
6066 橐
3334 融
6067 翮
3335 瓢
6068 醛
6069 醐
6070 醍
3336 醒
6071 醚
7848 醑
［一丿］
7849 觱
7850 磡
7851 䃊
7852 磜
6072 磲
6073 赝
6074 飙
7853 豮
6075 殪
［一丶］
6076 霖
6077 霏
6078 霓
3337 霍
3338 霎
［一乛］
6079 錾
3339 辙
6080 辚
7854 𫐐
6081 臻
［丨一］
3340 冀
7855 𬺈
7856 𬺉
7857 𬺊
3341 餐
6082 遽
7858 虤
［丨丶］
6083 氅
［丨乛］
6084 瞟
7859 嘻
6085 瞠
6086 瞰
6087 嚄
6088 嚆
6089 噤
7860 [illegible]
6090 暾

7861 曈
7862 瞰
6091 蹀
7863 蹅
7864 踶
6092 踹
6093 踵
6094 踽
3342 嘴
3343 踱
3344 蹄
6095 蹉
6096 蹁
3345 蹂
6097 螨
6098 蟒
3346 蟆
6099 螈
7865 蝤
6100 螅
6101 螭
7866 螗
3347 螃
6102 螠
6103 螟
6104 噱
7867 𪾢
3348 器
3349 噪

6105 噬
6106 噫
6107 噻
6108 噼
7868 㠓
7869 幪
7870 𪩘
6109 罹
7871 嶦
6110 圜
3350 鹦
3351 赠
3352 默
3353 黔
[丿一]
7872 𬭊
6111 𬭛
7873 𬭚
6112 镖
6113 镗
6114 镘
6115 镚
6116 镛
3354 镜
6117 镝
6118 镞
7874 𬭤
6119 镠
6120 氇

6121 氆
3355 赞
6122 憩
6123 穑
7875 馞
3356 穆
7876 穄
6124 篝
7877 篚
6125 篥
3357 篮
3358 篡
7878 篯
7879 簉
6126 篦
6127 篪
3359 篷
6128 篙
3360 篱
[丿丨]
6129 盥
3361 儒
6130 劓
7880 鼽
6131 翱
6132 魉
6133 魈
3362 邀

[丿丿]
7881 衠
6134 徼
3363 衡
[丿丶]
6135 歙
7882 盦
[丿乛]
3364 膨
6136 膳
7883 螣
7884 縢
6137 膦
6138 膙
3365 雕
7885 鲭
6139 鲮
7886 鲯
7887 鲰
6140 鲱
6141 鲲
6142 鲳
6143 鲴
6144 鲵
6145 鲷
3366 鲸
7888 鲺
7889 鲹
6146 鲻

6147 獴
6148 獭
6149 獬
6150 邂
7890 𫗴
[丶一]
7891 [illegible]
6151 鹧
3367 磨
6152 廨
6153 赟
7892 癀
7893 瘭
6154 瘰
6155 廪
6156 瘿
6157 瘵
6158 瘴
6159 癃
3368 瘾
3369 瘸
6160 瘳
6161 斓
6162 麇
6163 麈
3370 凝
3371 辨
3372 辩
6164 嬴

7894 [illegible]
6165 壅
[丶丿]
7895 羱
6166 羲
7896 糒
3373 糙
6167 糗
3374 糖
3375 糕
6168 瞥
6169 甑
6170 燎
7897 燋
6171 燠
7898 熻
6172 燔
3376 燃
6173 燧
7899 燊
7900 燚
7901 燸
[丶丶]
7902 濩
7903 濋
6174 濑
7904 澪
3377 濒
7905 澽

6175 潍
6176 潞
6177 澧
3378 澡
7906 澴
3379 激
6178 澹
6179 澥
6180 澶
6181 濂
7907 澭
7908 澼
7909 憷
3380 懒
3381 憾
7910 憺
3382 懈
7911 懔
7912 黉
6182 褰
6183 寰
6184 窸
3383 窿

[丶乛]

6185 褶
6186 禧

[乛一]

3384 壁
3385 避
6187 嬖
6188 犟

[乛丨]

6189 隰

[乛丿]

7913 嬛
6190 嬗

[乛丶]

7914 鹨
7915 翯
6191 颡

[乛乛]

3386 缰
6192 缱
6193 缲
6194 缳
3387 缴
7916 𬙋

十七画

[一一]

7917 璱
7918 𤩽
6195 璨
6196 璩
6197 璐
6198 璪
7919 璬
7920 璮

[一丨]

7921 髽
3388 戴
6199 螯
6200 擤
6201 壕
7922 擿
3389 擦
6202 觳
6203 罄
6204 擢
3390 藉
6205 薹
6206 鞡
3391 鞠
6207 鞬
3392 藏
6208 薷
6209 薰
3393 藐
6210 藓
7923 藒
6211 藁
7924 薸
3394 檬
7925 檑
7926 櫆
6212 檄
3395 檐
7927 檞
6213 檩
3396 檀
6214 懋
6215 醢
7928 醨

[一丿]

6216 翳
7929 繄
7930 磹
3397 礁
7931 磻
6217 礅
3398 磷
6218 磴
6219 鹩

[一丶]

3399 霜
3400 霞

[丨一]

6220 龋
6221 龌
6222 豳
6223 壑

[丨丨]

6224 黻

[丨乛]

7932 瞫
3401 瞭
3402 瞧
3403 瞬
3404 瞳
7933 瞵
3405 瞩
3406 瞪
6225 嚏
3407 曙
6226 嚅
6227 蹑
6228 蹒
3408 蹋
3409 蹈
6229 蹊
7934 蹐
6230 蟥
7935 蟏
6231 螬
6232 螵
6233 疃
6234 螳
3410 螺
3411 蟋
6235 蟑
3412 蟀
3413 嚎
7936 㘓
6236 嚓
6237 羁
6238 罽
6239 罾
6240 嶷
3414 赡
6241 黜
6242 黝
6243 髁
6244 髀

[丿一]

7937 𬭚
6245 镡
6246 镢
6247 镣
7938 镤
7939 镖
7940 𬭛
7941 镥
6248 镦
6249 镧
7942 镨
7943 𬭸
7944 𬭼
7945 𬭬
6250 镩
6251 镪
6252 镫
7946 𫔶
6253 𬬸
7947 𬭤

3415 穗
7948 穙
6254 黏
7949 穜
7950 穟
3416 魏
7951 簕
3417 簧
6255 簌
6256 篾
7952 簃
6257 篼
7953 簏
3418 簇
6258 簖
6259 簋
3419 繁
［丿丨］
6260 鼢
6261 黛
6262 儡
6263 鹪
7954 儦
6264 鼾
6265 皤
6266 魍
7955 魋
［丿丿］
7956 [illegible]
3420 徽
7957 艚
［丿丶］
6267 龠
7958 鹞
3421 爵
6268 繇
6269 貘
6270 邈
6271 貔
7959 谿
［丿乛］
6272 臌
3422 朦
3423 臊
6273 膻
6274 臆
6275 臃
7960 䲠
6276 鲼
6277 鲽
7961 鯻
7962 鲾
7963 鰊
7964 鲙
6278 鳀
7965 鳁
7966 鳂
6279 鳃
3424 鳄
6280 鳅
6281 鳇
7967 鳈
7968 鳉
6282 鳊
7969 獯
6283 螽
［丶一］
6284 燮
6285 鸾
6286 襄
7970 䗪
6287 糜
6288 縻
6289 膺
6290 癍
3425 癌
6291 麋
3426 辫
3427 赢
［丶丿］
3428 糟
3429 糠
7971 馘
3430 燥
［丶丶］
6292 懑
6293 濡
6294 濮
6295 濞
6296 濠
6297 濯
3431 懦
3432 豁
6298 蹇
6299 謇
6300 邃
［丶乛］
7972 襕
7973 襚
6301 襁
［乛一］
7974 鼈
7975 蝨
3433 臀
6302 檗
7976 甓
3434 臂
6303 擘
［乛丨］
6304 孺
6305 隳
［乛丿］
7977 嬬
6306 嬷
7978 嬥
［乛丶］
3435 翼
6307 蟊
6308 鹬
6309 鍪
［乛乛］
3436 骤
7979 𦈡
7980 纁

十八画

［一一］
7981 瓀
6310 鏊
6311 鳌
7982 鼇
7983 鬶
［一丨］
6312 鬈
6313 鬃
6314 瞽
3437 藕
7984 爇
6315 鞯
7985 鞳
7986 鞮
6316 鞨
3438 鞭
6317 鞫
6318 鞧
6319 鞣
7987 虉
7988 藠
6320 藜
6321 藟
3439 藤
7989 藦
7990 藨
6322 藩
7991 鹲
7992 檫
3440 覆
6323 醪
［一丿］
7993 黡
6324 蹙
7994 礞
6325 礓
7995 礌
7996 礏
6326 燹
6327 餮
［丨乛］
6328 瞿
3441 瞻
6329 曛
6330 颢
6331 曜
6332 躇
6333 蹚

3442 蹦
6334 鹭
7997 蹢
7998 蹜
6335 蟛
6336 蟪
7999 蟫
8000 [illegible]
6337 蟠
6338 蟮
8001 嚚
3443 嚣
6339 鹮
6340 黠
6341 黟
8002 髃
6342 髅
6343 髂

[丿一]

6344 镬
6345 镭
8003 镮
6346 镯
3444 镰
8004 镱
8005 酂
8006 馧
6347 馥
8007 簠
6348 簟
8008 簝
6349 簪
8009 簰

[丿丨]

8010 鼫
6350 鼬
8011 鼩
6351 雠
8012 皦

[丿丿]

6352 艟

[丿丶]

3445 翻

[丿乛]

8013 臑
8014 臈
3446 鳍
6353 鳎
6354 鳏
6355 鳐
8015 鳑
8016 鳒
8017 鳠

[丶一]

8018 鹯
3447 鹰
6356 癞
8019 癗
6357 癔
6358 癜
6359 癖
8020 [illegible]
8021 旞

[丶丿]

8022 翷
6360 糨
8023 [illegible]
6361 蹩
8024 䎖

[丶丶]

8025 瀔
3448 瀑
8026 瀍
8027 瀌
6362 鎏
6363 懵

[丶乛]

3449 襟
8028 襜

[乛一]

3450 璧
8029 䴙

[乛丶]

3451 戳

[乛乛]

8030 纆
6364 彝
6365 邋

十九画

[一丨]

6366 鬏
6367 攉
8031 嚭
6368 攒
6369 鞲
6370 鞴
6371 藿
6372 蘧
3452 孽
6373 蘅
3453 警
3454 蘑
3455 藻
6374 麓
8032 櫰
3456 攀
8033 醱
8034 醭
6375 醮
6376 醯

[一丶]

6377 酃
6378 霪
6379 霭
6380 霨

[丨丨]

6381 黼

[丨乛]

3457 曝
6382 嚯
6383 蹰
6384 蹶
6385 蹽
6386 蹼
8035 蹯
6387 蹴
6388 蹾
3458 蹲
3459 蹭
6389 蹿
3460 蹬
6390 蠖
6391 蠓
8036 蠋
6392 蟾
6393 蠊
3461 巅
8037 翾
6394 黢
6395 髋
6396 髌

[丿一]

6397 镲
6398 籀
3462 簸
6399 籁
3463 簿
8038 鳘

[丿丨]

8039 儳
8040 儴
6400 齁
6401 魑

[丿丿]

6402 艨

[丿丶]

8041 [illegible]

[丿乛]

6403 鳓
6404 鳔
6405 鳕
6406 鳗
8042 鰶
8043 鱇
6407 鳙
8044 鳚
8045 鳛
3464 蟹

[丶一]

3465 颤
3466 靡
3467 癣

6408 麒
8046 麑
6409 鏖
8047 麖
3468 瓣
8048 蠃
6410 羸
[丶丿]
3469 羹
3470 鳖
3471 爆
6411 㸆
[丶丶]
6412 瀚
6413 瀣
6414 瀛
[丶乛]
6415 襦
6416 谶
[乛一]
8049 彟
6417 襞
3472 疆
[乛丿]
8050 嬿
[乛乛]
6418 骥
6419 缵

二十画

[一一]
6420 瓒
[一丨]
8051 鬒
3473 鬓
3474 壤
6421 攘
3475 馨
6422 蘩
6423 蘖
8052 蘘
8053 欂
8054 醵
6424 醴
[一丶]
6425 霰
8055 颥
[丨一]
6426 酆
8056 甗
[丨丶]
3476 耀
[丨乛]
8057 酄
6427 矍
6428 曦
3477 躁
6429 躅
3478 蠕
6430 鼍
3479 嚼
3480 嚷
8058 巇
3481 巍
8059 酅
6431 巉
6432 黩
6433 黥
6434 黪
8060 髎
[丿一]
6435 镳
6436 镴
6437 黧
3482 籍
6438 纂
[丿丨]
6439 舋
6440 龉
8061 犨
[丿乛]
6441 臜
8062 鱚
6442 鳜
6443 鳝
3483 鳞
6444 鳟
6445 獾
[丶一]
3484 魔
8063 盭
[丶丿]
3485 糯
8064 燿
8065 爔
[丶丶]
3486 灌
8066 灟
8067 瀹
8068 瀼
8069 瀵
[丶乛]
8070 襫
[乛一]
3487 譬
[乛丿]
6446 孀
8071 孅
[乛乛]
8072 骦
6447 骧
8073 纕

二十一画

[一一]
8074 耰
3488 蠢
6448 瓘
8075 瓔
8076 瓖
[一丨]
8077 鬘
8078 趯
6449 鼙
6450 醺
[一丿]
6451 礴
[一丶]
3489 霸
3490 露
3491 霹
[丨一]
6452 颦
8079 齼
[丨乛]
6453 曩
3492 躏
8080 罍
3493 黯
3494 髓
[丿丨]
8081 鼱
[丿乛]
8082 鳠
8083 鳡
6454 鳢
8084 鳣
[丶一]
6455 癫
6456 麝
3495 赣
[丶丿]
6457 夔
8085 爟
8086 爚
6458 爝
[丶丶]
8087 灈
6459 灏
[丶乛]
6460 禳
[乛一]
6461 鐾
6462 羼
[乛乛]
6463 蠡

二十二画

[一一]
6464 耱

[一丨]
6465 懿
8088 韂
6466 蘸
6467 鹳
8089 糵
8090 蘼
3496 囊
[一丿]
8091 礵
[一、]
8092 鹴
6468 霾
[丨乛]
6469 氍
6470 饕
8093 躔
6471 躐
6472 髑
[丿一]
6473 镵
3497 镶
6474 穰
[丿丨]
8094 皭
[丿、]
8095 龢
[丿乛]
8096 鳤
[、一]
3498 瓤
8097 亹
6475 饔
[乛一]
6476 鬻

二十三画

[一丨]
6477 鬟
6478 趱
6479 攫
6480 攥
6481 颧
[丨乛]
6482 躜
[丿一]
3499 罐
8098 龠
[丿丨]
6483 鼹
8099 鼷
[丿乛]
8100 鱲
8101 玃
[、一]
6484 癯
6485 麟
[、丿]
6486 蠲

二十四画

[一丨]
3500 矗
6487 蠹
8102 醾
[丨乛]
6488 躞
[丿丿]
6489 衢
[丿、]
6490 鑫
[、、]
6491 灞
[、乛]
6492 襻

二十五画

[一一]
6493 纛
[一丨]
6494 鬣
6495 攮
[丨乛]
6496 囔
[丿丨]
8103 齇
[丿乛]
8104 觿
6497 馕
[、一]
6498 戆

二十六画

8105 蠼

三十画

6499 爨

三十六画

6500 齉

汉字部首表

GF 0011—2009

（中华人民共和国教育部、国家语言文字工作委员会
2009年1月12日发布，2009年5月1日实施）

前　　言

本规范在《汉字统一部首表（草案）》（1983）的基础上作如下调整和增补：

1. 规范的名称改为《汉字部首表》。

2. 根据《现代汉语通用字笔顺规范》的规定，“折”部的主部首由“乙”改为“乛”，“乙”定为附形部首。

3. 艸（艹）改为艹（艸），即将“艹”定为该部的主部首，将“艸”定为该部的附形部首。辵（辶）改为辶（辵），即将“辶”定为该部的主部首，将“辵”定为该部的附形部首。彐（彐彑）改为彐（⺕彑），即将“彐”定为该部的主部首，将“⺕”“彑”定为该部的附形部首。

4. 根据《现代汉语通用字笔顺规范》和《GB13000.1字符集汉字笔顺规范》，对原《草案》中部分部首的排序作出相应调整。

5. 根据《GB13000.1字符集汉字字序（笔画序）规范》的定序规则，对25组同笔顺部首的排序作了规定，并给出与原草案的对照表。见附录A。

6. 所有的附形部首除在主部首后括注外，均按笔画数和起笔笔形顺序排在表中相应位置。

7. 将序号为5的“乛”部的附形部首“亅”改为序号为2的“丨”部的附形部首。

8. 序号为5的“乛”部，增“㇕、㇇、㇈、㇗、㇙、㇠、㇛、㇓、㇅、㇆、㇉、

㇋”等 12 个附形部首。

9. 序号为 52 的己部，增附形部首“已”和“巳”；序号为 64 的木部，增附形部首“朩”；序号为 68 的车部，增附形部首“车”；序号为 79 的牛部，增附形部首“牜”；序号为 136 的臼部，增附形部首“𦥑”；序号为 148 的糸部，增附形部首“糹”；序号为 185 的食部，增附形部首“饣”。

10. 序号为 164 的龟部，其附形部首根据《简化字总表》的字形定为“龜”。

11. 增加了《汉字部首表》说明和使用规则。

本规范的附录 A 是资料性附录。

从本规范实施之日起，《汉字统一部首表(草案)》(中国文字改革委员会 国家出版局 1983 年)即行废止。

本规范由教育部语言文字信息管理司提出。

本规范由国家语言文字工作委员会语言文字规范(标准)审定委员会审定。

本规范由教育部、国家语言文字工作委员会发布。

本规范起草单位：教育部语言文字应用研究所汉字与汉语拼音研究室。

本规范主要起草人：张书岩、王敏。原规范(《汉字统一部首表(草案)》)起草人：傅永和、王自强、曹乃木、李金铠、程养之、冯书华、韩敬体、魏励。

1 范围

本规范规定了汉字的部首表及其使用规则。

本规范适用于辞书编纂、汉字信息处理及其他领域的汉字检索，也可供汉字教学参考。

2 规范性引用文件

下列文件中的条款通过本规范的引用而成为本规范的条款。凡是注明日期的引用文件，其随后所有的修改单(不包括勘误的内容)或修订版均不适用于本规范，然而，鼓励根据本规范达成协议的各方研究是否可使用这些文件的最新版本。凡是不注明日期的引用文件，其最新版本适用于本规范。

GB/T 12200.2—1994 汉语信息处理词汇 02 部分：汉语和汉字

国家语言文字工作委员会、新闻出版署发布《现代汉语通用字笔顺规范》1997 年 4 月

GF 3002—1999 GB 13000.1 字符集汉字笔顺规范

GF 3003—1999 GB 13000.1 字符集汉字字序（笔画序）规范

GF 2001—2001 GB 13000.1 字符集汉字折笔规范

3 术语和定义

下列术语和定义适用于本规范。

3.1 部首 indexing component

可以成批构字的一部分部件。含有同一部件的字，在字集中均排列在一起，该部件作为领头单位排在开头，成为查字的依据。

3.2 笔画 stroke

构成楷书汉字字形的最小书写单位。

3.3 笔顺 stroke order

书写每个汉字时的笔画的次序和方向。

3.4 主部首 principal indexing component

有不同写法的部首中具有代表性的书写形式。

3.5 附形部首 associated indexing component

附属于主部首的书写形式，有繁体（如門、貝、馬）、变形（如刂、氵、辶）和从属（如⺇、⺕、⺽）三种。

4 《汉字部首表》的制定原则

4.1 尊重传统。以现存有代表性、有影响的《康熙字典》《辞海》《新华字典》《现代汉语词典》等辞书的部首表为基础和依据设立部首。主部首没有增加新形体，附形部首根据实际需要作了适当的增设。

4.2 立足现代，兼顾古今。首先考虑现行汉字检索的需要，依据现行汉字的字形特征确立主部首和处理主附关系；同时为适应更大范围汉

字楷书字形检索的需要，增设附形部首并允许变通处理。

5 《汉字部首表》说明

5.1 《汉字部首表》主部首共 201 个，附形部首共 100 个。
5.2 本部首表的所有部首按 GF3002《GB13000.1 字符集汉字笔顺规范》和 GF3003《GB13000.1 字符集汉字字序（笔画序）规范》的规定排序。
5.3 各主部首的序号为固定编号，附形部首的序号与主部首一致。
5.4 本部首表的附形部首在主部首后面用括号列出，附形部首多于一个时，按笔画序依次排列。另外，附形部首也按笔画序排在部首表的相应位置，其序号加[ ]，部首本身加（ ）。如水部为 77 水（氵氺），[77]（氵）又排在“47 门”和“[98]（忄）”之间，[77]（氺）又排在“104 业”和“105 目”之间。
5.5 “5 乛”有“㇇、𠃍、㇈、⺄、乚、𠃊、𠃋、𡿨、ㄥ、乛、𠄎、㇉、㇂、乙、乙”等 15 个附形部首，因数量较多，未在部首表中列出。

6 《汉字部首表》使用规则

6.1 使用本部首表时，一般应以主部首为主。
6.2 在某些情况下，对本表的使用可根据需要作变通处理，但部首总数、序号及形体应与本部首表保持一致，并须对变通情况作出具体说明。

a 某些辞书（如大型字、词典，古汉语字、词典）可根据传统和实际需要，用繁体部首或变形、从属部首作为主部首。如“風（风）”、“貝（贝）”；“艸（艹）”、“辵（辶）”、玉（王）。

b 某些辞书可同时采用主部首和收字较多的附形部首。如王（玉），可将从“王”的字归入“王”部，将从“玉”的字归入“玉”部，两部的序号均为 61。又如车（車），简、繁体都收的辞书可将简化字归入“车”部，将繁体字归入“車”部，两部的序号均为 68。

c 用于旧印刷字形的检索时，可将本表的部首转换为旧印刷字形，部首序号不变。如“30 艹”转换为“30 艹”，“49 辶”转换为“49 辶”。

新旧字形同时存在的字集中，旧字形可归入对应的新字形部首，如“黄”归入“黄”部，“青”归入“青”部。

6.3 在汉字部首排序中，当某些部首下无字时，一般也应将这些无字部首列出，以保持部首表的完整。

7 汉字部首表

一画

1 一

2 丨（亅）

[2]（亅）

3 丿

4 丶

5 乛

二画

6 十

7 厂（⺁）

8 匚

[9]（⺊）

[22]（刂）

9 卜（⺊）

10 冂（⺆）

[12]（亻）

[7]（⺁）

11 八（丷）

12 人（亻入）

[12]（入）

[22]（⺈）

[10]（⺆）

13 勹

[16]（⺇）

14 儿

15 匕

16 几（⺇）

17 亠

18 冫

[11]（丷）

19 冖

[166]（讠）

20 凵

21 卩（㔾）

[175]（阝$_{左}$）

[159]（阝$_{右}$）

22 刀（刂⺈）

23 力

24 又

25 厶

26 廴

[21]（㔾）

三画

27 干

28 工

29 土（士）

[29]（士）

[80]（扌）

30 艹（艸）

31 寸

32 廾

33 大

[34]（兀）

34 尢（兀尣）

35 弋
36 小(⺌)
[36](⺌)
37 口
38 囗
39 山
40 巾
41 彳
42 彡
[66](犭)
43 夕
44 夂
[185](饣)
45 丬(爿)
46 广
47 门(門)
[77](氵)
[98](忄)
48 宀
49 辶(辵)
50 彐(⺕彑)
[50](⺕)
51 尸
52 己(已巳)
[52](已)
[52](巳)
53 弓
54 子
55 屮(屮)
[55](屮)
56 女
57 飞(飛)
58 马(馬)
[50](彑)
[148](纟)
59 幺
60 巛

四画

61 王(玉)
62 无(旡)
63 韦(韋)
[123](⺹)
64 木(朩)
[64](朩)
65 支
66 犬(犭)
67 歹(歺)
68 车(䒤車)
[68](䒤)
69 牙
70 戈
[62](旡)
71 比
72 瓦
73 止
74 攴(攵)
[98](⺗)
[75](⺜)
[75](曰)
75 日(⺜曰)
[88](⺝)
76 贝(貝)
77 水(氵氺)
78 见(見)
79 牛(牜)
80 手(扌龵)
[80](龵)
81 气
82 毛

［79］（牜）
［74］（攵）
83 长（镸長）
84 片
85 斤
86 爪（爫）
87 父
［34］（⺼）
［86］（爫）
88 月（⺝）
89 氏
90 欠
91 风（風）
92 殳
93 文
94 方
95 火（灬）
96 斗
［95］（灬）
97 户
［100］（礻）
98 心（忄⺗）
［145］（⺻）

［45］（爿）
99 毋（母）

五画

［61］（玉）
100 示（礻）
101 甘
102 石
103 龙（龍）
［67］（歺）
104 业
［77］（氺）
105 目
106 田
107 罒
108 皿
［176］（钅）
109 生
110 矢
111 禾
112 白
113 瓜
114 鸟（鳥）
115 疒

116 立
117 穴
［142］（衤）
［145］（⺻）
［118］（⺪）
118 疋（⺪）
119 皮
120 癶
121 矛
［99］（母）

六画

122 耒
123 老（耂）
124 耳
125 臣
［126］（覀）
126 襾（覀西）
［126］（西）
127 而
128 页（頁）
129 至
130 虍（虎）
131 虫

132 肉
133 缶
134 舌
135 竹(⺮)
[135](⺮)
136 臼(𦥑)
137 自
138 血
139 舟
140 色
141 齐(齊)
142 衣(衤)
143 羊(⺶⺷)
[143](⺶)
[143](⺷)
144 米
145 聿(肀⺻)
146 艮
[30](艸)
147 羽
148 糸(纟糹)
[148](糹)

七画

149 麦(麥)
[83](镸)
150 走
151 赤
[68](車)
152 豆
153 酉
154 辰
155 豕
156 卤(鹵)
[76](貝)
[78](見)
157 里
[158](𧾷)
158 足(𧾷)
159 邑(阝右)
[136](𦥑)
160 身
[49](辵)
161 采
162 谷
163 豸
164 龟(龜)
165 角
166 言(讠)
167 辛

八画

168 青
[83](長)
169 卓
170 雨
171 非
172 齿(齒)
[130](虍)
[47](門)
173 黾(黽)
174 隹
175 阜(阝左)
176 金(钅)
[185](飠)
177 鱼(魚)
178 隶

九画

179 革
[128](頁)
180 面
181 韭

182 骨
183 香
184 鬼
185 食(饣飠)
[91](風)
186 音
187 首
[63](韋)
[57](飛)

十画

188 髟
[58](馬)
189 鬲
190 鬥
191 高

十一画

192 黄
[149](麥)
[156](鹵)
[114](鳥)
[177](魚)
193 麻
194 鹿

十二画

195 鼎
196 黑
197 黍

十三画

198 鼓
[173](黽)
199 鼠

十四画

200 鼻
[141](齊)

十五画

[172](齒)

十六画

[103](龍)

十七画

[164](龜)
201 龠

附录 A
(资料性附录)
25 组同笔顺部首排序情况对照表

	《汉字统一部首表(草案)》的排序	《汉字部首表》的排序
1	乙(乛)(⺄)(乚)	乛(㇕)(㇇)(㇈)(㇗)(㇙)(㇜)(㇛)(㇁)(㇍)(㇆)(㇈)(㇉)(㇟)(乙)(㇌)
2	八人(入)	八人(入)
3	勹(⺆)匕儿几(⺇)	(⺆)勹(⺇)儿匕几
4	亠冫	亠冫
5	冖(讠)	冖(讠)
6	凵卩(阝)	凵卩(阝)
7	刀力	刀力
8	厶又廴	又厶廴
9	工土(士)(扌)	工土(士)(扌)
10	(兀)尢	尢(兀)
11	口囗	口囗
12	巾山	山巾
13	夂夕	夕夂
14	(⺕)彐	彐(⺕)
15	己弓	己(已)(巳)弓
16	马(纟)(彑)	马(彑)(纟)
17	木	木(朩)

	《汉字统一部首表（草案）》的排序	《汉字部首表》的排序
18	比(旡)	(旡)比
19	日(⺝)(⺜)(曰)	(⺜)(曰)日(⺝)
20	贝水	贝水
21	牛手	牛手
22	毛气	气毛
23	欠风	欠风
24	⺫皿	⺫皿
25	覀(襾)	(襾)覀

现代常用独体字规范

GF 0013—2009

（中华人民共和国教育部、国家语言文字工作委员会
2009 年 3 月 24 日发布，2009 年 7 月 1 日试行）

前　　言

本规范的附录 A 为资料性附录。

本规范由教育部语言文字信息管理司归口。

本规范由国家语言文字工作委员会语言文字规范（标准）审定委员会审定。

本规范由教育部、国家语言文字工作委员会发布。

本规范起草单位：中央电化教育馆、清华大学、郑州汉文华软件开发有限公司。

本规范主要起草人：陈庆贵、别良峰、徐谦恕、武祥村、别长福、邢西深、郭柯、徐奕旻。

1　范围

本规范规定了现代汉字中常用的独体字，给出了《现代常用独体字表》。

本规范适用于识字教育、辞书编纂，也可供汉字信息处理等参考。

2　规范性引用文件

下列文件中的条款通过本规范的引用而成为本规范的条款。凡是注明日期的引用文件，其随后所有的修改单（不包括勘误的内容）或修订版均不适用于本规范。凡是不注明日期的引用文件，其最新版本适

用于本规范。

GF3001—1997 信息处理用 GB13000.1 字符集汉字部件规范

GF3003—1999 GB13000.1 字符集汉字字序(笔画序)规范

3 术语和定义

下列术语和定义适用于本规范。

3.1 笔画 stroke(GB/T 12200.2)

构成汉字楷书字形的最小书写单位。

3.2 汉字部件 Chinese character component(GB/T 12200.2)

由笔画组成的具有组配汉字功能的构字单位。

3.3 成字部件 Character formation component(GF 3001—1997)

可以独立成字的部件。

3.4 汉字结构 Chinese character structure

部件构成汉字的方式和规则。汉字结构有独体结构和合体结构之分。汉字的合体结构有 12 种,分为:上下、上中下、左右、左中右、左上包、右上包、左三包、左下包、上三包、下三包、全包围、镶嵌结构。

3.5 独体字 undecomposable Chinese character

由笔画组成、不能或不宜再行拆分、可以构成合体字的汉字。

4 总则

4.1 现代常用独体字规范的制定原则

现代常用独体字规范的制定原则是:尊重字理、从形出发、立足现代、面向应用。

4.2 现代常用独体字的确定规则

4.2.1 字形结构符合字理和独体字定义的汉字

如:一 乙 日 月 水 火 山 石 田 土

4.2.2 符合独体字定义的草书楷化的简化字

如:专 书 东 乐 农

4.2.3 交重结构,不能拆分的汉字

如:串 隶 事

5 《现代常用独体字表》说明

5.1 本规范根据总则中的原则和规则，在现代汉字的范围内确定了256个现代常用独体字，形成了《现代常用独体字表》。

5.2 《现代常用独体字表》按《GB13000.1字符集汉字字序（笔画序）规范》的定序规则排序。

5.3 为方便查检和使用，本规范提供了现代常用独体字表的音序检索表。本表按汉语拼音音序排列。多音字取其常用音，同音字按《GB13000.1字符集汉字字序（笔画序）规范》的定序规则排序。见附录A（资料性附录）。

6 现代常用独体字表

笔画数	字数	起笔笔形	独体字
1	2	[一]	一
		[→]	乙
2	19	[一]	二 十 丁 厂 七
		[丨]	卜
		[丿]	八 人 入 儿 匕 几 九
		[→]	刁 了 刀 力 乃 又
3	48	[一]	三 干 于 工 土 士 才 下 寸 大 丈 与 万
		[丨]	上 小 口 山 巾
		[丿]	千 川 个 夕 久 么 凡 丸 及
		[丶]	广 亡 门 丫 义 之
		[→]	尸 己 已 巳 弓 子 卫 也 女 刃 飞 习 叉 马 乡
4	65	[一]	丰 王 开 井 天 夫 无 云 专 丐 木 五 不 犬 太 歹 尤 车 巨 牙 屯 戈 互 瓦
		[丨]	止 少 曰 日 中 贝 内 水 见
		[丿]	午 牛 手 气 毛 壬 升 夭 长 片 斤 爪 父 月 氏 勿 丹 乌

笔画数	字数	起笔笔形	独体字
4	65	[丶]	六 文 方 火 为 斗 户 心
		[乛]	尺 丑 巴 办 予 书
5	58	[一]	玉 未 末 击 正 甘 世 本 术 丙 石 戊 龙 平 东
		[丨]	卡 凸 业 目 且 甲 申 电 田 由 史 央 冉 皿 凹 四
		[丿]	生 矢 失 乍 禾 丘 白 斥 瓜 乎 用 甩 乐 匆 册 鸟
		[丶]	主 立 半 头 必 永
		[乛]	民 弗 出 矛 母
6	29	[一]	耳 亚 臣 吏 再 西 百 而 页 夹 夷
		[丨]	虫 曲 肉
		[丿]	年 朱 臼 自 血 囟 舟
		[丶]	亦 衣 产 亥 羊 米 州 农
7	17	[一]	严 求 甫 更 束 两 酉 来
		[丨]	卤 里 串
		[丿]	我 身 囱
		[丶]	言 羌 弟
8	8	[一]	事 雨
		[丨]	果
		[丿]	垂 秉
		[乛]	肃 隶 承
9	7	[一]	革 柬 面
		[丿]	重 鬼 禹
		[丶]	首
10	1	[丶]	兼

笔画数	字数	起笔笔形	独体字
11	1	［丿］	象
13	1	［丿］	鼠

附录A（资料性附录）
现代常用独体字表音序检索表

音序	字数	独体字
A	1	凹
B	14	八 巴 白 百 办 半 贝 本 匕 必 丙 秉 卜 不
C	20	才 册 叉 产 长 厂 车 臣 承 尺 斥 虫 丑 出 川 串 垂 匆 囱 寸
D	10	大 歹 丹 刀 弟 电 刁 丁 东 斗
E	4	儿 而 耳 二
F	8	凡 方 飞 丰 夫 弗 甫 父
G	13	丐 干 甘 戈 革 个 更 工 弓 瓜 广 鬼 果
H	6	亥 禾 乎 互 户 火
J	16	击 及 几 己 夹 甲 兼 柬 见 巾 斤 井 九 久 臼 巨
K	3	卡 开 口
L	12	来 乐 里 力 立 吏 隶 两 了 六 龙 卤
M	13	马 毛 矛 么 门 米 面 民 皿 末 母 木 目
N	7	乃 内 年 鸟 牛 农 女
P	2	片 平
Q	9	七 气 千 羌 且 丘 求 曲 犬

音序	字数	独体字
R	7	冉 人 壬 刃 日 肉 入
S	29	三 山 上 少 申 身 升 生 尸 失 十 石 史 矢 士 氏 世 事 手 首 书 鼠 术 束 甩 水 巳 四 肃
T	7	太 天 田 头 凸 土 屯
W	16	瓦 丸 万 亡 王 为 卫 未 文 我 乌 无 五 午 勿 戊
X	10	夕 西 习 下 乡 象 小 心 囟 血
Y	33	丫 牙 亚 严 言 央 羊 夭 也 业 页 一 衣 夷 乙 已 义 亦 永 用 尤 由 酉 又 于 予 与 雨 禹 玉 曰 月 云
Z	16	再 乍 丈 正 之 止 中 重 舟 州 朱 主 爪 专 子 自

现代常用字部件及部件名称规范

GF 0014—2009

（中华人民共和国教育部、国家语言文字工作委员会
2009 年 3 月 24 日发布，2009 年 7 月 1 日试行）

前　言

本规范的附录 A、附录 B 是资料性附录。

本规范由教育部语言文字信息管理司提出。

本规范由国家语言文字工作委员会语言文字规范（标准）审定委员会审定。

本规范由教育部、国家语言文字工作委员会发布。

本规范起草单位：北京语言大学、北京师范大学、北京信息工程学院。

本规范主要起草人：王宁、张普、石定果、邢红兵、崔永华、柴鸿斌、陈一凡、宋利强、陈民、韩秀娟、裴立杰。

1　范围

本规范规定了现代常用字的部件拆分规则、部件及其名称，给出了《现代常用字部件表》和《常用成字部件表》。

本规范适用于汉字教育、辞书编纂等方面的汉字部件分析和解说，也可供汉字信息处理等参考。

2　规范性引用文件

下列文件中的条款通过本规范的引用而成为本规范的条款。凡是注日期的引用文件，其随后所有的修改单（不包括勘误的内容）或修订

版均不适用于本规范，然而，鼓励根据本规范达成协议的各方研究是否可使用这些文件的最新版本。凡是不注日期的引用文件，其最新版本适用于本规范。

GB/T 12200.1　汉语信息处理词汇　01 部分：基本术语

GB/T 12200.2　汉语信息处理词汇　02 部分：汉语和汉字

GF 3001—1997　信息处理用 GB 13000.1 字符集汉字部件规范

GF 2001—2001　GB 13000.1 字符集汉字折笔规范

GF 3003—1999　GB 13000.1 字符集汉字字序（笔画序）规范

3　术语和定义

下列术语和定义适用于本规范。

3.1　汉字部件　Chinese character component（引自 GB/T 12200.2）

由笔画组成的具有组配汉字功能的构字单位。简称“部件”。

例如：木、心、口、也，氵、亻、刂、礻

3.2 笔画　stroke（据 GB/T 12200.2）

构成汉字楷书字形的最小书写单位。

例如：一（横）、丨（竖）、丿（撇）、丶（点）、乛（横钩）

3.3　成字部件　component of independent character formation（据 GF 3001—1997）

可以独立成字的部件。

例如：“另”“吉”“唱”中的“口”

“河”“苛”“荷”中的“可”

3.4　非成字部件　component of dependent character formation（据 GF 3001—1997）

不能独立成字的部件。

例如：“筒”“刚”“网”中的“冂”

“疾”“病”“疼”中的“疒”

3.5　基础部件　primitive component（据 GF 3001—1997）

最小的、按照规则不再拆分的部件。

例如：“男”中的“田”“力”

"江"中的"氵""工"

3.6　合成部件　compound component(据 GF 3001—1997)

由多个部件组成的部件。

例如:"想""箱""厢""湘""霜""孀"中的"相"

"倍""部""菩""涪""焙""蓓"中的"音"

3.7　单笔部件　single-stroke component

由一个笔画构成的部件。

例如:"丛"中的"一"(横)

"引"中的"丨"(竖)

"系"中的"丿"(撇)

"良"中的"丶"(点)

"买"中的"乛"(横钩)

"艺"中的"乙"(横折弯钩)

3.8　汉字结构　Chinese character structure(据 GF 3001—1997)

部件构成汉字的方式和规则。

3.9　结构理据　structure motivation(据 GF 3001—1997)

根据字源或参考字源,从汉字的部件组合中分析出的造字意图。简称"字理"。

例如:"旦"的理据是像太阳(日)从地平线(一)升起

"架"的理据是从"木","加"声

3.10　部首　indexing component(据 GB/T 12200.2)

可以成批构字的一部分部件。含有同一部件的字,在字集中均排列在一起,该部件作为领头单位排在开头,成为查字的依据。

例如:木——松、柏、杨、架、杏、林、相

4　部件拆分原则和规则

4.1　部件拆分原则

本规范中部件拆分的原则是:根据字理、从形出发、尊重系统、面向应用。

4.2 部件拆分规则

4.2.1 字形结构符合理据的，按理据进行拆分。

例如：分——拆分为“八”“刀”

相——拆分为“木”“目”

4.2.2 无法分析理据或字形与字理矛盾的，依形进行拆分。

例如：朋——拆分为“月”“月”

执——拆分为“扌”“丸”

4.2.3 笔画交叉重叠的，不拆分。

例如：串（交重）——不可拆分为“中”“中”

东（交重）——不可拆分为“七”“小”

4.2.4 拆开后的各部分均为非成字部件或均不再构成其他汉字的，不拆分。

例如：非——不可拆分为“丬”“飞”

4.2.5 因构字造成基础部件相离的，拆分后仍将相离部分合一，保留部件原形。

例如：裹——拆分为“衣”“果”，不拆分为“亠”“果”“𧘇”

5 部件归组规则

5.1 部件构字理据相同，或写法稍异、或有所省减、或置向不同的变体归入一组。

例如：“止”和“⺊”

“鸟”和“⺝”

“乒”和“乓”

“水”和“氺”

5.2 对应的简化字、繁体字部件归入一组。

例如：“東”和“东”

“言”和“讠”

5.3 独用时的形体与变形部首归入一组。

例如：“刀”与“刂”

“水”与“氵”

5.4 无法分析理据的同形或近似部件归入一组。

例如："西"和"覀"

5.5 因书写部位不同笔形发生变异的部件，不再另立。

例如："土"归入"土"

"㔾"归入"己"

"手"归入"手"

"𦍌"归入"羊"

"辛"归入"辛"

"半"归入"半"

"丰"归入"丰"

"牜"归入"牛"

6 部件名称命名规则

6.1 按读音命名部件

6.1.1 成字部件，仅有一个读音的，按其读音命名；多音的，选取较常用的读音命名。

例如：单音——"口(kǒu)""木(mù)""火(huǒ)""革(gé)"

多音——"石"称为"石(shí)"，不称为"石(dàn)"

6.1.2 部分不熟悉的成字部件，给出读音后再按部位命名；部位代表字尽量选择常用或与该字读音相同的字。

例如："丩"的名称是"丩(jiū)/纠(jiū)字边"

"聿"的名称是"聿(yù)/律(lǜ)字边"

6.2 按笔画命名部件

6.2.1 非成字的单笔部件，按规范的笔画名称命名。

例如："丨"称为"竖"

"丿"称为"撇"

"丶"称为"点"

"乚"称为"竖弯钩"

6.2.2 成字的单笔部件，根据笔画和字音双重命名。

例如："一"称为"横(héng)/一(yī)"

“乙”称为“横折弯钩(héngzhéwāngōu)/乙(yǐ)”

6.3 按俗称命名部件

6.3.1 俗称通行的非成字部件，用俗称命名。

例如：“辶”称为“走之”

“氵”称为“三点水”

“宀”称为“宝盖”

“扌”称为“提手”

6.3.2 有多种俗称的非成字部件，采用一个含义明确、比较通行的俗称命名。

例如：“纟”俗称有“绞丝旁”“绞丝”“孪绞丝”“乱绞丝”等，选用“绞丝旁”；

“彳”俗称有“双立人”“双人旁”等，选用“双立人”。

6.4 按部位命名部件

6.4.1 ×字头

位于上下、上中下结构上部的部件称“×字头”。

例如：“龶”称为“青(qīng)字头”

“マ”称为“勇(yǒng)字头”

6.4.2 ×字底

位于上下、上中下结构下部的部件称“×字底”。

例如：“廾”称为“弄(nòng)字底”

“川”称为“荒(huāng)字底”

6.4.3 ×字旁

位于左右结构左部的部件称“×字旁”。

例如：“⻊”称为“段(duàn)字旁”

“丬”称为“将(jiàng)字旁”

6.4.4 ×字边

位于左右结构右部的部件称“×字边”。

例如：“旡”称为“既(jì)字边”

“冘”称为“枕(zhěn)字边”

6.4.5 ×字框

位于包围结构外部的部件称“×字框”。

例如：“囗”称为“围(wéi)字框”

“厂”称为“反(fǎn)字框”

6.4.6 ×字心

位于包围结构中部的部件称“×字心”。

例如：“正”称为“延(yán)字心”

“巛”称为“巡(xún)字心”

6.4.7 ×字腰

位于上中下结构或半包围结构中部的部件称“×字腰”。

例如：“井”称为“寒(hán)字腰”

“中”称为“衰(shuāi)字腰”

6.4.8 ×字角

位于汉字四角部位的部件称“×(字)角”。

位于左上角的部件称为“×左角”。

例如：“步”称为“餐(cān)左角”

位于右上角的部件称为“×右角”。

例如：“勿”称为“黎(lí)右角”

位于右下角的部件称为“×下角”。

例如：“皿”称为“临(lín)下角”

6.4.9 由某字变形而来的部件，用本字加部件常出现的部位命名。

例如：“爫”称为“爪(zhǎo)头”，表明“爫”是由“爪”变形而来，不是“爪”字的上部；

“氺”称为“水(shuǐ)底”，表明“氺”是由“水”变形而来，不是“水”的底部。

6.4.10 由某些部件省简而成的部件，以“×省”命名。

例如：“毅”中的“豸”为“豕省”

“表”中的“𧘇”为“衣省”

“岛”中的“鸟”为“鸟省”

7 《现代常用字部件表》说明

7.1 本规范依据所定的规则，对现代汉语 3500 常用汉字逐个进行部件拆分、归纳与统计，形成《现代常用字部件表》(简称《部件表》)，共包括 441 组 514 个部件。本表按主形部件名称首字的汉语拼音排序，同音部件按笔画序排列，每个部件均有独立的顺序号。

7.2 为便于应用，本规范给出《常用成字部件表》(简称《简表》)，只包括 311 个常用的成字部件，按部件的汉语拼音排序，同音部件按笔画序排列。

7.3 本规范提供两个资料性附录：附录 A《现代常用字部件构字数表》、附录 B《现代常用字部件笔画序检索表》。《现代常用字部件构字数表》按构字数降序排列，同构字数的部件按笔画序排列。

7.4 《部件表》参数的设置如下：

7.4.1 序号

《部件表》中 514 个部件独立的顺序号。《简表》与附录 A、附录 B 的序号均与此相同。

7.4.2 组号

514 个部件归纳为 441 组的顺序号，同组的部件组号相同，序号不同。

7.4.3 主形部件

各组的第一个部件为主形部件，用以指称本组部件。主形部件选择构字能力较强的成字部件，并尽量采用独用时的样式。

例如：第 47 组部件“川、巛、⺿”中的“川”

7.4.4 附形部件

各组的主形部件之后所列的相关部件为附形部件。每个附形部件仍为独立使用的部件。

例如：第 381 组部件“衣、⾐、衤”中的“⾐”和“衤”

7.4.5 部件名称

部件的称说。

7.4.6 部件构字数

部件在现代汉语 3500 常用汉字中的构字总数。

例如:部件“日”,构字数为232。

7.4.7 部件出现次数

部件在现代汉语3500常用汉字中出现的总次数。

例如:部件“日”的出现次数为243,其中在“晶”字中出现了3次。

8 《现代常用字部件表》使用规则

8.1 表中部件规定了汉字部件拆分的下限,一般不宜再行拆分。

例如:“京”不能再拆分为“亠”、“口”和“小”

“亚”不能再拆分为“一”和“业”

8.2 有结构理据的交重成字部件,在教学讲解时可以分开解说。

例如:“秉”可讲解为从“禾”从“彐(又)”

“夷”可讲解为从“大”从“弓”

8.3 含有标识成分的部件,在讲解字理时可以对其标识成分的作用进行解说。

例如:“刃”可讲解为以“丶”指示刀刃的位置

“太”可讲解为“丶”用以与“大”区别

“正”可讲解为“一”象征“止”(即足)行进的目标

8.4 在指导书写时,可以灵活描述。

例如:“主”可以描述为先写“丶”后写“王”

“犬”可以描述为先写“大”后写“丶”

8.5 在称说某些部件时,可以按照习惯儿化。

例如:“立刀儿”“宝盖儿”“竖心儿”“走之儿”等

9 现代常用字部件表

部件	序号	组号	部件名称	例字
卬	1	1	卬(áng)/昂(áng)字底	仰昂迎
凹	2	2	凹(āo)	凹
𠂒	3	3	敖(áo)字旁	傲熬赘
𡘋	4	4	奥(ào)字头	奥澳懊粤
八	5	5	八(bā)	叭分只俊
丷	6	5	倒八(dàobā)	兑尊幸屏
巴	7	6	巴(bā)	吧爸疤爬
白	8	7	白(bái)	柏皂貌
百	9	8	百(bǎi)	陌宿
𡗗	10	9	拜(bài)字边	拜
办	11	10	办(bàn)	协苏
半	12	11	半(bàn)	判叛伴畔
宀	13	12	宝盖(bǎogài)	安牢蓉蛇
卑	14	13	卑(bēi)	碑牌
贝	15	14	贝(bèi)	坝员婴赢
卄	16	15	贲(bēn)字腰	愤喷
本	17	16	本(běn)	体笨
丌	18	17	鼻(bí)字底	鼻痹
匕	19	18	匕(bǐ)	北此它化
丬	20	18	北(běi)字旁	北背冀燕
必	21	19	必(bì)	秘瑟密
㡀	22	20	敝(bì)字旁	撇憋蔽
釆	23	21	釆(biàn)/番(fān)字头	释悉翻潘
丙	24	22	丙(bǐng)	柄病陋

部件	序号	组号	部件名称	例字
秉	25	23	秉(bǐng)	秉
疒	26	24	病(bìng)字框	病嫉
卜	27	25	卜(bǔ)	卦处盐
⺊	28	25	卢(lú)字头	贞颅粘罩
不	29	26	不(bù)	杯否还胚
才	30	27	才(cái)	材闭团
曲	31	28	曹(cáo)字头	曹糟遭
艹	32	29	草(cǎo)字头	草满塔警
册	33	30	册(cè)	删栅
冊	34	30	扁(biǎn)字心	扁偏遍匾
曲	35	30	典(diǎn)字头	典碘
㓁	36	31	曾(céng)字头	曾蹭增
叉	37	32	叉(chā)	杈蚤骚
产	38	33	产(chǎn)	铲萨颜谚
长	39	34	长(cháng)	张涨
厂	40	35	厂(chǎng)	雁岸雳脆
车	41	36	车(chē)	辆辈惭浑
臣	42	37	臣(chén)	卧宦藏
〢	43	37	临(lín)字旁	临监坚蓝
辰	44	38	辰(chén)	振辱震褥
丞	45	39	丞(chéng)	拯蒸
承	46	40	承(chéng)	承
尺	47	41	尺(chǐ)	尽昼迟
斥	48	42	斥(chì)	拆诉
赤	49	43	赤(chì)	赫赦

部件	序号	组号	部件名称	例字
虫	50	44	虫(chóng)	虾独蚕闽
丑	51	45	丑(chǒu)	扭羞
出	52	46	出(chū)	础祟茁屈
川	53	47	川(chuān)	顺训
儿	54	47	荒(huāng)字底	流疏荒
巛	55	47	巡(xún)字心	巢巡剿
串	56	48	串(chuàn)	串患窜
垂	57	49	垂(chuí)	睡唾
𡗗	58	50	春(chūn)字头	春奉秦揍
朿	59	51	朿(cì)/刺(cì)字旁	棘刺枣策
匆	60	52	匆(cōng)	葱
囱	61	53	囱(cōng)	窗
寸	62	54	寸(cùn)	村封寻将
大	63	55	大(dà)	驮夸头因
歹	64	56	歹(dǎi)	残例毙葬
歺	65	56	餐(cān)左角	餐
卌	66	57	带(dài)字头	带滞
丹	67	58	丹(dān)	彤
单	68	59	单(dān)	蝉弹阐
刀	69	60	刀(dāo)	初召颁解
𠂉	70	60	刀(dāo)中	班辨
㔾	71	60	黎(lí)右角	黎
刂	72	60	立刀(lìdāo)	别箭偷罚
癶	73	61	登(dēng)字头	登橙凳葵
𠫊	74	62	帝(dì)字头	帝旁蒂磅

部件	序号	组号	部件名称	例字
弟	75	63	弟(dì)	剃涕递
弚	76	63	弟(dì)省	第
丶	77	64	点(diǎn)	底良兔
电	78	65	电(diàn)	奄掩庵
刁	79	66	刁(diāo)	叼
丁	80	67	丁(dīng)	盯宁厅停
鼎	81	68	鼎(dǐng)	鼎
夂	82	69	冬(dōng)字头	冬务处客
东	83	70	东(dōng)	陈冻
兜	84	71	兜(dōu)	兜
斗	85	72	斗(dǒu)	抖魁蝌
豆	86	73	豆(dòu)	短壹凳厨
𠃊	87	74	段(duàn)字旁	段缎
而	88	75	而(ér)	耐要需端
𠂉	89	76	尔(ěr)字头	尔弥你您
耳	90	77	耳(ěr)	聪饵聋摄
二	91	78	二(èr)	仁些贰
发	92	79	发(fā)	拨废
凡	93	80	凡(fán)	矾恐赢
厂	94	81	反(fǎn)字框	质板返派
攵	95	82	反文(fǎnwén)	改玫做整
攴	96	82	攴(pū)/敲(qiāo)字边	敲寇
方	97	83	方(fāng)	旅纺旁簇
飞	98	84	飞(fēi)	飞
非	99	85	非(fēi)	排悲罪匪

部件	序号	组号	部件名称	例字
丰	100	86	丰(fēng)	邦艳契害
龹	101	86	寿(shòu)字头	寿涛筹
风	102	87	风(fēng)	枫飘飒
几	103	87	风(fēng)省	凤凰佩
缶	104	88	缶(fǒu)	缺窑掏遥
夫	105	89	夫(fū)	规肤芙替
巿	106	90	巿(fú)/肺(fèi)字边	肺沛
弗	107	91	弗(fú)	沸费
甫	108	92	甫(fǔ)	辅圃博蒲
父	109	93	父(fù)	爸斧
丐	110	94	丐(gài)	钙
干	111	95	干(gān)	刊汗舒凿
尢	112	96	尴(gān)字框	尴尬
甘	113	97	甘(gān)	甜某嵌
高	114	98	高(gāo)	敲搞膏蒿
戈	115	99	戈(gē)	划战或裁
革	116	100	革(gé)	鞋霸
个	117	101	个(gè)	个
艮	118	102	艮(gèn)/根(gēn)字边	根垦良退
肀	119	103	庚(gēng)字心	庚
更	120	104	更(gèng)	便硬鞭
工	121	105	工(gōng)	功红左诬
弓	122	106	弓(gōng)	引躬弱粥
冎	123	107	骨(gǔ)字头	骨滑猾髓
谷	124	108	谷(gǔ)	欲俗豁蓉

部件	序号	组号	部件名称	例字
瓜	125	109	瓜(guā)	孤瓢瓣
夬	126	110	夬(guài)/决(jué)字边	决块筷
毌	127	111	毌(guàn)/贯(guàn)字头	贯惯
广	128	112	广(guǎng)	扩康俯遮
龟	129	113	龟(guī)	龟
鬼	130	114	鬼(guǐ)	愧魁魔巍
果	131	115	果(guǒ)	颗棵巢裹
亥	132	116	亥(hài)	刻孩
𡗗	133	117	寒(hán)字腰	寒寨壤
丂	134	118	号(hào)字底	巧亏考聘
禾	135	119	禾(hé)	种秃秦乘
隺	136	120	鹤(hè)字旁	鹤
黑	137	121	黑(hēi)	默嘿墨
一	138	122	横(héng)/一(yī)	旦灭从脸
乙	139	123	横折弯钩(héngzhéwāngōu)/乙(yǐ)	亿艺疙乾
乛	140	123	横钩(hénggōu)	买卖续
𠃍	141	123	横折(héngzhé)	敢侯橄憨
𠃌	142	123	横折钩(héngzhégōu)	幻局成盛
后	143	124	后(hòu)	垢
乎	144	125	乎(hū)	呼
虍	145	126	虎(hǔ)字头	虎虚彪滤
互	146	127	互(hù)	互
户	147	128	户(hù)	炉所房编
凵	148	129	画(huà)字框	凶画离
奂	149	130	奂(huàn)	换痪

部件	序号	组号	部件名称	例字
黄	150	131	黄(huáng)	横磺
叀	151	132	惠(huì)字头	穗
火	152	133	火(huǒ)	炒秋焚毯
灬	153	133	横四点(héngsìdiǎn)	点羔煮杰
击	154	134	击(jī)	陆
及	155	135	及(jí)	级吸
艮	156	136	即(jí)字旁	即卿郎嚼
几	157	137	几(jǐ)	机朵冗虎
己	158	138	己(jǐ)	记忌岂改
已	159	138	已(yǐ)	已
𠄌	160	138	以(yǐ)字旁	以拟
巳	161	138	巳(sì)	导巷包顾
旡	162	139	旡(jì)/既(jì)字边	既概
夹	163	140	夹(jiā)	颊陕荚
甲	164	141	甲(jiǎ)	鸭押匣闸
叚	165	142	叚(jiǎ)/假(jiǎ)字边	假霞
兼	166	143	兼(jiān)	歉谦廉镰
柬	167	144	柬(jiǎn)	柬澜
东	168	144	拣(jiǎn)字边	拣练
廴	169	145	建之(jiànzhī)	延挺键
见	170	146	见(jiàn)	观舰揽窥
纟	171	147	绞丝旁(jiǎosīpáng)	红绑辫蕴
糸	172	147	绞丝底(jiǎosīdǐ)	系紧螺徽
角	173	148	角(jiǎo)	触确嘴蟹
卩	174	149	卩(jié)/单耳(dān'ěr)	印即叩报

部件	序号	组号	部件名称	例字
卩	175	149	节(jié)字底	节爷
㔾	176	149	仓(cāng)字底	仓卷危宛
疌	177	150	疌(jié)/捷(jié)字边	捷睫
巾	178	151	巾(jīn)	帕帅帚闹
斤	179	152	斤(jīn)	欣祈斧兵
今	180	153	今(jīn)	吟令念琴
金	181	154	金(jīn)	鉴
钅	182	154	金(jīn)旁	针锈锄衔
堇	183	155	堇(jǐn)/谨(jǐn)字边	勤谨
京	184	156	京(jīng)	就惊影
井	185	157	井(jǐng)	阱讲进
丩	186	158	丩(jiū)/纠(jiū)字边	收纠叫
九	187	159	九(jiǔ)	轨杂究抛
久	188	160	久(jiǔ)	玖灸疚
韭	189	161	韭(jiǔ)	韭
臼	190	162	臼(jiù)	舅舀毁陷
龶	191	163	举(jǔ)字底	举奉择棒
勹	192	164	句(jù)字框	勾泡匍渴
巨	193	165	巨(jù)	距渠
乑	194	166	聚(jù)字底	聚骤
具	195	167	具(jù)	俱真镇
龹	196	168	卷(juǎn)字头	券眷倦藤
卡	197	169	卡(kǎ)	卡
开	198	170	开(kāi)	形研荆屏
丁	199	171	可(kě)字框	可哥阿畸

部件	序号	组号	部件名称	例字
口	200	172	口(kǒu)	吧扣舍哀
来	201	173	来(lái)	来莱
老	202	174	老(lǎo)	姥嗜
耂	203	174	老(lǎo)省	者教拷曙
乐	204	175	乐(lè)	砾烁
耒	205	176	耒(lěi)	耕籍
禸	206	177	离(lí)字底	离擒篱
里	207	178	里(lǐ)	野理量厘
力	208	179	力(lì)	动男伤荔
立	209	180	立(lì)	站亲竖霎
吏	210	181	吏(lì)	使
丽	211	182	丽(lì)	丽
隶	212	183	隶(lì)	康逮慷
鬲	213	184	鬲(lì)/隔(gé)字边	融隔
冫	214	185	两点水(liǎngdiǎnshuǐ)/冰(bīng)字旁	冰准次
⺀	215	185	两点(liǎngdiǎn)/冬(dōng)字底	冬尽寒
两	216	186	两(liǎng)	俩满
㸚	217	187	尞(liáo)字头	潦撩
了	218	188	了(liǎo)	辽疗烹函
𠂉	219	189	临(lín)右角	临监缆蓝
皿	220	190	临(lín)下角	临
六	221	191	六(liù)	交郊胶冥
龙	222	192	龙(lóng)	胧垄笼庞
卤	223	193	卤(lǔ)	卤
彐	224	194	录(lù)字头	录剥绿氯

部件	序号	组号	部件名称	例字
鹿	225	195	鹿(lù)	鹿
𧘇	226	196	旅(lǚ)下角	旅派
卵	227	197	卵(luǎn)	孵
仑	228	198	仑(lún)	论瘪
罒	229	199	罗(luó)字头	罗罢曼曙
马	230	200	马(mǎ)	驴冯驾腾
毛	231	201	毛(máo)	耗笔毯尾
矛	232	202	矛(máo)	柔茅橘
卯	233	203	卯(mǎo)	聊柳卿
𠂎	234	203	留(liú)字头	贸溜瘤
冃	235	204	冒(mào)字头	帽
么	236	205	么(me)	么
尸	237	206	眉(méi)字框	眉声媚
门	238	207	门(mén)	们闻搁躏
米	239	208	米(mǐ)	粉眯类楼
免	240	209	免(miǎn)	晚冕兔馋
面	241	210	面(miàn)	缅
民	242	211	民(mín)	氓眠
皿	243	212	皿(mǐn)	盂盘隘蕴
末	244	213	末(mò)	抹袜茉
母	245	214	母(mǔ)	姆毒梅繁
木	246	215	木(mù)	柏沐案闲
目	247	216	目(mù)	睛相看循
𱍸	248	217	那(nà)字旁	那哪
乃	249	218	乃(nǎi)	奶孕秀携

部件	序号	组号	部件名称	例字
南	250	219	南(nán)	献
𠁁	251	220	囊(náng)字头	囊
内	252	221	内(nèi)	纳蜗窝
屰	253	222	屰(nì)/逆(nì)字心	逆溯塑
年	254	223	年(nián)	年
廿	255	224	廿(niàn)	度蔗遮
鸟	256	225	鸟(niǎo)	鸵鸡莺鹰
鸟	257	225	鸟(niǎo)省	岛枭捣
牛	258	226	牛(niú)	件牲犁蟹
⺧	259	226	告(gào)字头	告浩靠窖
农	260	227	农(nóng)	浓脓
廾	261	228	弄(nòng)字底	弄莽械
六	262	228	共(gòng)字底	共兵兴舆
女	263	229	女(nǚ)	好安姿威
爿	264	230	爿(pán)	藏
丬	265	230	将(jiàng)字旁	将妆装寝
皮	266	231	皮(pí)	颇皱婆簸
片	267	232	片(piàn)	版牍牌
丿	268	233	撇(piě)	乏丢系渊
乒	269	234	乒(pīng)	乒
乓	270	234	乓(pāng)	乓
平	271	235	平(píng)	评秤苹萍
七	272	236	七(qī)	皂柒
妻	273	237	妻(qī)	凄
其	274	238	其(qí)	期棋基勘

部件	序号	组号	部件名称	例字
气	275	239	气(qì)	汽氛
千	276	240	千(qiān)	纤迁乖插
䒑	277	241	前(qián)字头	前兹慈
戋	278	242	钱(qián)字边	残盏溅
欠	279	243	欠(qiàn)	吹软掀资
川	280	244	乔(qiáo)字底	价界乔养
且	281	245	且(qiě)	助祖叠悬
龶	282	246	青(qīng)字头	表毒青责
圣	283	247	轻(qīng)字边	劲轻茎
丘	284	248	丘(qiū)	蚯岳
求	285	249	求(qiú)	救球
匚	286	250	区(qū)字框	汇区匹筐
曲	287	251	曲(qǔ)	曲
去	288	252	去(qù)	法丢脚磕
犬	289	253	犬(quǎn)	状臭莽获
犭	290	253	反犬旁(fǎnquǎnpáng)	狗狮逛
冉	291	254	冉(rǎn)	冉
人	292	255	人(rén)	从合囚坐
亻	293	255	单立人(dānlìrén)	体堡夜鞭
儿	294	255	儿(ér)	允克匹貌
⺈	295	255	负(fù)字头	负危急陷
𠂉	296	255	卧人(wòrén)	乞每族履
壬	297	256	壬(rén)	任凭淫
刃	298	257	刃(rèn)	纫忍涩
日	299	258	日(rì)	晒旧旦宣

部件	序号	组号	部件名称	例字
曰	300	258	曰(yuē)	曰
入	301	259	入(rù)	入
三	302	260	三(sān)	兰叁
伞	303	261	伞(sǎn)	伞
丧	304	262	丧(sāng)字头	丧墙
色	305	263	色(sè)	绝艳
山	306	264	山(shān)	岭仙岁岔
彡	307	265	彡(shān)	衫参彪颜
冂	308	266	商(shāng)字头	商滴摘
上	309	267	上(shàng)	让卡叔戚
勺	310	268	勺(sháo)	的钓芍药
少	311	269	少(shǎo)	沙省渺
舌	312	270	舌(shé)	乱话适阔
申	313	271	申(shēn)	畅神审婶
身	314	272	身(shēn)	躲谢
升	315	273	升(shēng)	升
生	316	274	生(shēng)	甥性星窿
尸	317	275	尸(shī)	居卢殿霹
失	318	276	失(shī)	铁迭
十	319	277	十(shí)	什古早质
石	320	278	石(shí)	砖拓泵岩
食	321	279	食(shí)	食餐
饣	322	279	食(shí)旁	饱饿
史	323	280	史(shǐ)	驶
矢	324	281	矢(shǐ)	知医族疑

部件	序号	组号	部件名称	例字
豕	325	282	豕(shǐ)	家逐檬隧
豸	326	282	豕(shǐ)省	毅缘
士	327	283	士(shì)	壮吉声桔
氏	328	284	氏(shì)	纸昏婚底
示	329	285	示(shì)	标宗赊慰
礻	330	285	示(shì)旁	礼视
世	331	286	世(shì)	泄屉蝶
事	332	287	事(shì)	事
手	333	288	手(shǒu)	掰拿攀撑
扌	334	288	提手(tíshǒu)	打拗哲簸
首	335	289	首(shǒu)	道
殳	336	290	殳(shū)/设(shè)字边	般疫锻臀
书	337	291	书(shū)	书
鼠	338	292	鼠(shǔ)	鼠
丨	339	293	竖(shù)	旧引在渊
𠃊	340	294	竖折(shùzhé)	甚陋喝
乚	341	294	竖弯钩(shùwāngōu)	孔礼扎吼
术	342	295	术(shù)	秫述
束	343	296	束(shù)	赖嫩速整
𠀆	344	297	衰(shuāi)字腰	衰
甩	345	298	甩(shuǎi)	甩
𰀁	346	299	率(shuài)字腰	脊率函犀
阝	347	300	双耳(shuāng'ěr)	队邦椭坠
彳	348	301	双立人(shuānglìrén)	往彻惩覆
水	349	302	水(shuǐ)	冰泉尿踏

部件	序号	组号	部件名称	例字
氵	350	302	三点水(sāndiǎnshuǐ)	河衍阔粱
氺	351	302	水(shuǐ)底	暴录泰膝
䒑	352	302	益(yì)字头	益隘
厶	353	303	厶(sī)/私(sī)字边	私台宏流
司	354	304	司(sī)	词饲
丝	355	305	丝(sī)	丝
四	356	306	四(sì)	四
镸	357	307	肆(sì)字旁	肆套鬓
申	358	308	叟(sǒu)字头	嫂瘦
肃	359	309	肃(sù)	啸箫
太	360	310	太(tài)	汰态
肀	361	311	唐(táng)字心	唐糖
天	362	312	天(tiān)	吞关奏舔
田	363	313	田(tián)	佃奋画衡
冂	364	314	同(tóng)字框	同刚尚橘
头	365	315	头(tóu)	买实读牍
冖	366	316	秃宝盖(tūbǎogài)	写罕劳晕
凸	367	317	凸(tū)	凸
土	368	318	土(tǔ)	地社幸庄
屯	369	319	屯(tún)	顿吨囤
乇	370	320	乇(tuō)/托(tuō)字边	托宅
瓦	371	321	瓦(wǎ)	瓶瓮
丸	372	322	丸(wán)	执挚
万	373	323	万(wàn)	厉迈励
亡	374	324	亡(wáng)	氓忙妄芒

部件	序号	组号	部件名称	例字
王	375	325	王(wáng)	枉望琴噩
囗	376	326	囗(wéi)/围(wéi)字框	围回烟鄙
韦	377	327	韦(wéi)	韧伟苇围
卫	378	328	卫(wèi)	卫
𠄌	379	329	畏(wèi)字底	丧畏偎展
为	380	330	为(wèi)	伪
未	381	331	未(wèi)	妹朱株
文	382	332	文(wén)	蚊吝这斑
我	383	333	我(wǒ)	鹅俄
乌	384	334	乌(wū)	鸣坞
无	385	335	无(wú)	抚芜
五	386	336	五(wǔ)	伍语衙
午	387	337	午(wǔ)	许
無	388	338	舞(wǔ)字头	舞
兀	389	339	兀(wù)	元光翘
勿	390	340	勿(wù)	物忽易踢
戊	391	341	戊(wù)	成茂威感
夕	392	342	夕(xī)	外名鸳舞
夂	393	342	夜(yè)下角	夜液
龷	394	343	昔(xī)字头	昔巷展暴
西	395	344	西(xī)	洒晒牺
覀	396	344	要(yào)字头	票谭腰
习	397	345	习(xí)	羽翻翠
丆	398	346	夏(xià)字头	夏嘎厦
下	399	347	下(xià)	虾吓

部件	序号	组号	部件名称	例字
乡	400	348	乡(xiāng)	乡
向	401	349	向(xiàng)	晌响
象	402	350	象(xiàng)	像豫
小	403	351	小(xiǎo)	尖雀原戚
⺌	404	351	尚(shàng)字头	光尚尝膛
缶	405	352	卸(xiè)字旁	卸御
心	406	353	心(xīn)	悲闷媳瘾
⺗	407	353	恭(gōng)字底	恭慕添
忄	408	353	竖心(shùxīn)	惭懂性
辛	409	354	辛(xīn)	辟辜臂
囟	410	355	囟(xìn)	傻瑙
戌	411	356	戌(xū)	戌
亠	412	357	玄(xuán)字头	亢亩充液
⺍	413	358	学(xué)字头	学应敛检
穴	414	359	穴(xué)	空窥榨
彐	415	360	雪(xuě)字底	归寻雪急
⺕	416	360	虐(nüè)字底	疟虐
血	417	361	血(xuè)	衅恤
熏	418	362	熏(xūn)	熏
卂	419	363	讯(xùn)字边	讯迅
丫	420	364	丫(yā)	丫
牙	421	365	牙(yá)	邪雅讶芽
亚	422	366	亚(yà)	哑晋普
㣺	423	367	焉(yān)字底	焉嫣
正	424	368	延(yán)字心	延诞

部件	序号	组号	部件名称	例字
严	425	369	严(yán)	严
言	426	370	言(yán)	信警檐
讠	427	370	言(yán)旁	话谴辩罚
央	428	371	央(yāng)	秧鸯英
昜	429	372	杨(yáng)字边	场烫荡
羊	430	373	羊(yáng)	群羚氧癣
䒑	431	373	美(měi)字头	盖羔美漾
养	432	373	养(yǎng)字头	养
幺	433	374	幺(yāo)/幼(yòu)字旁	幼玄幽率
夭	434	375	夭(yāo)	袄乔笑桥
尧	435	376	尧(yáo)字头	浇翘
也	436	377	也(yě)	地施
业	437	378	业(yè)	显虚凿
页	438	379	页(yè)	项濒嚣
曳	439	380	曳(yè)/拽(zhuài)字边	拽
衣	440	381	衣(yī)	依哀囔裁
𧘇	441	381	衣(yī)省	表袁猿
衤	442	381	衣(yī)旁	被襟褪
彑	443	382	彝(yí)字头	缘彝
夷	444	383	夷(yí)	姨胰
𦣝	445	384	颐(yí)字旁	熙
乂	446	385	乂(yì)/艾(ài)字底	艾区驳樊
弋	447	386	弋(yì)/代(dài)字边	代式腻
义	448	387	义(yì)	仪蚁
亦	449	388	亦(yì)	变奕迹

部件	序号	组号	部件名称	例字
殳	450	389	殷(yīn)字旁	殷
冘	451	390	冘(yín)/枕(zhěn)字边	忱耽沈
尹	452	391	尹(yǐn)	伊君笋群
庸	453	392	庸(yōng)	庸
マ	454	393	勇(yǒng)字头	捅疑勇痛
永	455	394	永(yǒng)	泳漾
用	456	395	用(yòng)	拥诵勇通
尤	457	396	尤(yóu)	犹稽
由	458	397	由(yóu)	邮届庙演
酉	459	398	酉(yǒu)	醒酒酱尊
又	460	399	又(yòu)	邓叹受怪
于	461	400	于(yú)	吁宇迂
鱼	462	401	鱼(yú)	鲤渔鲁鳖
禺	463	402	禺(yú)/愚(yú)字头	隅愚寓遇
与	464	403	与(yǔ)	屿写泻
予	465	404	予(yǔ)	预舒序墅
雨	466	405	雨(yǔ)	需霜蠕
禹	467	406	禹(yǔ)	属嘱
玉	468	407	玉(yù)	宝璧国
王	469	407	斜玉(xiéyù)	玻班
聿	470	408	聿(yù)/律(lǜ)字边	律肆建
月	471	409	月(yuè)/肉月(ròuyuè)	期明胆服
肉	472	409	肉(ròu)	腐瘸
月	473	409	青(qīng)字底	青肩前婿
夕	474	409	然(rán)左角	祭察燃

部件	序号	组号	部件名称	例字
戉	475	410	戉(yuè)/越(yuè)字心	越
云	476	411	云(yún)	魂耘会运
再	477	412	再(zài)	再
乍	478	413	乍(zhà)	昨怎窄
丈	479	414	丈(zhàng)	仗杖
爪	480	415	爪(zhǎo)	抓爬
⺒	481	415	印(yìn)字旁	印舆
爫	482	415	爪(zhǎo)头	采浮摇爵
兆	483	416	兆(zhào)	跳逃
争	484	417	争(zhēng)	净静筝
正	485	418	正(zhèng)	政证症焉
之	486	419	之(zhī)	芝乏泛
直	487	420	直(zhí)	值置矗
止	488	421	止(zhǐ)	址步企斌
㐄	489	421	降(jiàng)下角	降舞鳞瞬
龰	490	421	足(zú)字底	走足堤徙
少	491	421	步(bù)字底	步频涉濒
至	492	422	至(zhì)	致侄室
𠂉	493	423	制(zhì)字旁	制
豸	494	424	豸(zhì)/豹(bào)字旁	豹貌
中	495	425	中(zhōng)	冲忠衷遗
重	496	426	重(zhòng)	董懂
冂	497	427	周(zhōu)字框	周雕绸稠
舟	498	428	舟(zhōu)	船盘搬
州	499	429	州(zhōu)	酬洲

部件	序号	组号	部件名称	例字
朱	500	430	朱(zhū)	珠株
竹	501	431	竹(zhú)	竹
⺮	502	431	竹(zhú)头	笔等笑筑
主	503	432	主(zhǔ)	往拄
专	504	433	专(zhuān)	传转
𠂤	505	434	追(zhuī)字心	追埠薛孽
㠯	506	434	官(guān)字底	官管棺遣
刂	507	434	师(shī)字旁	归帅狮
隹	508	435	隹(zhuī)/锥(zhuī)字边	准集雀罐
豖	509	436	啄(zhuó)字边	啄琢
子	510	437	子(zǐ)	孔籽字郭
𠂔	511	438	姊(zǐ)字边	姊
自	512	439	自(zì)	咱息瘪
辶	513	440	走之(zǒuzhī)	送谜
𠂇	514	441	左(zuǒ)字框	左雄爱贼

10 常用成字部件表

部件	序号	组号	部件名称	例字
凹	2	2	凹(āo)	凹
八	5	5	八(bā)	叭分只俊
巴	7	6	巴(bā)	吧爸疤爬
白	8	7	白(bái)	柏皂貌
百	9	8	百(bǎi)	陌宿
办	11	10	办(bàn)	协苏
半	12	11	半(bàn)	判叛伴衅
卑	14	13	卑(bēi)	碑牌
贝	15	14	贝(bèi)	坝员婴赢
本	17	16	本(běn)	体笨
匕	19	18	匕(bǐ)	北此它化
必	21	19	必(bì)	秘瑟密
丙	24	22	丙(bǐng)	柄病陋
秉	25	23	秉(bǐng)	秉
卜	27	25	卜(bǔ)	卦处盐
不	29	26	不(bù)	杯否还胚
才	30	27	才(cái)	材闭团
册	33	30	册(cè)	删栅
叉	37	32	叉(chā)	杈蚤骚
产	38	33	产(chǎn)	铲萨颜谚
长	39	34	长(cháng)	张涨
厂	40	35	厂(chǎng)	雁岸雳脆
车	41	36	车(chē)	辆辈惭浑
臣	42	37	臣(chén)	卧宦藏

部件	序号	组号	部件名称	例字
辰	44	38	辰(chén)	振辱震褥
承	46	40	承(chéng)	承
尺	47	41	尺(chǐ)	尽昼迟
斥	48	42	斥(chì)	拆诉
赤	49	43	赤(chì)	赫赦
虫	50	44	虫(chóng)	虾独蚕闽
丑	51	45	丑(chǒu)	扭羞
出	52	46	出(chū)	础祟茁屈
川	53	47	川(chuān)	顺训
串	56	48	串(chuàn)	串患窜
垂	57	49	垂(chuí)	睡唾
匆	60	52	匆(cōng)	葱
囱	61	53	囱(cōng)	窗
寸	62	54	寸(cùn)	村封寻将
大	63	55	大(dà)	驮夸头因
歹	64	56	歹(dǎi)	残例毙葬
丹	67	58	丹(dān)	彤
单	68	59	单(dān)	蝉弹阐
刀	69	60	刀(dāo)	初召颁解
弟	75	63	弟(dì)	剃涕递
电	78	65	电(diàn)	奄掩庵
刁	79	66	刁(diāo)	叼
丁	80	67	丁(dīng)	盯宁厅停
鼎	81	68	鼎(dǐng)	鼎
东	83	70	东(dōng)	陈冻

部件	序号	组号	部件名称	例字
兜	84	71	兜(dōu)	兜
斗	85	72	斗(dǒu)	抖魁蝌
豆	86	73	豆(dòu)	短壹凳厨
儿[①]	294	255	儿(ér)	允克匹貌
而	88	75	而(ér)	耐要需端
耳	90	77	耳(ěr)	聪饵聋摄
二	91	78	二(èr)	仁些贰
发	92	79	发(fā)	拨废
凡	93	80	凡(fán)	矾恐赢
方	97	83	方(fāng)	旅纺旁簇
飞	98	84	飞(fēi)	飞
非	99	85	非(fēi)	排悲罪匪
丰	100	86	丰(fēng)	邦艳契害
风	102	87	风(fēng)	枫飘飒
夫	105	89	夫(fū)	规肤芙替
弗	107	91	弗(fú)	沸费
甫	108	92	甫(fǔ)	辅圃博蒲
父	109	93	父(fù)	爸斧
丐	110	94	丐(gài)	钙
干	111	95	干(gān)	刊汗舒凿
甘	113	97	甘(gān)	甜某嵌
高	114	98	高(gāo)	敲搞膏蒿
戈	115	99	戈(gē)	划战或裁
革	116	100	革(gé)	鞋霸
个	117	101	个(gè)	个

部件	序号	组号	部件名称	例字
更	120	104	更(gèng)	便硬鞭
工	121	105	工(gōng)	功红左诬
弓	122	106	弓(gōng)	引躬弱粥
谷	124	108	谷(gǔ)	欲俗豁蓉
瓜	125	109	瓜(guā)	孤瓢瓣
广	128	112	广(guǎng)	扩康俯遮
龟	129	113	龟(guī)	龟
鬼	130	114	鬼(guǐ)	愧魁魔巍
果	131	115	果(guǒ)	颗棵巢裹
亥	132	116	亥(hài)	刻孩
禾	135	119	禾(hé)	种秃秦乘
黑	137	121	黑(hēi)	默嘿墨
后	143	124	后(hòu)	垢
乎	144	125	乎(hū)	呼
互	146	127	互(hù)	互
户	147	128	户(hù)	炉所房编
黄	150	131	黄(huáng)	横磺
火	152	133	火(huǒ)	炒秋焚毯
击	154	134	击(jī)	陆
及	155	135	及(jí)	级吸
几	157	137	几(jǐ)	机朵冗虎
己	158	138	己(jǐ)	记忌岂改
夹	163	140	夹(jiā)	颊陕荚
甲	164	141	甲(jiǎ)	鸭押匣闸
兼	166	143	兼(jiān)	歉谦廉镰

部件	序号	组号	部件名称	例字
柬	167	144	柬(jiǎn)	柬澜
见	170	146	见(jiàn)	观舰揽窥
角	173	148	角(jiǎo)	触确嘴蟹
巾	178	151	巾(jīn)	帕帅帚闹
斤	179	152	斤(jīn)	欣祈斧兵
今	180	153	今(jīn)	吟令念琴
金	181	154	金(jīn)	鉴
京	184	156	京(jīng)	就惊影
井	185	157	井(jǐng)	阱讲进
九	187	159	九(jiǔ)	轨杂究抛
久	188	160	久(jiǔ)	玖灸疚
韭	189	161	韭(jiǔ)	韭
臼	190	162	臼(jiù)	舅舀毁陷
巨	193	165	巨(jù)	距渠
具	195	167	具(jù)	俱真镇
卡	197	169	卡(kǎ)	卡
开	198	170	开(kāi)	形研荆屏
口	200	172	口(kǒu)	吧扣舍哀
来	201	173	来(lái)	来莱
老	202	174	老(lǎo)	姥嗜
乐	204	175	乐(lè)	砾烁
里	207	178	里(lǐ)	野理量厘
力	208	179	力(lì)	动男伤荔
立	209	180	立(lì)	站亲竖霎
吏	210	181	吏(lì)	使

部件	序号	组号	部件名称	例字
丽	211	182	丽(lì)	丽
隶	212	183	隶(lì)	康逮慷
两	216	186	两(liǎng)	俩满
了	218	188	了(liǎo)	辽疗烹函
六	221	191	六(liù)	交郊胶冥
龙	222	192	龙(lóng)	胧垄笼庞
卤	223	193	卤(lǔ)	卤
鹿	225	195	鹿(lù)	鹿
卵	227	197	卵(luǎn)	孵
仑	228	198	仑(lún)	论瘪
马	230	200	马(mǎ)	驴冯驾腾
毛	231	201	毛(máo)	耗笔毯尾
矛	232	202	矛(máo)	柔茅橘
卯	233	203	卯(mǎo)	聊柳卿
么	236	205	么(me)	么
门	238	207	门(mén)	们闻搁躏
米	239	208	米(mǐ)	粉眯类楼
免	240	209	免(miǎn)	晚冕兔馋
面	241	210	面(miàn)	缅
民	242	211	民(mín)	氓眠
皿	243	212	皿(mǐn)	盂盘隘蕴
末	244	213	末(mò)	抹袜茉
母	245	214	母(mǔ)	姆毒梅繁
木	246	215	木(mù)	柏沐案闲
目	247	216	目(mù)	睛相看循

部件	序号	组号	部件名称	例字
乃	249	218	乃(nǎi)	奶孕秀携
南	250	219	南(nán)	献
内	252	221	内(nèi)	纳蜗窝
年	254	223	年(nián)	年
鸟	256	225	鸟(niǎo)	鸵鸡莺鹰
牛	258	226	牛(niú)	件牲犁蟹
农	260	227	农(nóng)	浓脓
女	263	229	女(nǚ)	好安姿威
乓[②]	270	234	乓(pāng)	乓
皮	266	231	皮(pí)	颇皱婆簸
片	267	232	片(piàn)	版牍牌
乒	269	234	乒(pīng)	乒
平	271	235	平(píng)	评秤苹萍
七	272	236	七(qī)	皂柒
妻	273	237	妻(qī)	凄
其	274	238	其(qí)	期棋基勘
气	275	239	气(qì)	汽氛
千	276	240	千(qiān)	纤迁乖插
欠	279	243	欠(qiàn)	吹软掀资
且	281	245	且(qiě)	助祖叠县
丘	284	248	丘(qiū)	蚯岳
求	285	249	求(qiú)	救球
曲	287	251	曲(qǔ)	曲
去	288	252	去(qù)	法丢脚磕
犬	289	253	犬(quǎn)	状臭莽获

部件	序号	组号	部件名称	例字
冉	291	254	冉(rǎn)	冉
人	292	255	人(rén)	从合囚坐
壬	297	256	壬(rén)	任凭淫
刃	298	257	刃(rèn)	纫忍涩
日	299	258	日(rì)	晒旧旦宣
肉③	472	409	肉(ròu)	腐瘸
入	301	259	入(rù)	入
三	302	260	三(sān)	兰叁
伞	303	261	伞(sǎn)	伞
色	305	263	色(sè)	绝艳
山	306	264	山(shān)	岭仙岁岔
上	309	267	上(shàng)	让卡叔戚
勺	310	268	勺(sháo)	的钓芍药
少	311	269	少(shǎo)	沙省渺
舌	312	270	舌(shé)	乱话适阔
申	313	271	申(shēn)	畅神审婶
身	314	272	身(shēn)	躲谢
升	315	273	升(shēng)	升
生	316	274	生(shēng)	甥性星窿
尸	317	275	尸(shī)	居卢殿霹
失	318	276	失(shī)	铁迭
十	319	277	十(shí)	什古早质
石	320	278	石(shí)	砖拓泵岩
食	321	279	食(shí)	食餐
史	323	280	史(shǐ)	驶

部件	序号	组号	部件名称	例字
矢	324	281	矢(shǐ)	知医族疑
士	327	283	士(shì)	壮吉声桔
氏	328	284	氏(shì)	纸昏婚底
示	329	285	示(shì)	标宗赊慰
世	331	286	世(shì)	泄屉蝶
事	332	287	事(shì)	事
手	333	288	手(shǒu)	掰拿攀撑
首	335	289	首(shǒu)	道
书	337	291	书(shū)	书
鼠	338	292	鼠(shǔ)	鼠
术	342	295	术(shù)	秫述
束	343	296	束(shù)	赖嫩速整
甩	345	298	甩(shuǎi)	甩
水	349	302	水(shuǐ)	冰泉尿踏
司	354	304	司(sī)	词饲
丝	355	305	丝(sī)	丝
巳[④]	161	138	巳(sì)	导巷包顾
四	356	306	四(sì)	四
肃	359	309	肃(sù)	啸箫
太	360	310	太(tài)	汰态
天	362	312	天(tiān)	吞关奏舔
田	363	313	田(tián)	佃奋画衡
头	365	315	头(tóu)	买实读犊
凸	367	317	凸(tū)	凸
土	368	318	土(tǔ)	地社幸庄

部件	序号	组号	部件名称	例字
屯	369	319	屯(tún)	顿吨囤
瓦	371	321	瓦(wǎ)	瓶瓮
丸	372	322	丸(wán)	执挚
万	373	323	万(wàn)	厉迈励
亡	374	324	亡(wáng)	氓忙妄芒
王	375	325	王(wáng)	枉望琴噩
卫	378	328	卫(wèi)	卫
为	380	330	为(wèi)	伪
未	381	331	未(wèi)	妹朱株
文	382	332	文(wén)	蚊吝这斑
我	383	333	我(wǒ)	鹅俄
乌	384	334	乌(wū)	呜坞
无	385	335	无(wú)	抚芜
五	386	336	五(wǔ)	伍语衙
午	387	337	午(wǔ)	许
勿	390	340	勿(wù)	物忽易踢
戊	391	341	戊(wù)	成茂威感
夕	392	342	夕(xī)	外名鸳舞
西	395	344	西(xī)	洒晒牺
习	397	345	习(xí)	羽翻翠
下	399	347	下(xià)	虾吓
乡	400	348	乡(xiāng)	乡
向	401	349	向(xiàng)	晌响
象	402	350	象(xiàng)	像豫
小	403	351	小(xiǎo)	尖雀原戚

部件	序号	组号	部件名称	例字
心	406	353	心(xīn)	悲闷媳瘾
辛	409	354	辛(xīn)	辟辜臂
戌	411	356	戌(xū)	戌
穴	414	359	穴(xué)	空窥榨
血	417	361	血(xuè)	衅恤
熏	418	362	熏(xūn)	熏
丫	420	364	丫(yā)	丫
牙	421	365	牙(yá)	邪雅讶芽
亚	422	366	亚(yà)	哑晋普
严	425	369	严(yán)	严
言	426	370	言(yán)	信警檐
央	428	371	央(yāng)	秧鸯英
羊	430	373	羊(yáng)	群羚氧癣
夭	434	375	夭(yāo)	袄乔笑桥
也	436	377	也(yě)	地施
业	437	378	业(yè)	显虚凿
页	438	379	页(yè)	项濒嚣
一	138	122	一(yī)	旦灭丛脸
衣	440	381	衣(yī)	依哀嚷裁
夷	444	383	夷(yí)	姨胰
乙	139	123	乙(yǐ)	亿艺疙乾
已⑤	159	138	已(yǐ)	已
乂	448	387	乂(yì)	仪蚁
亦	449	388	亦(yì)	变奕迹
庸	453	392	庸(yōng)	庸

部件	序号	组号	部件名称	例字
永	455	394	永(yǒng)	泳漾
用	456	395	用(yòng)	拥诵勇通
尤	457	396	尤(yóu)	犹稽
由	458	397	由(yóu)	邮届庙演
酉	459	398	酉(yǒu)	醒酒酱尊
又	460	399	又(yòu)	邓叹受怪
于	461	400	于(yú)	吁宇迂
鱼	462	401	鱼(yú)	鲤渔鲁鳖
与	464	403	与(yǔ)	屿写泻
予	465	404	予(yǔ)	预舒序墅
雨	466	405	雨(yǔ)	需霜蠕
禹	467	406	禹(yǔ)	属嘱
玉	468	407	玉(yù)	宝璧国
曰[6]	300	258	曰(yuē)	曰
月	471	409	月(yuè)	期明胆服
云	476	411	云(yún)	魂耘会运
再	477	412	再(zài)	再
乍	478	413	乍(zhà)	昨怎窄
丈	479	414	丈(zhàng)	仗杖
爪	480	415	爪(zhǎo)	抓爬
兆	483	416	兆(zhào)	跳逃
争	484	417	争(zhēng)	净静筝
正	485	418	正(zhèng)	政证症焉
之	486	419	之(zhī)	芝乏泛
直	487	420	直(zhí)	值置矗

部件	序号	组号	部件名称	例字
止	488	421	止(zhǐ)	址步企斌
至	492	422	至(zhì)	致侄室
中	495	425	中(zhōng)	冲忠衷遗
重	496	426	重(zhòng)	董懂
舟	498	428	舟(zhōu)	船盘搬
州	499	429	州(zhōu)	酬洲
朱	500	430	朱(zhū)	珠株
竹	501	431	竹(zhú)	竹
主	503	432	主(zhǔ)	往拄
专	504	433	专(zhuān)	传转
子	510	437	子(zǐ)	孔籽字郭
自	512	439	自(zì)	咱息瘪

注：

①“人”的附形部件。

②“乒”的附形部件。

③“月”的附形部件。

④“已”的附形部件。

⑤“已”的附形部件。

⑥“日”的附形部件。

附录 A（资料性附录）
现代常用字部件构字数表

部件	序号	构字数	出现次数
口	200	516	581
日	299	232	243
木	246	218	238
氵	350	204	204
扌	334	197	197
艹	32	167	167
一	138	161	180
亻	293	156	157
土	368	136	153
人	292	116	133
十	319	108	116
又	460	106	119
宀	13	104	104
月	471	93	99
女	263	89	89
讠	427	79	79
辶	513	79	79
纟	171	77	77
月	473	77	78
贝	15	77	80

部件	序号	构字数	出现次数
八	5	72	72
亠	412	72	72
冖	366	70	70
阝	347	70	70
大	63	68	68
心	406	67	69
刂	72	64	64
厶	353	64	66
忄	408	64	64
田	363	64	67
禾	135	64	64
寸	62	62	62
虫	50	62	63
止	488	61	62
夂	82	59	59
火	152	59	65
钅	182	59	59
匕	19	58	74
广	128	57	57
力	208	56	58

部件	序号	构字数	出现次数
勹	192	55	55
尸	317	55	55
攵	95	55	55
乂	446	52	58
目	247	52	52
山	306	49	49
疒	514	45	45
业	404	45	45
巾	178	45	45
立	209	45	45
子	510	44	44
石	320	44	46
隹	508	43	43
⺮	502	42	42
车	41	41	41
米	239	41	41
刀	69	39	39
白	8	39	39
夕	392	38	44
丶	77	37	39
几	157	36	36
丷	6	36	36
工	121	36	36
疒	26	35	35
斤	179	33	33

部件	序号	构字数	出现次数
厂	40	32	32
⻊	490	32	32
方	97	32	32
页	438	32	32
儿	294	31	33
马	230	31	31
𠂉	296	30	30
冫	214	30	32
彳	348	30	30
王	375	30	32
罒	482	30	30
耳	90	30	30
囗	376	29	29
犭	290	29	29
巳	176	28	28
廾	261	28	28
彡	307	28	28
门	238	28	28
欠	279	28	28
灬	153	28	28
示	329	28	29
皿	243	28	28
六	262	27	27
小	403	27	27
王	469	27	27

部件	序号	构字数	出现次数
兀	389	26	26
罒	229	26	26
⺈	295	25	25
耂	203	25	25
戈	115	25	25
户	147	25	25
雨	466	25	25
⺊	28	24	24
矢	324	24	24
穴	414	24	24
匚	286	23	23
彐	415	23	23
酉	459	23	23
丁	80	22	22
今	180	22	22
艮	118	22	22
干	111	21	21
巳	161	21	22
丰	100	21	22
龷	394	21	21
豆	86	21	21
饣	322	20	20
习	397	20	39
鸟	256	20	20
衤	442	20	20

部件	序号	构字数	出现次数
辛	409	20	24
丂	134	19	19
川	280	19	19
凵	148	19	19
弓	122	19	22
天	362	19	19
丁	199	18	20
冂	364	18	18
幺	433	18	23
龶	282	18	18
犬	289	18	18
殳	336	18	18
文	382	18	18
衣	440	18	18
甫	108	18	18
乚	340	17	17
刂	43	17	17
羊	430	17	17
⺍	413	16	16
见	170	16	16
戊	391	16	16
且	281	16	16
士	327	15	15
歹	64	15	15
牛	258	15	15

部件	序号	构字数	出现次数
氺	351	15	15
皮	266	15	15
里	207	15	15
其	274	15	15
少	311	14	14
中	495	14	14
手	333	14	15
衤	330	14	14
由	458	14	14
艮	156	14	14
母	245	14	14
鱼	462	14	14
亡	374	13	13
⺧	259	13	14
夭	434	13	13
六	221	13	13
生	316	13	13
而	88	13	13
舌	312	13	13
臼	190	13	13
䒑	74	13	13
糸	172	13	13
直	487	13	15
丨	339	12	12
卜	27	12	12

部件	序号	构字数	出现次数
厂	94	12	12
卩	174	12	12
乃	249	12	12
弋	447	12	12
⺈	219	12	12
云	476	12	12
覀	396	12	12
舟	498	12	12
豕	325	12	12
非	99	12	12
冖	140	11	11
乙	139	11	11
廴	169	11	11
丬	265	11	11
开	198	11	11
巴	7	11	11
𡗗	58	11	11
用	456	11	11
出	52	11	11
缶	104	11	11
谷	124	11	11
言	426	11	11
京	184	11	11
鬼	130	11	11
⺀	215	10	10

部件	序号	构字数	出现次数
マ	454	10	10
戈	435	10	10
己	158	10	10
不	29	10	10
壬	297	10	10
勿	390	10	10
正	485	10	10
去	288	10	10
甘	113	10	10
龙	222	10	10
柬	343	10	10
丿	268	9	9
㇇	141	9	9
丰	191	9	9
儿	54	9	9
勺	310	9	9
䒑	277	9	9
也	436	9	9
夫	105	9	12
廿	255	9	9
内	252	9	9
水	349	9	9
斗	85	9	9
井	133	9	9
戋	278	9	9

部件	序号	构字数	出现次数
申	313	9	9
冊	34	9	9
乍	478	9	9
半	12	9	9
至	492	9	9
虍	145	9	9
自	512	9	9
关	196	9	9
免	240	9	9
革	116	9	9
九	187	8	8
上	309	8	8
匆	429	8	8
韦	377	8	8
五	386	8	8
牙	421	8	8
气	275	8	8
毛	231	8	10
予	465	8	8
主	503	8	8
癶	73	8	8
亦	449	8	8
羊	431	8	9
我	383	8	8
果	131	8	8

部件	序号	构字数	出现次数
乚	341	7	7
七	272	7	7
了	218	7	7
⺕	20	7	7
[illegible]	379	7	7
凡	93	7	7
丸	372	7	7
尤	457	7	7
巨	193	7	7
屯	369	7	7
仑	228	7	7
氏	328	7	7
丷	346	7	7
平	271	7	7
业	437	7	7
电	78	7	7
瓜	125	7	7
头	365	7	7
𢀖	283	7	7
耒	205	7	7
亚	422	7	7
夹	163	7	7
争	484	7	7
亥	132	7	7
聿	470	7	7

部件	序号	构字数	出现次数
辰	44	7	7
身	314	7	7
釆	23	7	7
角	173	7	7
兼	166	7	7
𠃌	142	6	6
三	302	6	6
才	30	6	6
千	276	6	6
之	486	6	6
彐	224	6	6
龵	101	6	6
内	206	6	6
长	39	6	6
夕	474	6	6
尹	452	6	6
夬	126	6	6
末	244	6	6
世	331	6	6
甲	164	6	6
央	428	6	6
[illegible]	506	6	6
[illegible]	234	6	6
必	21	6	6
矛	232	6	6

部件	序号	构字数	出现次数
兆	483	6	6
更	120	6	6
𠙴	36	6	6
禺	463	6	6
高	114	6	6
黑	137	6	6
二	91	5	5
刂	507	5	5
𠂉	89	5	5
𠂆	497	5	5
于	461	5	5
⺧	489	5	5
及	155	5	5
刃	298	5	5
父	109	5	5
风	102	5	5
丑	51	5	5
玉	468	5	5
𠆭	217	5	5
失	318	5	5
永	455	5	5
司	354	5	5
弗	107	5	5
西	395	5	5
朱	500	5	5

部件	序号	构字数	出现次数
产	38	5	5
两	216	5	5
奂	149	5	5
𬜯	22	5	5
弟	75	5	5
垂	57	5	5
卑	14	5	5
单	68	5	5
肃	359	5	5
隶	212	5	5
与	464	4	4
万	373	4	4
少	491	4	4
川	53	4	4
久	188	4	4
义	448	4	4
叉	37	4	4
巛	55	4	4
井	185	4	4
专	504	4	4
旡	162	4	4
⺗	407	4	4
𧘇	441	4	4
印	1	4	4
冘	451	4	4

部件	序号	构字数	出现次数
冃	248	4	4
尺	47	4	4
尸	237	4	4
办	11	4	4
未	381	4	4
丙	24	4	4
东	83	4	4
𠙹	123	4	4
册	33	4	4
卯	233	4	4
发	92	4	4
老	202	4	4
臣	42	4	4
束	59	4	5
百	9	4	4
自	505	4	4
产	308	4	4
曲	31	4	4
申	358	4	4
豸	494	4	4
禹	467	4	4
㒳	4	4	4
象	402	4	4
丅	398	3	3
八	103	3	3

部件	序号	构字数	出现次数
丩	186	3	3
⺋	160	3	3
下	399	3	3
丈	479	3	3
卂	419	3	3
无	385	3	3
太	360	3	3
瓦	371	3	3
片	267	3	3
正	424	3	3
爪	480	3	3
夊	393	3	3
⺻	361	3	3
本	17	3	3
东	168	3	3
乍	87	3	3
丘	284	3	3
斥	48	3	3
乐	204	3	3
兴	352	3	3
民	242	3	3
青	3	3	3
夷	444	3	3
肉	472	3	3
血	417	3	3

部件	序号	构字数	出现次数
向	401	3	3
色	305	3	3
屰	253	3	3
州	499	3	3
农	260	3	3
镸	357	3	3
赤	49	3	4
求	285	3	3
来	201	3	3
串	56	3	3
具	195	3	3
重	496	3	3
叚	165	3	3
黄	150	3	3
丿	70	2	2
刁	79	2	2
卩	175	2	2
卄	16	2	2
丌	18	2	2
尢	112	2	2
⺕	416	2	2
乇	370	2	2
巨	481	2	3
丏	110	2	2
卌	66	2	2
市	106	2	2
支	96	2	2
彐	235	2	2
午	387	2	2
氏	226	2	2
丹	67	2	2
鸟	257	2	2
乌	384	2	2
为	380	2	2
毌	127	2	2
丰	10	2	2
击	154	2	2
术	342	2	2
业	304	2	2
曲	35	2	2
史	323	2	2
乎	144	2	2
匆	60	2	2
吏	210	2	2
氺	194	2	2
囟	410	2	2
后	143	2	2
豕	326	2	2
丞	45	2	2
𡈼	405	2	2

部件	序号	构字数	出现次数
囱	61	2	2
卵	227	2	2
叀	151	2	2
豖	509	2	2
疌	177	2	2
妻	273	2	2
金	181	2	2
南	250	2	2
柬	167	2	2
面	241	2	2
食	321	2	2
首	335	2	2
鬲	213	2	2
堇	183	2	2
入	301	1	1
个	117	1	1
勿	71	1	1
么	236	1	1
丫	420	1	1
已	159	1	1
卫	378	1	1
飞	98	1	1
彑	443	1	1
乡	400	1	1
互	146	1	1
曰	300	1	1
毌	344	1	1
四	220	1	1
升	315	1	1
朩	511	1	1
爿	264	1	1
书	337	1	1
戊	475	1	1
卡	197	1	1
凸	367	1	1
步	65	1	1
冉	291	1	1
凹	2	1	1
四	356	1	1
甩	345	1	1
夬	119	1	1
弗	76	1	1
丝	355	1	1
再	477	1	1
戍	411	1	1
[illegible]	423	1	1
曳	439	1	1
曲	287	1	1
年	254	1	1
[illegible]	493	1	1

部件	序号	构字数	出现次数
竹	501	1	1
乒	269	1	1
乓	270	1	1
月	450	1	1
伞	303	1	1
严	425	1	1
臣	445	1	1
⺻	251	1	1
丽	211	1	1
卤	223	1	1
龟	129	1	1
关	432	1	1

部件	序号	构字数	出现次数
事	332	1	1
無	388	1	1
秉	25	1	1
承	46	1	1
非	189	1	1
隹	136	1	1
兜	84	1	1
庸	453	1	1
鹿	225	1	1
鼎	81	1	1
鼠	338	1	1
熏	418	1	1

附录B（资料性附录）
现代常用字部件笔画序检索表

笔画数	部件	序号
1	一	138
1	丨	339
1	丿	268
1	丶	77
1	㇀	140
1	㇇	141
1	𠃊	340
1	𠃍	142
1	乚	341
1	乙	139
2	二	91
2	十	319
2	丁	80
2	亍	199
2	厂	40
2	丅	398
2	𠂇	514
2	匚	286
2	七	272
2	丂	134
2	⺊	28

笔画数	部件	序号
2	刂	43
2	刂	72
2	刂	507
2	卜	27
2	冂	364
2	𠂉	296
2	丿丨	280
2	亻	293
2	⺁	94
2	八	5
2	人	292
2	入	301
2	乂	446
2	⺈	295
2	𠂉	89
2	⺆	497
2	勹	192
2	𠘨	103
2	儿	294
2	匕	19
2	几	157

笔画数	部件	序号
2	九	187
2	亠	412
2	冫	214
2	丷	6
2	丬	70
2	⺀	215
2	冖	366
2	讠	427
2	刁	79
2	了	218
2	凵	148
2	丩	186
2	卩	174
2	⺋	175
2	阝	347
2	刀	69
2	力	208
2	乃	249
2	龴	454
2	又	460
2	㔾	160

笔画数	部件	序号
2	厶	353
2	廴	169
2	㔾	176
3	三	302
3	干	111
3	丰	191
3	于	461
3	工	121
3	土	368
3	士	327
3	扌	334
3	艹	32
3	廿	16
3	才	30
3	下	399
3	寸	62
3	丌	18
3	廾	261
3	亣	262
3	大	63
3	丈	479
3	兀	389
3	九	112
3	[illegible]	416
3	与	464
3	⺧	489

笔画数	部件	序号
3	戈	435
3	万	373
3	弋	447
3	上	309
3	⺕	20
3	少	491
3	小	403
3	[illegible]	379
3	⺌	404
3	口	200
3	囗	376
3	山	306
3	巾	178
3	千	276
3	𠂉	219
3	乇	370
3	川	53
3	[illegible]	54
3	彳	348
3	彡	307
3	个	117
3	[illegible]	481
3	犭	290
3	勿	71
3	夕	392
3	久	188

笔画数	部件	序号
3	夂	82
3	么	236
3	勺	310
3	凡	93
3	丸	372
3	及	155
3	饣	322
3	丬	265
3	广	128
3	亡	374
3	门	238
3	䒑	277
3	丫	420
3	义	448
3	氵	350
3	忄	408
3	⺍	413
3	宀	13
3	辶	513
3	之	486
3	彐	415
3	⺔	224
3	卂	419
3	尸	317
3	己	158
3	已	159

笔画数	部件	序号
3	巳	161
3	弓	122
3	子	510
3	卫	378
3	也	436
3	女	263
3	刅	429
3	刃	298
3	飞	98
3	习	397
3	叉	37
3	马	230
3	彑	443
3	纟	171
3	乡	400
3	幺	433
3	巛	55
4	丰	100
4	𡗗	101
4	王	375
4	龶	282
4	𤣩	469
4	开	198
4	井	185
4	天	362
4	夫	105
4	无	385
4	韦	377
4	云	476
4	专	504
4	耂	203
4	丏	110
4	廿	255
4	龷	394
4	卌	66
4	木	246
4	五	386
4	市	106
4	不	29
4	犬	289
4	太	360
4	歹	64
4	尤	457
4	车	41
4	巨	193
4	牙	421
4	屯	369
4	戈	115
4	旡	162
4	互	146
4	瓦	371
4	止	488
4	龰	490
4	支	96
4	少	311
4	⺌	407
4	⺕	235
4	曰	300
4	日	299
4	毌	344
4	月	473
4	中	495
4	罒	220
4	贝	15
4	内	252
4	水	349
4	见	170
4	内	206
4	午	387
4	牛	258
4	手	333
4	气	275
4	毛	231
4	⺧	259
4	壬	297
4	升	315
4	夭	434
4	攵	95

笔画数	部件	序号	笔画数	部件	序号	笔画数	部件	序号
4	长	39	4	丷	346	5	龷	133
4	片	267	4	方	97	5	未	381
4	𤴓	424	4	火	152	5	末	244
4	斤	179	4	为	380	5	示	329
4	爪	480	4	斗	85	5	击	154
4	父	109	4	灬	153	5	戋	278
4	仑	228	4	户	147	5	正	485
4	⺲	482	4	礻	330	5	去	288
4	今	180	4	尢	451	5	甘	113
4	月	471	4	心	406	5	世	331
4	氏	328	4	肀	361	5	本	17
4	朩	511	4	尹	452	5	术	342
4	勿	390	4	⺕	248	5	业	304
4	欠	279	4	尺	47	5	丙	24
4	风	102	4	夬	126	5	石	320
4	[illegible]	226	4	丑	51	5	六	217
4	𧘇	441	4	尸	237	5	戊	391
4	丹	67	4	爿	264	5	龙	222
4	夕	474	4	巴	7	5	平	271
4	夂	393	4	办	11	5	东	83
4	鸟	257	4	予	465	5	戉	475
4	乌	384	4	毌	127	5	东	168
4	卬	1	4	书	337	5	卡	197
4	殳	336	5	手	10	5	凸	367
4	六	221	5	𡗗	58	5	歺	65
4	文	382	5	玉	468	5	业	437

笔画数	部件	序号
5	氺	351
5	目	247
5	且	281
5	甲	164
5	申	313
5	电	78
5	田	363
5	由	458
5	冊	34
5	曲	35
5	史	323
5	央	428
5	𦣞	506
5	冉	291
5	罒	229
5	皿	243
5	凹	2
5	四	356
5	[illegible]	123
5	钅	182
5	生	316
5	矢	324
5	失	318
5	乍	478
5	禾	135
5	镸	87

笔画数	部件	序号
5	丘	284
5	白	8
5	斥	48
5	瓜	125
5	乎	144
5	用	456
5	甩	345
5	乐	204
5	匆	60
5	册	33
5	卯	233
5	鸟	256
5	卬	234
5	主	503
5	疒	26
5	立	209
5	半	12
5	𠔉	352
5	头	365
5	穴	414
5	衤	442
5	必	21
5	永	455
5	聿	119
5	艮	156
5	司	354

笔画数	部件	序号
5	民	242
5	弔	76
5	弗	107
5	出	52
5	皮	266
5	发	92
5	𢀖	283
5	癶	73
5	矛	232
5	母	245
5	丝	355
6	耒	205
6	龶	3
6	老	202
6	耳	90
6	亚	422
6	臣	42
6	吏	210
6	再	477
6	覀	396
6	束	59
6	西	395
6	戌	411
6	百	9
6	而	88
6	页	438

笔画数	部件	序号
6	夹	163
6	夷	444
6	至	492
6	乌	423
6	虍	145
6	曳	439
6	虫	50
6	曲	287
6	肉	472
6	年	254
6	朱	500
6	缶	104
6	佱	493
6	舌	312
6	竹	501
6	⺮	502
6	乒	269
6	乓	270
6	臼	190
6	𠂢	194
6	自	512
6	𠂤	505
6	血	417
6	向	401
6	囟	410
6	后	143

笔画数	部件	序号
6	月	450
6	舟	498
6	兆	483
6	伞	303
6	豕	326
6	争	484
6	色	305
6	亦	449
6	衣	440
6	产	38
6	𠆭	308
6	亠	74
6	亥	132
6	羊	430
6	⺷	431
6	龹	196
6	米	239
6	屰	253
6	州	499
6	农	260
6	聿	470
6	艮	118
6	丞	45
6	糸	172
7	镸	357
7	赤	49

笔画数	部件	序号
7	严	425
7	𦣞	445
7	求	285
7	甫	108
7	更	120
7	𠀠	31
7	束	343
7	𤰔	251
7	豆	86
7	两	216
7	酉	459
7	丽	211
7	辰	44
7	豖	325
7	来	201
7	卤	223
7	里	207
7	串	56
7	𠂒	405
7	我	383
7	申	358
7	身	314
7	囱	61
7	采	23
7	谷	124
7	豸	494

笔画数	部件	序号
7	龟	129
7	奂	149
7	免	240
7	角	173
7	卵	227
7	言	426
7	辛	409
7	𦍌	432
7	㡀	22
7	弟	75
8	其	274
8	直	487
8	叀	151
8	事	332
8	雨	466
8	豖	509
8	疌	177
8	妻	273
8	非	99
8	具	195
8	果	131
8	無	388
8	垂	57
8	秉	25
8	隹	508
8	卑	14
8	金	181
8	鱼	462
8	京	184
8	单	68
8	𠚕	36
8	肃	359
8	隶	212
8	承	46
9	革	116
9	南	250
9	柬	167
9	面	241
9	韭	189
9	禺	463
9	重	496
9	鬼	130
9	禹	467
9	㒳	4
9	食	321
9	首	335
9	叚	165
10	鬲	213
10	高	114
10	兼	166
10	隺	136
11	堇	183
11	黄	150
11	兜	84
11	象	402
11	庸	453
11	鹿	225
12	鼎	81
12	黑	137
13	鼠	338
14	熏	418

GB13000.1字符集汉字折笔规范

GF 2001—2001

（中华人民共和国教育部、国家语言文字工作委员会
2001年12月19日发布，2002年3月31日实施）

前　言

本规范规定了汉字折笔笔形分类、排序、命名的原则以及具体的分类、排序和名称，给出了GB13000.1字符集汉字折笔笔形表。

本规范由教育部语言文字信息管理司提出立项。

本规范由国家语言文字工作委员会语言文字规范（标准）审定委员会审定。

本规范由教育部、国家语言文字工作委员会发布、实施。

本规范起草人员有傅永和、刘连元、王翠叶、王丹卉。

1　范围

1965年中华人民共和国文化部和中国文字改革委员会发布《印刷通用汉字字形表》，该表规定汉字的主笔形为横、竖、撇、点、折，汉字附笔形中，提（㇀）归于横，竖钩（亅）归于竖，捺（㇏）归于点，横折撇（㇇）、竖弯横钩（乚）等折笔归于折。本规范进一步规定了汉字（印刷宋体）折笔笔形分类、排序、命名的原则以及具体的分类、排序和名称，给出了GB13000.1字符集汉字折笔笔形表。

本规范主要适用于中文信息处理、汉字排序检索等方面，也可供汉字教学界参考。

2 规范性引用文件

下列文件中的条款通过本规范的引用而成为本规范的条款。凡是注日期的引用文件，其随后所有的修改单（不包括勘误的内容）或修订版均不适用于本规范，然而，鼓励根据本规范达成协议的各方研究是否可使用这些文件的最新版本。凡是不注日期的引用文件，其最新版本适用于本规范。

印刷通用汉字字形表（1965 年 1 月 30 日中华人民共和国文化部和中国文字改革委员会联合发布）

GB 13000.1 信息技术 通用多八位编码字符集（UCS）第一部分：体系结构与基本多文种平面

GB 16794.1 信息技术 通用多八位编码字符集（I 区）汉字 48 点阵字型第一部分：宋体

GB/T 12200.2 汉语信息处理词汇 02 部分：汉语和汉字

GF 3002—1999 GB 13000.1 字符集汉字笔顺规范

GF 3003—1999 GB 13000.1 字符集汉字字序（笔画序）规范

3 术语

3.1 笔画（stroke）

构成楷书汉字字形的最小单位。

3.2 笔形（stroke feature）

笔画的形状。汉字最基本的笔形有五种，其排列顺序为横（一）竖（丨）撇（丿）点（丶）折（㇆）。

3.3 主笔形与附笔形（basic stroke feature and subordinate stroke feature）

汉字的五种基本笔形横（一）竖（丨）撇（丿）点（丶）折（㇆），称为主笔形；与主笔形对应的从属笔形（除撇外的主笔形都有相对应的从属笔形），称为附笔形。五种主笔形分别用序号 1、2、3、4、5 表示，笔形按先主后附依次排序（如折笔中的“横折竖”“横折撇”……的序号分别用 5.1、5.2……表示）。

3.4 平笔笔形与折笔笔形（plane stroke feature and turning stroke feature）

横、竖、撇、点四种主笔形及其对应的附笔形，称为平笔笔形；主笔形折及其对应的附笔形称为折笔笔形。

3.5　折点(turning point)

折点指折笔笔形的折角、弯角、钩角处。折角、弯角、钩角这三种折点,分别称为折、弯、钩。折点前后的组成部分一般都是平笔笔形。如"㇕"的折点为折,折点前后分别是横笔和竖笔;"㇄"的折点为弯,折点前后分别是竖笔和横笔;"㇖"的折点为钩,折点前是横笔。

3.6　折数(turning point number)

折笔笔形的折点数目。如"㇗""㇄"的折数为1折,"㇆""㇟"的折数为2折。

4　折笔笔形分类原则

根据应用需要,折笔笔形的分类宜粗不宜细。具体的折笔笔形分类原则是:

4.1　根据折点前后平笔笔形(一、㇀、丨、丿、丶、㇏)进行归类。如"口"中的"㇕"与"己"中的"㇕",其折点前都是"横",折点后都是"竖",归为相同的折笔笔形;"山"中的"㇗"与"瓦"中的"㇙",折点前都是"竖",折点后分别是"横"和"提",分为不同的折笔笔形。

4.2　折点前后笔形相同,只是笔形长度或折点角度不同时,一般视作同笔形。如"了"中的"㇖"与"又"中的"㇇",折点前后都分别是"横"和"撇",虽然两者"撇"的长度不同,折点角度也有细微差别,但仍归为同笔形。

依据上述分类原则,GB13000.1字符集汉字(印刷宋体)折笔笔形共分25种。印刷楷体汉字除这25种折笔笔形外还有一种折笔笔形"㇃"(俗称"卧钩")。

5　折笔笔形排序原则

5.1　折数规则:按折数排序,折点少的先于折点多的。如"㇕"先于"㇍";"㇗"先于"㇞"。

5.2　笔形规则:折数相同时,先依折点前再依折点后的笔形逐笔按横竖撇点顺序排序。如"㇕"先于"㇇";"㇗"先于"㇙";"㇙"先于"㇜"。

5.3 折点规则：折数、折点前后笔形都相同时，按折点的种类排序，折先于弯，弯先于钩。如“㇅”先于“㇈”；“㇈”先于“㇆”；“㇉”先于“㇄”。

6 折笔笔形命名原则

6.1 全称

折笔笔形一般是依次按照组成折笔的平笔笔形和折点名称命名。如“㇇”称为“横折撇”；“㇈”称为“横折竖弯横钩”。

6.2 简称或俗称

为便于称说，当折笔的折点后为最常见的横笔或竖笔时，省略折点后的横、竖笔形名。如“㇕”简称为“横折”。当折笔的折点后为其他笔形时，省略折点名。如“㇇”简称为“横撇”。

有些折笔笔形，有通俗的名称，这种名称多采用笔形形象描述法，如“㇁”称“弯钩”；“㇂”称“斜钩”。在不与其他笔形名称相混的情况下，保留俗称。

7 《GB13000.1字符集汉字折笔笔形表》说明

《GB13000.1字符集汉字折笔笔形表》是对GB13000.1字符集中20902个汉字的折笔笔形逐一进行分析、归纳和统计后制定的。

7.1 折数

本表中的25种折笔笔形按折数分组排列，从1折到4折各组的折笔数分别为11、8、5、1。

7.2 序号

本表中的折笔按折笔笔形排序原则排列，为了与汉字五种主笔形中的“折”的序号衔接，每种折笔笔形的序号前加“5”。

7.3 名称

本表中列出每种折笔笔形的全称，并列出一些折笔笔形的简称或俗称。

7.4 笔形

本表中列出每种折笔的代表笔形，并将一些特殊折笔的从属笔形列在括号内。

7.5 例字

本表中列出每种折笔对应的若干例字，用以提示折笔的具体笔形，与代表笔形、从属笔形对应的例字之间用斜线“/”分开。

GB13000.1 字符集汉字折笔笔形表

折数	序号	名称		笔形	例字
		全称	简称（或俗称）		
1折	5.1	横折竖	横折	㇕(㇕)	**口**见达舆己罗马丑贯/**敢**為
	5.2	横折撇	横撇	㇇(㇇)	**又**祭之社登丣/**令**了
	5.3	横钩		㇖	**买**宝皮饭
	5.4	竖折横	竖折	㇗(㇗、㇗)	**山**世岵/**母**互乐/**发**牙降
	5.5	竖弯横	竖弯	㇄	**四**西朮
	5.6	竖折提	竖提	㇙	**长**瓜鼠以瓦叫收
	5.7	撇折横	撇折	㇜(㇜)	**公**离云红乡亥/**车**东
	5.8	撇折点	撇点	㇛	**女**巡
	5.9	撇钩		㇓	**㐅**
	5.10	弯竖钩	弯钩（俗称）	㇁	**犹**家
	5.11	捺钩	斜钩（俗称）	㇂	**代**戈
2折	5.12	横折竖折横	横折折	㇅	**凹**卍
	5.13	横折竖弯横	横折弯	㇍	**朵**
	5.14	横折竖折提	横折提	㇊	**计**颓鸠
	5.15	横折竖钩	横折钩	㇆(㇆)	**同**门却永要万母仓/**也**
	5.16	横折捺钩	横斜钩（俗称）	㇈	**飞**风执
	5.17	竖折横折竖	竖折折	㇞	**鼎**卐亞吳
	5.18	竖折横折撇	竖折撇	ㄣ(ㄣ、ㄣ)	**专**/**奊**/**矢**
	5.19	竖弯横钩	竖弯钩	㇟	**己**匕电心

折数	序号	名称		笔形	例字
		全称	简称（或俗称）		
3折	5.20	横折竖折横折竖	横折折折	㇡	凸
	5.21	横折竖折横折撇	横折折撇	㇋	及 延
	5.22	横折竖弯横钩	横折弯钩	㇠(乙)	几 丸 / 艺 亿
	5.23	横折撇折弯竖钩	横撇弯钩（俗称）	㇌	阳 部
	5.24	竖折横折竖钩	竖折折钩	㇉(㇉)	马 与 钙 / 号 弓
4折	5.25	横折竖折横折竖钩	横折折折钩	㇡(㇡)	乃 / 杨

部分计量单位名称统一用字表

中国文字改革委员会
国 家 标 准 计 量 局

关于部分计量单位名称统一用字的通知

（1977 年 7 月 20 日）

1959 年，国务院发布关于《统一我国计量制度的命令》，确定以米制（即公制）为基本计量制度，是我国计量制度统一的重大措施。自从命令发布以来，“公分”“公厘”等既表示长度概念，又表示重量概念的混乱状况，在语言中澄清了；表示长度的“粍、糎……”，重量的“瓱、甅……”，容量的“竓、竰……”，这些特造的汉字也淘汰了。在公制中，目前只遗留一个“瓩”字仍在使用。

现在，我国生产和科研等领域，英制计量制度基本上淘汰了，可是提到外国事物时，英制计量单位名称在语言、文字中还不能不使用。但是，当前按几种命名原则翻译的英制计量单位名称同时并用，言文不一致。例如，在书面上，“盎斯”“温司”“英两”“唡”并用；在语言上，“唡”有 liǎng，yīngliǎng 两种读法。这些混乱状况主要是由特造计量单位名称用字引起的。

计量单位名称必须个性明确，不得混同。否则名异实同（例如，海里、海浬、浬）或名同实异（例如，说 lǐ，包含里、哩、浬三义），人们就难以理解，甚至引起误解，造成差错事故。

一个计量单位名称，人们口头说的都是双音，书面却只印一个字，如果读单音（例如，把表示“英里”的“哩”读作 lǐ），那就违反言文一致的原则，人为地造成口头语言同书面语言脱节。

把本来由两个字构成的词，勉强写成一个字，虽然少占一个字篇幅，少写几笔，但特造新字，增加人们记认负担和印刷、打字等大量设备，得不偿失。不考虑精简字数，只求减少笔画，为简化而简化，这样简化汉字的做法并不可取。

这些不合理的计量单位名称用字，在语言文字中造成的混乱状况，是同我国日益发展的社会主义经济建设和文化建设不相适应的。长时期来，不少单位和个人通过各种形式指出这一问题，希望有关单位加以改变。我们认为，群众的批评是正确的，要求是合理的。为了澄清计量单位用语的混乱现象，清除特造计量单位名称用字的人为障碍，实现计量单位名称统一化，特将部分计量单位名称用字统一起来（见附表）。从收到本文之日起，所有出版物、打印文件、设计图表、商品包装，以及广播等，均应采用附表选定的译名，淘汰其他旧译名。库存的包装材料，不必更改，用完为止，于重印时改正。对外文件，外销商品已在外国注册的商标，可不更改。

在实施过程中，有什么问题，请及时告诉我们。

请将本“通知”转发各有关单位，并在刊物上登载。

附表：

部分计量单位名称统一用字表

类别	外文名称	译名［淘汰的译名］	备注
长度	nautical mile mile fathom foot inch	海里［浬、海浬］ 英里［哩］ 英寻［呏、浔］ 英尺［呎］ 英寸［吋］	
面积	acre	英亩［噷、喵］	
容量	litre bushel gallon	升［公升、竔］ 蒲式耳［嘝］ 加仑［呏、嗧］	
重量	hundredweight stone ounce grain	英担［呾］ 英石［硈］ 盎司［唡、英两、温司］ 格令［喱、英厘、克冷］	1英担＝112磅 1英石＝14磅
各科	kilowatt torr phon sone mel denier tex	千瓦［瓩］ 托［乇］ 方［呁］ 宋［哢］ 美［咩］ 旦［紞］ 特［纮］	功率单位 压力单位 响度级单位 响度单位 音调单位 纤度单位 纤度单位

第一批异形词整理表

GF 1001—2001

（中华人民共和国教育部、国家语言文字工作委员会
2001年12月19日发布，2002年3月31日试行）

前 言

本规范规定了普通话书面语中异形词的推荐使用词形。

本规范由教育部语言文字应用管理司提出立项。

本规范由国家语言文字工作委员会语言文字规范(标准)审定委员会审定。

本规范由教育部、国家语言文字工作委员会发布试行。

本规范起草单位：中国语文报刊协会。

本规范起草人：李行健、应雨田、谢质彬、孙光贵、邹玉华、张育泉、郗风岐等。曹先擢、傅永和、高更生、苏培成、季恒铨任顾问。湖南常德师范学院、山东潍坊学院和湖南长沙师范学校有关人员参加了研制工作。

1 范围

本规范是推荐性试行规范。根据“积极稳妥、循序渐进、区别对待、分批整理”的工作方针，选取了普通话书面语中经常使用、公众的取舍倾向比较明显的338组(不含附录中的44组)异形词(包括词和固定短语)作为第一批进行整理，给出了每组异形词的推荐使用词形。

本规范适用于普通话书面语，包括语文教学、新闻出版、辞书编纂、信息处理等方面。

2 规范性引用文件

第一批异体字整理表(1955 年 12 月 22 日中华人民共和国文化部、中国文字改革委员会发布)

汉语拼音方案(1958 年 2 月 11 日中华人民共和国第一届全国人民代表大会第五次会议批准)

普通话异读词审音表(1985 年 12 月 27 日国家语言文字工作委员会、国家教育委员会和广播电视部发布)

简化字总表(1986 年 10 月 10 日经国务院批准国家语言文字工作委员会重新发表)

现代汉语常用字表(1988 年 1 月 26 日国家语言文字工作委员会、国家教育委员会发布)

现代汉语通用字表(1988 年 3 月 25 日国家语言文字工作委员会、中华人民共和国新闻出版署发布)

GB/T 16159—1996 汉语拼音正词法基本规则

3 术语

3.1 异形词(variant forms of the same word)

普通话书面语中并存并用的同音(本规范中指声、韵、调完全相同)、同义(本规范中指理性意义、色彩意义和语法意义完全相同)而书写形式不同的词语。

3.2 异体字(variant forms of a Chinese character)

与规定的正体字同音、同义而写法不同的字。本规范中专指被《第一批异体字整理表》淘汰的异体字。

3.3 词形(word form/lexical form)

本规范中指词语的书写形式。

3.4 语料(corpus)

本规范中指用于词频统计的普通话书面语中的语言资料。

3.5 词频(word frequency)

在一定数量的语料中同一个词语出现的频度,一般用词语的出现次数或覆盖率来表示。本规范中指词语的出现次数。

4 整理异形词的主要原则

现代汉语中异形词的出现有一个历史发展过程，涉及形、音、义等多个方面。整理异形词必须全面考虑、统筹兼顾。既立足于现实，又尊重历史；既充分注意语言的系统性，又承认发展演变中的特殊情况。

4.1 通用性原则

根据科学的词频统计和社会调查，选取公众目前普遍使用的词形作为推荐词形。把通用性原则作为整理异形词的首要原则，这是由语言的约定俗成的社会属性所决定的。据多方考察，90%以上的常见异形词在使用中词频逐渐出现显著性差异，符合通用性原则的词形绝大多数与理据性等原则是一致的。即使少数词频高的词形与语源或理据不完全一致，但一旦约定俗成，也应尊重社会的选择。如"毕恭毕敬 24——必恭必敬 0"（数字表示词频，下同），从源头来看，"必恭必敬"出现较早，但此成语在流传过程中意义发生了变化，由"必定恭敬"演变为"十分恭敬"，理据也有了不同。从目前的使用频率看，"毕恭毕敬"通用性强，故以"毕恭毕敬"为推荐词形。

4.2 理据性原则

某些异形词目前较少使用，或词频无显著性差异，难以依据通用性原则确定取舍，则从词语发展的理据性角度推荐一种较为合理的词形，以便于理解词义和方便使用。如"规诫 1——规戒 2"，"戒""诫"为同源字，在古代二者皆有"告诫"和"警戒"义，因此两词形皆合语源。但现代汉语中"诫"多表"告诫"义，"戒"多表"警戒"义，"规诫"是以言相劝，"诫"的语素义与词义更为吻合，故以"规诫"为推荐词形。

4.3 系统性原则

词汇内部有较强的系统性，在整理异形词时要考虑同语素系列词用字的一致性。如"侈靡 0——侈糜 0|靡费 3——糜费 3"，根据使用频率，难以确定取舍。但同系列的异形词"奢靡 87——奢糜 17"，前者占有明显的优势，故整个系列都确定以含"靡"的词形为推荐词形。

以上三个原则只是异形词取舍的三个主要侧重点，具体到每组词还需要综合考虑决定取舍。

另外，目前社会上还流行着一批含有非规范字（即国家早已废止的异体字或已简化的繁体字）的异形词，造成书面语使用中的混乱。这次选择了一些影响较大的列为附录，明确作为非规范词形予以废除。

5 《第一批异形词整理表》说明

5.1 本表研制过程中，用《人民日报》1995—2000 年全部作品作语料对异形词进行词频统计和分析，并逐条进行人工干预，尽可能排除电脑统计的误差，部分异形词还用《人民日报》1987—1995 年语料以及 1996—1997 年的 66 种社会科学杂志和 158 种自然科学杂志的语料进行了抽样复查。同时参考了《现代汉语词典》《汉语大词典》《辞海》《新华词典》《现代汉语规范字典》等工具书和有关讨论异形词的文章。

5.2 每组异形词破折号前为选取的推荐词形。表中需要说明的个别问题，以注释方式附在表后。

5.3 本表所收的条目按首字的汉语拼音音序排列，同音的按笔画数由少到多排列。

5.4 附录中列出的非规范词形置于圆括号内，已淘汰的异体字和已简化的繁体字在左上角用“*”号标明。

A

按捺——按纳 ànnà
按语——案语 ànyǔ

B

百废俱兴——百废具兴 bǎifèi-jùxīng
百叶窗——百页窗 bǎiyèchuāng
斑白——班白、颁白 bānbái
斑驳——班驳 bānbó
孢子——胞子 bāozǐ
保镖——保镳 bǎobiāo
保姆——保母、褓姆 bǎomǔ
辈分——辈份 bèifèn
本分——本份 běnfèn
笔画——笔划 bǐhuà
毕恭毕敬——必恭必敬 bìgōng-bìjìng
编者按——编者案 biānzhě'àn
扁豆——萹豆、稨豆、藊豆 biǎndòu
标志——标识 biāozhì
鬓角——鬓脚 bìnjiǎo
秉承——禀承 bǐngchéng
补丁——补靪、补钉 bǔding

C

参与——参预 cānyù
惨淡——惨澹 cǎndàn
差池——差迟 chāchí
掺和——搀和 chānhuo①
掺假——搀假 chānjiǎ
掺杂——搀杂 chānzá
铲除——刬除 chǎnchú
徜徉——倘佯 chángyáng
车厢——车箱 chēxiāng
彻底——澈底 chèdǐ
沉思——沈思 chénsī②
称心——趁心 chènxīn
成分——成份 chéngfèn
澄澈——澄彻 chéngchè
侈靡——侈糜 chǐmí
筹划——筹画 chóuhuà
筹码——筹马 chóumǎ
踌躇——踌蹰 chóuchú
出谋划策——出谋画策 chūmóu-huàcè
喘吁吁——喘嘘嘘 chuǎnxūxū
瓷器——磁器 cíqì
赐予——赐与 cìyǔ
粗鲁——粗卤 cūlǔ

D

搭档——搭当、搭挡

dādàng
搭讪——搭赸、答讪
dāshàn
答复——答覆 dáfù
戴孝——带孝 dàixiào
担心——耽心 dānxīn
担忧——耽忧 dānyōu
耽搁——担搁 dānge
淡泊——澹泊 dànbó
淡然——澹然 dànrán
倒霉——倒楣 dǎoméi
低回——低徊 dīhuí[3]
凋敝——雕敝、雕弊
diāobì[4]
凋零——雕零 diāolíng
凋落——雕落 diāoluò
凋谢——雕谢 diāoxiè
跌宕——跌荡 diēdàng
跌跤——跌交 diējiāo
喋血——蹀血 diéxuè
叮咛——丁宁 dīngníng
订单——定单 dìngdān[5]
订户——定户 dìnghù
订婚——定婚 dìnghūn
订货——定货 dìnghuò
订阅——定阅 dìngyuè
斗拱——枓拱、枓栱
dǒugǒng
逗留——逗遛 dòuliú
逗趣儿——斗趣儿 dòuqùr
独角戏——独脚戏
dújiǎoxì
端午——端五 duānwǔ

E

二黄——二簧 èrhuáng
二心——贰心 èrxīn

F

发酵——酦酵 fājiào
发人深省——发人深醒
fārén-shēnxǐng
繁衍——蕃衍 fányǎn
吩咐——分付 fēnfù
分量——份量 fènliàng
分内——份内 fènnèi
分外——份外 fènwài
分子——份子 fènzǐ[6]
愤愤——忿忿 fènfèn
丰富多彩——丰富多采
fēngfù-duōcǎi
风瘫——疯瘫 fēngtān
疯癫——疯颠 fēngdiān
锋芒——锋铓 fēngmáng
服侍——伏侍、服事 fúshi
服输——伏输 fúshū
服罪——伏罪 fúzuì
负隅顽抗——负嵎顽抗
fùyú-wánkàng
附会——傅会 fùhuì

复信——覆信 fùxìn
覆辙——复辙 fùzhé

G

干预——干与 gānyù
告诫——告戒 gàojiè
耿直——梗直、鲠直 gěngzhí
恭维——恭惟 gōngwei
勾画——勾划 gōuhuà
勾连——勾联 gōulián
孤苦伶仃——孤苦零丁 gūkǔ-língdīng
辜负——孤负 gūfù
古董——骨董 gǔdǒng
股份——股分 gǔfèn
骨瘦如柴——骨瘦如豺 gǔshòu-rúchái
关联——关连 guānlián
光彩——光采 guāngcǎi
归根结底——归根结柢 guīgēn-jiédǐ
规诫——规戒 guījiè
鬼哭狼嚎——鬼哭狼嗥 guǐkū-lángháo
过分——过份 guòfèn

H

蛤蟆——虾蟆 háma
含糊——含胡 hánhu
含蓄——涵蓄 hánxù
寒碜——寒伧 hánchen
喝彩——喝采 hècǎi
喝倒彩——喝倒采 hèdàocǎi
轰动——哄动 hōngdòng
弘扬——宏扬 hóngyáng
红彤彤——红通通 hóngtōngtōng
宏论——弘论 hónglùn
宏图——弘图、鸿图 hóngtú
宏愿——弘愿 hóngyuàn
宏旨——弘旨 hóngzhǐ
洪福——鸿福 hóngfú
狐臭——胡臭 húchòu
蝴蝶——胡蝶 húdié
糊涂——胡涂 hútu
琥珀——虎魄 hǔpò
花招——花着 huāzhāo
划拳——豁拳、搳拳 huáquán
恍惚——恍忽 huǎnghū
辉映——晖映 huīyìng
溃脓——殨脓 huìnóng
浑水摸鱼——混水摸鱼 húnshuǐ-mōyú
伙伴——火伴 huǒbàn

J

机灵——机伶 jīling
激愤——激忿 jīfèn
计划——计画 jìhuà
纪念——记念 jìniàn
寄予——寄与 jìyǔ
夹克——茄克 jiākè
嘉宾——佳宾 jiābīn
驾驭——驾御 jiàyù
架势——架式 jiàshi
嫁妆——嫁装 jiàzhuang
简练——简炼 jiǎnliàn
骄奢淫逸——骄奢淫佚 jiāoshē-yínyì
角门——脚门 jiǎomén
狡猾——狡滑 jiǎohuá
脚跟——脚根 jiǎogēn
叫花子——叫化子 jiàohuāzi
精彩——精采 jīngcǎi
纠合——鸠合 jiūhé
纠集——鸠集 jiūjí
就座——就坐 jiùzuò
角色——脚色 juésè

K

克期——刻期 kèqī
克日——刻日 kèrì
刻画——刻划 kèhuà
阔佬——阔老 kuòlǎo

L

褴褛——蓝缕 lánlǚ
烂漫——烂缦、烂熳 lànmàn
狼藉——狼籍 lángjí
榔头——狼头、鎯头 lángtou
累赘——累坠 léizhui
黧黑——黎黑 líhēi
连贯——联贯 liánguàn
连接——联接 liánjiē
连绵——联绵 liánmián ⑦
连缀——联缀 liánzhuì
联结——连结 liánjié
联袂——连袂 liánmèi
联翩——连翩 liánpiān
踉跄——踉蹡 liàngqiàng
嘹亮——嘹喨 liáoliàng
缭乱——撩乱 liáoluàn
伶仃——零丁 língdīng
囹圄——囹圉 língyǔ
溜达——蹓跶 liūda
流连——留连 liúlián
喽啰——喽罗、偻㑩 lóuluó
鲁莽——卤莽 lǔmǎng
录像——录象、录相 lùxiàng
络腮胡子——落腮胡子

luòsāi-húzi
落寞——落漠、落莫
luòmò

M

麻痹——痳痹 mábì
麻风——痳风 máfēng
麻疹——痳疹 mázhěn
马蜂——蚂蜂 mǎfēng
马虎——马糊 mǎhu
门槛——门坎 ménkǎn
靡费——糜费 mífèi
绵连——绵联 miánlián
腼腆——靦覥 miǎntiǎn
模仿——摹仿 mófǎng
模糊——模胡 móhu
模拟——摹拟 mónǐ
摹写——模写 móxiě
摩擦——磨擦 mócā
摩拳擦掌——磨拳擦掌
móquán-cāzhǎng
磨难——魔难 mónàn
脉脉——眽眽 mòmò
谋划——谋画 móuhuà

N

那么——那末 nàme
内讧——内哄 nèihòng
凝练——凝炼 níngliàn
牛仔裤——牛崽裤
niúzǎikù
纽扣——钮扣 niǔkòu

P

扒手——掱手 páshǒu
盘根错节——蟠根错节
pángēn-cuòjié
盘踞——盘据、蟠踞、蟠据
pánjù
盘曲——蟠曲 pánqū
盘陀——盘陁 pántuó
磐石——盘石、蟠石
pánshí
蹒跚——盘跚 pánshān
彷徨——旁皇 pánghuáng
披星戴月——披星带月
pīxīng-dàiyuè
疲沓——疲塌 píta
漂泊——飘泊 piāobó
漂流——飘流 piāoliú
飘零——漂零 piāolíng
飘摇——飘颻 piāoyáo
凭空——平空 píngkōng

Q

牵连——牵联 qiānlián
憔悴——蕉萃 qiáocuì
清澈——清彻 qīngchè
情愫——情素 qíngsù
拳拳——惓惓 quánquán

劝诫——劝戒 quànjiè

R

热乎乎——热呼呼 rèhūhū

热乎——热呼 rèhu

热衷——热中 rèzhōng

人才——人材 réncái

日食——日蚀 rìshí

入座——入坐 rùzuò

S

色彩——色采 sècǎi

杀一儆百——杀一警百 shāyī-jǐngbǎi

鲨鱼——沙鱼 shāyú

山楂——山查 shānzhā

舢板——舢舨 shānbǎn

艄公——梢公 shāogōng

奢靡——奢縻 shēmí

申雪——伸雪 shēnxuě

神采——神彩 shéncǎi

湿漉漉——湿渌渌 shīlūlū

什锦——十锦 shíjǐn

收服——收伏 shōufú

首座——首坐 shǒuzuò

书简——书柬 shūjiǎn

双簧——双锁 shuānghuáng

思维——思惟 sīwéi

死心塌地——死心踏地 sǐxīn-tādì

T

踏实——塌实 tāshi

甜菜——菾菜 tiáncài

铤而走险——挺而走险 tǐng'érzǒuxiǎn

透彻——透澈 tòuchè

图像——图象 túxiàng

推诿——推委 tuīwěi

W

玩意儿——玩艺儿 wányìr

魍魉——蝄蜽 wǎngliǎng

诿过——委过 wěiguò

乌七八糟——污七八糟 wūqībāzāo

无动于衷——无动于中 wúdòngyúzhōng

毋宁——无宁 wúnìng

毋庸——无庸 wúyōng

五彩缤纷——五采缤纷 wǔcǎi-bīnfēn

五劳七伤——五痨七伤 wǔláo-qīshāng

X

息肉——瘜肉 xīròu

稀罕——希罕 xīhan
稀奇——希奇 xīqí
稀少——希少 xīshǎo
稀世——希世 xīshì
稀有——希有 xīyǒu
翕动——噏动 xīdòng
洗练——洗炼 xǐliàn
贤惠——贤慧 xiánhuì
香醇——香纯 xiāngchún
香菇——香菰 xiānggū
相貌——像貌 xiàngmào
潇洒——萧洒 xiāosǎ
小题大做——小题大作
xiǎotí-dàzuò
卸载——卸儎 xièzài
信口开河——信口开合
xìnkǒu-kāihé
惺忪——惺松 xīngsōng
秀外慧中——秀外惠中
xiùwài-huìzhōng
序文——叙文 xùwén
序言——叙言 xùyán
训诫——训戒 xùnjiè

Y

压服——压伏 yāfú
押韵——压韵 yāyùn
鸦片——雅片 yāpiàn
扬琴——洋琴 yángqín
要么——要末 yàome
夜宵——夜消 yèxiāo
一锤定音——一槌定音
yīchuí-dìngyīn
一股脑儿——一古脑儿
yīgǔnǎor
衣襟——衣衿 yījīn
衣着——衣著 yīzhuó
义无反顾——义无返顾
yìwúfǎngù
淫雨——霪雨 yínyǔ
盈余——赢余 yíngyú
影像——影象 yǐngxiàng
余晖——余辉 yúhuī
渔具——鱼具 yújù
渔网——鱼网 yúwǎng
与会——预会 yùhuì
与闻——预闻 yùwén
驭手——御手 yùshǒu
预备——豫备 yùbèi⑧
原来——元来 yuánlái
原煤——元煤 yuánméi
原原本本——源源本本、
元元本本
yuányuán-běnběn
缘故——原故 yuángù
缘由——原由 yuányóu
月食——月蚀 yuèshí
月牙——月芽 yuèyá
芸豆——云豆 yúndòu

Z

杂沓——杂遝 zátà
再接再厉——再接再砺 zàijiē-zàilì
崭新——斩新 zhǎnxīn
辗转——展转 zhǎnzhuǎn
战栗——颤栗 zhànlì ⑨
账本——帐本 zhàngběn ⑩
折中——折衷 zhézhōng
这么——这末 zhème
正经八百——正经八摆 zhèngjīng-bābǎi
芝麻——脂麻 zhīma
肢解——支解、枝解 zhījiě
直截了当——直捷了当、直接了当 zhíjié-liǎodàng
指手画脚——指手划脚 zhǐshǒu-huàjiǎo
周济——赒济 zhōujì
转悠——转游 zhuànyou
装潢——装璜 zhuānghuáng
孜孜——孳孳 zīzī
姿势——姿式 zīshì
仔细——子细 zǐxì
自个儿——自各儿 zìgěr
佐证——左证 zuǒzhèng

【注释】

①“掺”“搀”实行分工:“掺”表混合义,“搀”表搀扶义。

②“沉”本为“沈”的俗体,后来“沉”字成了通用字,与“沈”并存并用,并形成了许多异形词,如“沉没——沈没|沉思——沈思|深沉——深沈”等。现在“沈”只读 shěn,用于姓氏。地名沈阳的“沈”是“瀋”的简化字。表示“沉没”及其引申义,现在一般写作“沉”,读 chén。

③《普通话异读词审音表》审定“徊”统读 huái。“低回”一词只读 dīhuí,不读 dīhuái。

④“凋”“雕”古代通用,1955 年《第一批异体字整理表》曾将“凋”作为“雕”的异体字予以淘汰。1988 年《现代汉语通用字表》确认“凋”为规范字,表示“凋谢”及其引申义。

⑤“订”“定”二字中古时本不同音,演变为同音字后,才在“预先约定”的义项上通用,形成了一批异形词。不过近几十年二字在此共同义

项上又发生了细微的分化："订"多指事先经过双方商讨的，只是约定，并非确定不变的；"定"侧重在确定，不轻易变动。故有些异形词现已分化为近义词，但本表所列的"订单——定单"等仍为全等异形词，应依据通用性原则予以规范。

⑥此词是指属于一定阶级、阶层、集团或具有某种特征的人，如"地主～|知识～|先进～"。与分母相对的"分子"、由原子构成的"分子"（读 fēnzǐ）、凑份子送礼的"份子"（读 fènzi），音、义均不同，不可混淆。

⑦"联绵字""联绵词"中的"联"不能改写为"连"。

⑧"预""豫"二字，古代在"预先"的意义上通用，故形成了"预备——豫备|预防——豫防|预感——豫感|预期——豫期"等 20 多组异形词。现在此义项已完全由"预"承担。但考虑到鲁迅等名家习惯用"豫"，他们的作品影响深远，故列出一组特作说明。

⑨"颤"有两读，读 zhàn 时，表示人发抖，与"战"相通；读 chàn 时，主要表物体轻微振动，也可表示人发抖，如"颤动"既可用于物，也可用于人。什么时候读 zhàn，什么时候读 chàn，很难从意义上把握，统一写作"颤"必然会给读音带来一定困难，故宜根据目前大多数人的习惯读音来规范词形，以利于稳定读音，避免混读。如"颤动、颤抖、颤巍巍、颤音、颤悠、发颤" 多读 chàn，写作"颤"；"战栗、打冷战、打战、胆战心惊、冷战、寒战"等词习惯多读 zhàn，写作"战"。

⑩"账"是"帐"的分化字。古人常把账目记于布帛上悬挂起来以利保存，故称日用的账目为"帐"。后来为了与帷帐分开，另造形声字"账"，表示与钱财有关。"账""帐"并存并用后，形成了几十组异形词。《简化字总表》《现代汉语通用字表》中"账""帐"均收，可见主张分化。二字分工如下："账"用于货币和货物出入的记载、债务等，如"账本、报账、借账、还账"等；"帐"专表用布、纱、绸子等制成的遮蔽物，如"蚊帐、帐篷、青纱帐（比喻用法）"等。

【附录】

含有非规范字的异形词(44组)

抵触(*牴触) dǐchù
抵牾(*牴牾) dǐwǔ
喋血(*啑血) diéxuè
仿佛(彷*佛、*髣*髴)fǎngfú
飞扬(飞*飏) fēiyáng
氛围(*雰围) fēnwéi
构陷(*搆陷) gòuxiàn
浩渺(浩*淼) hàomiǎo
红果儿(红*菓儿) hóngguǒr
胡同(*衚*衕) hútòng
糊口(*餬口) húkǒu
蒺藜(蒺*蔾) jílí
家伙(*傢伙) jiāhuo
家具(*傢具) jiājù
家什(*傢什) jiāshi
侥幸(*儌*倖、徼*倖) jiǎoxìng
局促(*侷促、*跼促) júcù
撅嘴(*噘嘴) juēzuǐ
克期(*剋期) kèqī
空蒙(空*濛) kōngméng
昆仑(*崑*崙) kūnlún
劳动(劳*働) láodòng
绿豆(*菉豆) lǜdòu
马扎(马*劄) mǎzhá
蒙眬(*矇眬) ménglóng
蒙蒙(*濛*濛) méngméng
弥漫(*瀰漫) mímàn
弥蒙(*瀰*濛) míméng
迷蒙(迷*濛) míméng
渺茫(*淼茫) miǎománg
飘扬(飘*飏) piāoyáng
憔悴(*顦*顇) qiáocuì
轻扬(轻*飏) qīngyáng
水果(水*菓) shuǐguǒ
趟地(*蹚地) tāngdì
趟浑水(*蹚浑水) tānghúnshuǐ
趟水(*蹚水) tāngshuǐ
纨绔(纨*袴) wánkù
丫杈(*桠杈) yāchà
丫枝(*桠枝) yāzhī
殷勤(*慇*懃) yīnqín
札记(*劄记) zhájì
枝丫(枝*桠) zhīyā
跖骨(*蹠骨) zhígǔ

汉语拼音方案

中华人民共和国第一届全国人民代表大会第五次会议关于汉语拼音方案的决议

（1958年2月11日第一届全国人民代表大会第五次会议通过）

第一届全国人民代表大会第五次会议讨论了国务院周恩来总理提出的关于汉语拼音方案草案的议案，和中国文字改革委员会吴玉章主任关于当前文字改革和汉语拼音方案的报告，决定：一、批准汉语拼音方案。二、原则同意吴玉章主任关于当前文字改革和汉语拼音方案的报告，认为应该继续简化汉字，积极推广普通话；汉语拼音方案作为帮助学习汉字和推广普通话的工具，应该首先在师范、中、小学校进行教学，积累教学经验，同时在出版等方面逐步推行，并且在实践过程中继续求得方案的进一步完善。

一　字母表

字母：	A ɑ	B b	C c	D d	E e	F f	G g
名称：	ㄚ	ㄅㄝ	ㄘㄝ	ㄉㄝ	ㄜ	ㄝㄈ	ㄍㄝ
	H h	I i	J j	K k	L l	M m	N n
	ㄏㄚ	ㄧ	ㄐㄧㄝ	ㄎㄝ	ㄝㄌ	ㄝㄇ	ㄋㄝ
	O o	P p	Q q	R r	S s	T t	
	ㄛ	ㄆㄝ	ㄑㄧㄡ	ㄚㄦ	ㄝㄙ	ㄊㄝ	
	U u	V v	W w	X x	Y y	Z z	
	ㄨ	ㄪㄝ	ㄨㄚ	ㄒㄧ	ㄧㄚ	ㄗㄝ	

V 只用来拼写外来语、少数民族语言和方言。

字母的手写体依照拉丁字母的一般书写习惯。

二　声母表

b	p	m	f	d	t	n	l
ㄅ玻	ㄆ坡	ㄇ摸	ㄈ佛	ㄉ得	ㄊ特	ㄋ讷	ㄌ勒
g	k	h		j	q	x	
ㄍ哥	ㄎ科	ㄏ喝		ㄐ基	ㄑ欺	ㄒ希	
zh	ch	sh	r	z	c	s	
ㄓ知	ㄔ蚩	ㄕ诗	ㄖ日	ㄗ资	ㄘ雌	ㄙ思	

在给汉字注音的时候，为了使拼式简短，zh ch sh 可以省作 ẑ ĉ ŝ。

三　韵母表

	i ㄧ　衣	u ㄨ　乌	ü ㄩ　迂
a ㄚ　啊	ia ㄧㄚ　呀	ua ㄨㄚ　蛙	
o ㄛ　喔		uo ㄨㄛ　窝	
e ㄜ　鹅	ie ㄧㄝ　耶		üe ㄩㄝ　约
ai ㄞ　哀		uai ㄨㄞ　歪	
ei ㄟ　欸		uei ㄨㄟ　威	
ao ㄠ　熬	iao ㄧㄠ　腰		

ou ㄡ 欧	iou ㄧㄡ 忧		
an ㄢ 安	ian ㄧㄢ 烟	uan ㄨㄢ 弯	üan ㄩㄢ 冤
en ㄣ 恩	in ㄧㄣ 因	uen ㄨㄣ 温	ün ㄩㄣ 晕
ang ㄤ 昂	iang ㄧㄤ 央	uang ㄨㄤ 汪	
eng ㄥ 亨的韵母	ing ㄧㄥ 英	ueng ㄨㄥ 翁	
ong （ㄨㄥ）轰的韵母	iong ㄩㄥ 雍		

(1)“知、蚩、诗、日、资、雌、思”等七个音节的韵母用 i，即：知、蚩、诗、日、资、雌、思等字拼作 zhi，chi，shi，ri，zi，ci，si。

(2)韵母ㄦ写成 er，用作韵尾的时候写成 r。例如：“儿童”拼作 ertong，“花儿”拼作 huar。

(3)韵母ㄝ单用的时候写成 ê。

(4)i 行的韵母，前面没有声母的时候，写成 yi（衣），ya（呀），ye（耶），yao（腰），you（忧），yan（烟），yin（因），yang（央），ying（英），yong（雍）。

u 行的韵母，前面没有声母的时候，写成 wu（乌），wa（蛙），wo（窝），wai（歪），wei（威），wan（弯），wen（温），wang（汪），weng（翁）。

ü 行的韵母，前面没有声母的时候，写成 yu（迂），yue（约），yuan（冤），yun（晕）；ü 上两点省略。

ü 行的韵母跟声母 j，q，x 拼的时候，写成 ju（居），qu（区），xu（虚），ü 上两点也省略；但是跟声母 n，l 拼的时候，仍然写成 nü（女），lü（吕）。

(5)iou，uei，uen 前面加声母的时候，写成 iu，ui，un。例如 niu（牛），gui（归），lun（论）。

(6)在给汉字注音的时候，为了使拼式简短，ng 可以省作 ŋ。

四　声调符号

阴平	阳平	上声	去声
ˉ	ˊ	ˇ	ˋ

声调符号标在音节的主要母音上。轻声不标。例如：

妈 mā	麻 má	马 mǎ	骂 mà	吗 ma
（阴平）	（阳平）	（上声）	（去声）	（轻声）

五　隔音符号

a，o，e 开头的音节连接在其他音节后面的时候，如果音节的界限发生混淆，用隔音符号（'）隔开，例如：pi'ao（皮袄）。

普通话异读词审音表

国家语言文字工作委员会
国 家 教 育 委 员 会
广　播　电　视　部

关于《普通话异读词审音表》的通知

（1985 年 12 月 27 日）

普通话审音委员会曾于 1957 年到 1962 年分三次发表了《普通话异读词审音表初稿》，并于 1963 年辑录成《普通话异读词三次审音总表初稿》（以下简称《初稿》）。

《初稿》自公布以来，受到文教、出版、广播等部门广泛重视，对现代汉语的语音规范和普通话的推广起了积极作用。但是，随着语言的发展，《初稿》中原审的一些词语的读音需要重新审定；同时，作为语音规范化的标准，《初稿》也亟需定稿。因此在 1982 年 6 月重建了普通话审音委员会，进行修订工作。

这次修订以符合普通话语音发展规律为原则，以便利广大群众学习普通话为着眼点，采取约定俗成、承认现实的态度。对《初稿》原订读音的改动，力求慎重。

修订稿经国家语言文字工作委员会、国家教育委员会、广播电视部审核通过，决定以《普通话异读词审音表》名称予以公布。自公布之日起，文教、出版、广播等部门及全国其他部门、行业所涉及的普通话异读词的读音、标音，均以本表为准。

说　　明

一、本表所审，主要是普通话有异读的词和有异读的作为“语素”的字。不列出多音多义字的全部读音和全部义项，与字典、词典形式不同。例如：“和”字有多种义项和读音，而本表仅列出原有异读的八条词语，分列于 hè 和 huo 两种读音之下（有多种读音，较常见的在前。下同）；其余无异读的音、义均不涉及。

二、在字后注明“统读”的，表示此字不论用于任何词语中只读一音（轻声变读不受此限），本表不再举出词例。例如：“阀”字注明“fá（统读）”，原表“军阀”、“学阀”、“财阀”条和原表所无的“阀门”等词均不再举。

三、在字后不注“统读”的，表示此字有几种读音，本表只审订其中有异读的词语的读音。例如“艾”字本有 ài 和 yì 两音，本表只举“自怨自艾”一词，注明此处读 yì 音；至于 ài 音及其义项，并无异读，不再赘列。

四、有些字有文白二读，本表以“文”和“语”作注。前者一般用于书面语言，用于复音词和文言成语中；后者多用于口语中的单音词及少数日常生活事物的复音词中。这种情况在必要时各举词语为例。例如：“杉”字下注“（一）shān（文）：紫～、红～、水～；（二）shā（语）：～篙、～木”。

五、有些字除附举词例之外，酌加简单说明，以便读者分辨。说明或按具体字义，或按“动作义”、“名物义”等区分，例如：“畜”字下注“（一）chù（名物义）：～力、家～、牲～、幼～；（二）xù（动作义）：～产、～牧、～养”。

六、有些字的几种读音中某音用处较窄，另音用处甚宽，则注“除××（较少的词）念乙音外，其他都念甲音”，以避免列举词条繁而未尽、挂一漏万的缺点。例如：“结”字下注“除‘～了个果子’、‘开花～果’、‘～巴’、‘～实’念 jiē 之外，其他都念 jié”。

七、由于轻声问题比较复杂，除《初稿》涉及的部分轻声词之外，本表一般不予审订，并删去部分原审的轻声词，例如“麻刀（dao）”、“容易（yi）”等。

八、本表酌增少量有异读的字或词，作了审订。

九、除因第二、六、七各条说明中所举原因而删略的词条之外，本表又删汰了部分词条。主要原因是：1. 现已无异读（如“队伍”、“理会”）；2. 罕用词语（如“俵分”、“仔密”）；3. 方言土音（如“归里包堆〔zuī〕”、“告送〔song〕”）；4. 不常用的文言词语（如“刍荛”、“氍毹”）；5. 音变现象（如“胡里八涂〔tū〕”、“毛毛腾腾〔tēngtēng〕”）；6. 重复累赘（如原表“色”字的有关词语分列达 23 条之多）。删汰条目不再编入。

十、人名、地名的异读审订，除原表已涉及的少量词条外，留待以后再审。

A

阿（一）ā
　～訇　～罗汉　～木林　～姨
　（二）ē
　～谀　～附　～胶　～弥陀佛
挨（一）āi
　～个　～近
　（二）ái
　～打　～说
癌 ái（统读）
霭 ǎi（统读）
蔼 ǎi（统读）
隘 ài（统读）
谙 ān（统读）
埯 ǎn（统读）
昂 áng（统读）
凹 āo（统读）
拗（一）ào
　～口
　（二）niù
　执～　脾气很～
坳 ào（统读）

B

拔 bá（统读）
把 bà
　印～子
白 bái（统读）
膀 bǎng
　翅～
蚌（一）bàng
　蛤～
　（二）bèng
　～埠
傍 bàng（统读）
磅 bàng
　过～
龅 bāo（统读）
胞 bāo（统读）
薄（一）báo（语）
　常单用，如“纸很～”。
　（二）bó（文）
　多用于复音词。
　～弱　稀～　淡～　尖嘴～舌
　单～　厚～
堡（一）bǎo
　碉～　～垒
　（二）bǔ
　～子　吴～　瓦窑～　柴沟～
　（三）pù
　十里～
暴（一）bào
　～露
　（二）pù
　一～（曝）十寒
爆 bào（统读）
焙 bèi（统读）
惫 bèi（统读）
背 bèi
　～脊　～静

鄙 bǐ(统读)
俾 bǐ(统读)
笔 bǐ(统读)
比 bǐ(统读)
臂 (一)bì
　手～　～膀
　(二)bei
　胳～
庇 bì(统读)
髀 bì(统读)
避 bì(统读)
辟 bì
　复～
裨 bì
　～补　～益
婢 bì(统读)
痹 bì(统读)
壁 bì(统读)
蝙 biān(统读)
遍 biàn(统读)
骠 (一)biāo
　黄～马
　(二)piào
　～骑　～勇
傧 bīn(统读)
缤 bīn(统读)
濒 bīn(统读)
髌 bìn(统读)
屏 (一)bǐng
　～除　～弃　～气　～息
　(二)píng
　～藩　～风
柄 bǐng(统读)
波 bō(统读)
播 bō(统读)
菠 bō(统读)
剥 (一)bō(文)
　～削
　(二)bāo(语)
泊 (一)bó
　淡～　飘～　停～
　(二)pō
　湖～　血～
帛 bó(统读)
勃 bó(统读)
钹 bó(统读)
伯 (一)bó
　～～(bo)　老～
　(二)bǎi
　大～子(丈夫的哥哥)
箔 bó(统读)
簸 (一)bǒ
　颠～
　(二)bò
　～箕
膊 bo
　胳～
卜 bo
　萝～
醭 bú(统读)

哺 bǔ(统读)
捕 bǔ(统读)
鵏 bǔ(统读)
埠 bù(统读)

C

残 cán(统读)
惭 cán(统读)
灿 càn(统读)
藏 (一)cáng
　矿～
　(二)zàng
　宝～
糙 cāo(统读)
嘈 cáo(统读)
螬 cáo(统读)
厕 cè(统读)
岑 cén(统读)
差 (一)chā(文)
　不～累黍　不～什么　偏～
　色～　～别　视～　误～
　电势～　一念之～　～池
　～错　言～语错　一～二错
　阴错阳～　～等　～额　～价
　～强人意　～数　～异
　(二)chà(语)
　～不多　～不离　～点儿
　(三)cī
　参～
猹 chá(统读)
搽 chá(统读)
阐 chǎn(统读)
羼 chàn(统读)
颤 (一)chàn
　～动　发～
　(二)zhàn
　～栗(战栗)　打～(打战)
韂 chàn(统读)
伥 chāng(统读)
场 (一)chǎng
　～合　～所　冷～　捧～
　(二)cháng
　外～　圩～　～院　一～雨
　(三)chang
　排～
钞 chāo(统读)
巢 cháo(统读)
嘲 cháo
　～讽　～骂　～笑
耖 chào(统读)
车 (一)chē
　安步当～　杯水～薪
　闭门造～　螳臂当～
　(二)jū
　(象棋棋子名称)
晨 chén(统读)
称 chèn
　～心　～意　～职　对～
　相～
撑 chēng(统读)

乘（动作义，念 chéng）
包～制　～便　～风破浪
～客　～势　～兴
橙 chéng（统读）
惩 chéng（统读）
澄（一）chéng（文）
～清（如"～清混乱"、"～清问题"）
（二）dèng（语）
单用，如"把水～清了"。
痴 chī（统读）
吃 chī（统读）
弛 chí（统读）
褫 chǐ（统读）
尺 chǐ
～寸　～头
豉 chǐ（统读）
侈 chǐ（统读）
炽 chì（统读）
舂 chōng（统读）
冲 chòng
～床　～模
臭（一）chòu
遗～万年
（二）xiù
乳～　铜～
储 chǔ（统读）
处 chǔ（动作义）
～罚　～分　～决　～理
～女　～置
畜（一）chù（名物义）
～力　家～　牲～　幼～
（二）xù（动作义）
～产　～牧　～养
触 chù（统读）
搐 chù（统读）
绌 chù（统读）
黜 chù（统读）
闯 chuǎng（统读）
创（一）chuàng
草～　～举　首～　～造
～作
（二）chuāng
～伤　重～
绰（一）chuò
～～有余
（二）chuo
宽～
疵 cī（统读）
雌 cí（统读）
赐 cì（统读）
伺 cì
～候
枞（一）cōng
～树
（二）zōng
～阳[地名]
从 cóng（统读）
丛 cóng（统读）
攒 cuán
万头～动　万箭～心

脆 cuì(统读)
撮 (一)cuō
～儿　一～儿盐　一～儿匪帮
(二)zuǒ
一～儿毛
措 cuò(统读)

D

搭 dā(统读)
答 (一)dá
报～　～复
(二)dā
～理　～应
打 dá
苏～　一～(十二个)
大 (一)dà
～夫(古官名)　～王(如爆破～王、钢铁～王)
(二)dài
～夫(医生)　～黄　～王(如山～王)　～城[地名]
呆 dāi(统读)
傣 dǎi(统读)
逮 (一)dài(文)如"～捕"。
(二)dǎi(语)单用,如"～蚊子"、"～特务"。
当 (一)dāng
～地　～间儿　～年(指过去)　～日(指过去)　～天(指过去)　～时(指过去)　螳臂～车
(二)dàng
一个～俩　安步～车　适～　～年(同一年)　～日(同一时候)　～天(同一天)
档 dàng(统读)
蹈 dǎo(统读)
导 dǎo(统读)
倒 (一)dǎo
颠～　颠～是非　颠～黑白　颠三～四　倾箱～箧　排山～海　～板　～嚼　～仓　～嗓　～戈　潦～
(二)dào
～粪(把粪弄碎)
悼 dào(统读)
纛 dào(统读)
凳 dèng(统读)
羝 dī(统读)
氐 dī[古民族名]
堤 dī(统读)
提 dī
～防
的 dí
～当　～确
抵 dǐ(统读)
蒂 dì(统读)
缔 dì(统读)
谛 dì(统读)
点 dian
打～(收拾、贿赂)

跌 diē(统读)
蝶 dié(统读)
订 dìng(统读)
都 (一)dōu
～来了
(二)dū
～市　首～　大～(大多)
堆 duī(统读)
吨 dūn(统读)
盾 dùn(统读)
多 duō(统读)
咄 duō(统读)
掇 (一)duō("拾取、采取"义)
(二)duo
撺～　掂～
裰 duō(统读)
踱 duó(统读)
度 duó
忖～　～德量力

E

婀 ē(统读)

F

伐 fá(统读)
阀 fá(统读)
砝 fǎ(统读)
法 fǎ(统读)
发 fà
理～　脱～　结～

帆 fān(统读)
藩 fān(统读)
梵 fàn(统读)
坊 (一)fāng
牌～　～巷
(二)fáng
粉～　磨～　碾～
染～　油～　谷～
妨 fáng(统读)
防 fáng(统读)
肪 fáng(统读)
沸 fèi(统读)
汾 fén(统读)
讽 fěng(统读)
肤 fū(统读)
敷 fū(统读)
俘 fú(统读)
浮 fú(统读)
服 fú
～毒　～药
拂 fú(统读)
辐 fú(统读)
幅 fú(统读)
甫 fǔ(统读)
复 fù(统读)
缚 fù(统读)

G

噶 gá(统读)
冈 gāng(统读)

刚 gāng(统读)

岗 gǎng

　～楼　～哨　～子

　门～　站～　山～子

港 gǎng(统读)

葛 (一)gé

　～藤　～布　瓜～

　(二)gě[姓](包括单、复姓)

隔 gé(统读)

革 gé

　～命　～新　改～

合 gě(一升的十分之一)

给 (一)gěi(语)单用。

　(二)jǐ(文)

　补～　供～　供～制

　～予　配～　自～自足

亘 gèn(统读)

更 gēng

　五～　～生

颈 gěng

　脖～子

供 (一)gōng

　～给　提～　～销

　(二)gòng

　口～　翻～　上～

佝 gōu(统读)

枸 gǒu

　～杞

勾 gòu

　～当

估 (除"～衣"读 gù 外,都读 gū)

骨 (除"～碌"、"～朵"读 gū 外,都读 gǔ)

谷 gǔ

　～雨

锢 gù(统读)

冠 (一)guān(名物义)

　～心病

　(二)guàn(动作义)

　沐猴而～　～军

犷 guǎng(统读)

庋 guǐ(统读)

桧 (一)guì[树名]

　(二)huì[人名]秦～

刽 guì(统读)

聒 guō(统读)

蝈 guō(统读)

过 (除姓氏读 guō 外,都读 guò)

H

虾 há

　～蟆

哈 (一)hǎ

　～达

　(二)hà

　～什蚂

汗 hán

　可～

巷 hàng

　～道

号 háo
寒～虫
和 (一)hè
唱～　附～　曲高～寡
(二)huo
搀～　搅～　暖～
热～　软～
貉 (一)hé(文)
一丘之～
(二)háo(语)
～绒　～子
壑 hè(统读)
褐 hè(统读)
喝 hè
～采　～道　～令
～止　呼幺～六
鹤 hè(统读)
黑 hēi(统读)
亨 hēng(统读)
横 (一)héng
～肉　～行霸道
(二)hèng
蛮～　～财
訇 hōng(统读)
虹 (一)hóng(文)
～彩　～吸
(二)jiàng(语)单说。
讧 hòng(统读)
囫 hú(统读)
瑚 hú(统读)
蝴 hú(统读)
桦 huà(统读)
徊 huái(统读)
踝 huái(统读)
浣 huàn(统读)
黄 huáng(统读)
荒 huang
饥～(指经济困难)
诲 huì(统读)
贿 huì(统读)
会 huì
一～儿　多～儿　～厌(生理名词)
混 hùn
～合　～乱　～凝土
～淆　～血儿　～杂
蠖 huò(统读)
霍 huò(统读)
豁 huò
～亮
获 huò(统读)

J

羁 jī(统读)
击 jī(统读)
奇 jī
～数
芨 jī(统读)
缉 (一)jī
通～　侦～

(二)qī

～鞋口

几 jī

茶～ 条～

圾 jī(统读)

戢 jí(统读)

疾 jí(统读)

汲 jí(统读)

棘 jí(统读)

藉 jí

狼～(籍)

嫉 jí(统读)

脊 jǐ(统读)

纪 (一)jǐ[姓]

(二)jì

～念 ～律 纲～ ～元

偈 jì

～语

绩 jì(统读)

迹 jì(统读)

寂 jì(统读)

箕 ji

簸～

辑 ji

逻～

茄 jiā

雪～

夹 jiā

～带藏掖 ～道儿 ～攻

～棍 ～生 ～杂 ～竹桃

～注

浃 jiā(统读)

甲 jiǎ(统读)

歼 jiān(统读)

鞯 jiān(统读)

间 (一)jiān

～不容发 中～

(二)jiàn

中～儿 ～道 ～谍 ～断

～或 ～接 ～距 ～隙

～续 ～阻 ～作 挑拨离～

趼 jiǎn(统读)

俭 jiǎn(统读)

缰 jiāng(统读)

膙 jiǎng(统读)

嚼 (一)jiáo(语)

味同～蜡

咬文～字

(二)jué(文)

咀～ 过屠门而大～

(三)jiào

倒～(倒嚼)

侥 jiǎo

～幸

角 (一)jiǎo

八～(大茴香) ～落 独～戏

～膜 ～度 ～儿(犄～)

～楼 勾心斗～ 号～ 口～

(嘴～) 鹿～菜 头～

(二)jué

～斗 ～儿(脚色) 口～(吵

嘴）　主～儿　配～儿　～力
捧～儿
脚　(一)jiǎo
根～
(二)jué
～儿(也作“角儿”，脚色)
剿　(一)jiǎo
围～
(二)chāo
～说　～袭
校　jiào
～勘　～样　～正
较　jiào(统读)
酵　jiào(统读)
嗟　jiē(统读)
疖　jiē(统读)
结　(除“～了个果子”、“开花～果”、“～巴”、“～实”念 jiē 之外，其他都念 jié)
睫　jié(统读)
芥　(一)jiè
～菜(一般的芥菜)
～末
(二)gài
～菜(也作“盖菜”)
～蓝菜
矜　jīn
～持　自～　～怜
仅　jǐn
～～　绝无～有
馑　jǐn(统读)
觐　jìn(统读)
浸　jìn(统读)
斤　jin
千～(起重的工具)
茎　jīng(统读)
粳　jīng(统读)
鲸　jīng(统读)
境　jìng(统读)
痉　jìng(统读)
劲　jìng
刚～
窘　jiǒng(统读)
究　jiū(统读)
纠　jiū(统读)
鞠　jū(统读)
鞫　jū(统读)
掬　jū(统读)
苴　jū(统读)
咀　jǔ
～嚼
矩　(一)jǔ
～形
(二)ju
规～
俱　jù(统读)
龟　jūn
～裂(也作“皲裂”)
菌　(一)jūn
细～　病～　杆～　霉～

(二)jùn

香～　～子

俊 jùn(统读)

K

卡 (一)kǎ

～宾枪　～车　～介苗

～片　～通

(二)qiǎ

～子　关～

揩 kāi(统读)

慨 kǎi(统读)

忾 kài(统读)

勘 kān(统读)

看 kān

～管　～护　～守

慷 kāng(统读)

拷 kǎo(统读)

坷 kē

～拉(垃)

疴 kē(统读)

壳 (一)ké(语)

～儿　贝～儿　脑～　驳～枪

(二)qiào(文)

地～　甲～　躯～

可 (一)kě

～～儿的

(二)kè

～汗

恪 kè(统读)

刻 kè(统读)

克 kè

～扣

空 (一)kōng

～心砖　～城计

(二)kòng

～心吃药

眍 kōu(统读)

矻 kū(统读)

酷 kù(统读)

框 kuàng(统读)

矿 kuàng(统读)

傀 kuǐ(统读)

溃 (一)kuì

～烂

(二)huì

～脓

篑 kuì(统读)

括 kuò(统读)

L

垃 lā(统读)

邋 lā(统读)

罱 lǎn(统读)

缆 lǎn(统读)

蓝 lan

苤～

琅 láng(统读)

捞 lāo(统读)

劳 láo(统读)

醪 láo(统读)
烙 (一)lào
～印　～铁　～饼
(二)luò
炮～(古酷刑)
勒 (一)lè(文)
～逼　～令　～派
～索　悬崖～马
(二)lēi(语)多单用。
擂 (除"～台"、"打～"读 lèi 外,都读 léi)
礌 léi(统读)
羸 léi(统读)
蕾 lěi(统读)
累 (一)lèi
(辛劳义,如"受～"[受劳～])
(二)léi
(如"～赘")
(三)lěi
(牵连义,如"带～"、"～及"、"连～"、"赔～"、"牵～"、"受～"[受牵～])
蠡 (一)lí
管窥～测
(二)lǐ
～县　范～
喱 lí(统读)
连 lián(统读)
敛 liǎn(统读)
恋 liàn(统读)
量 (一)liàng
～入为出　忖～
(二)liang
打～　掂～
踉 liàng
～跄
潦 liáo
～草　～倒
劣 liè(统读)
捩 liè(统读)
趔 liè(统读)
拎 līn(统读)
遴 lín(统读)
淋 (一)lín
～浴　～漓　～巴
(二)lìn
～硝　～盐　～病
蛉 líng(统读)
榴 liú(统读)
馏 (一)liú(文)如"干～"、"蒸～"。
(二)liù(语)如"～馒头"。
镏 liú
～金
碌 liù
～碡
笼 (一)lóng(名物义)
～子　牢～
(二)lǒng(动作义)
～络　～括　～统　～罩
偻 (一)lóu
佝～

（二）lǚ

伛～

瞜 lou

眍～

虏 lǔ（统读）

掳 lǔ（统读）

露 （一）lù（文）

赤身～体　～天　～骨

～头角　藏头～尾　抛头～面

～头（矿）

（二）lòu（语）

～富　～苗　～光

～相　～马脚　～头

榈 lǘ（统读）

捋 （一）lǚ

～胡子

（二）luō

～袖子

绿 （一）lǜ（语）

（二）lù（文）

～林　鸭～江

孪 luán（统读）

挛 luán（统读）

掠 lüè（统读）

囵 lún（统读）

络 luò

～腮胡子

落 （一）luò（文）

～膘　～花生　～魄　涨～

～槽　着～

（二）lào（语）

～架　～色　～炕　～枕

～儿　～子（一种曲艺）

（三）là（语）遗落义。

丢三～四　～在后面

M

脉 （除“～～”念 mòmò 外，一律念 mài）

漫 màn（统读）

蔓 （一）màn（文）

～延　不～不支

（二）wàn（语）

瓜～　压～

牤 māng（统读）

氓 máng

流～

芒 máng（统读）

铆 mǎo（统读）

瑁 mào（统读）

虻 méng（统读）

盟 méng（统读）

祢 mí（统读）

眯 （一）mí

～了眼（灰尘等入目，也作“迷”）

（二）mī

～了一会儿（小睡）　～缝着眼（微微合目）

靡 （一）mí

～费

(二)mǐ
风～　委～　披～
秘　(除"～鲁"读 bì 外,都读 mì)
泌　(一)mì(语)
分～
(二)bì(文)
～阳[地名]
娩　miǎn(统读)
缈　miǎo(统读)
皿　mǐn(统读)
闽　mǐn(统读)
茗　míng(统读)
酩　mǐng(统读)
谬　miù(统读)
摸　mō(统读)
模　(一)mó
～范　～式　～型　～糊
～特儿　～棱两可
(二)mú
～子　～具　～样
膜　mó(统读)
摩　mó
按～　抚～
嬷　mó(统读)
墨　mò(统读)
耱　mò(统读)
沫　mò(统读)
缪　móu
绸～

N

难　(一)nán
困～(或变轻声)　～兄～弟(难得的兄弟,现多用作贬义)
(二)nàn
排～解纷　发～　刁～　责～
～兄～弟(共患难或同受苦难的人)
蝻　nǎn(统读)
蛲　náo(统读)
讷　nè(统读)
馁　něi(统读)
嫩　nèn(统读)
恁　nèn(统读)
妮　nī(统读)
拈　niān(统读)
鲇　nián(统读)
酿　niàng(统读)
尿　(一)niào
糖～症
(二)suī(只用于口语名词)
尿(niào)～　～脬
嗫　niè(统读)
宁　(一)níng
安～
(二)nìng
～可　无～　[姓]
忸　niǔ(统读)
脓　nóng(统读)

弄 (一)nòng
玩～
(二)lòng
～堂
暖 nuǎn(统读)
衄 nǜ(统读)
疟 (一)nüè(文)
～疾
(二)yào(语)
发～子
娜 (一)nuó
婀～ 袅～
(二)nà
[人名]

O

殴 ōu(统读)
呕 ǒu(统读)

P

杷 pá(统读)
琶 pá(统读)
牌 pái(统读)
排 pǎi
～子车
迫 pǎi
～击炮
湃 pài(统读)
爿 pán(统读)
胖 pán
心广体～(～为安舒貌)
蹒 pán(统读)
畔 pàn(统读)
乓 pāng(统读)
滂 pāng(统读)
脬 pāo(统读)
胚 pēi(统读)
喷 (一)pēn
～嚏
(二)pèn
～香
(三)pen
嚏～
澎 péng(统读)
坯 pī(统读)
披 pī(统读)
匹 pǐ(统读)
僻 pì(统读)
譬 pì(统读)
片 (一)piàn
～子 唱～ 画～ 相～
影～ ～儿会
(二)piān(口语一部分词)
～子 ～儿 唱～儿 画～儿
相～儿 影～儿
剽 piāo(统读)
缥 piāo
～缈(飘渺)
撇 piē
～弃
聘 pìn(统读)

乒 pīng(统读)
颇 pō(统读)
剖 pōu(统读)
仆 (一)pū
　前～后继
　(二)pú
　～从
扑 pū(统读)
朴 (一)pǔ
　俭～　～素　～质
　(二)pō
　～刀
　(三)pò
　～硝　厚～
蹼 pǔ(统读)
瀑 pù
　～布
曝 (一)pù
　一～十寒
　(二)bào
　～光(摄影术语)

Q

栖 qī
　两～
戚 qī(统读)
漆 qī(统读)
期 qī(统读)
蹊 qī
　～跷
蛴 qí(统读)
畦 qí(统读)
萁 qí(统读)
骑 qí(统读)
企 qǐ(统读)
绮 qǐ(统读)
杞 qǐ(统读)
槭 qì(统读)
洽 qià(统读)
签 qiān(统读)
潜 qián(统读)
荨 (一)qián(文)
　～麻
　(二)xún(语)
　～麻疹
嵌 qiàn(统读)
欠 qian
　打哈～
戕 qiāng(统读)
镪 qiāng
　～水
强 (一)qiáng
　～渡　～取豪夺　～制
　博闻～识
　(二)qiǎng
　勉～　牵～　～词夺理　～迫
　～颜为笑
　(三)jiàng
　倔～
襁 qiǎng(统读)

跄 qiàng(统读)
悄 (一)qiāo
～～儿的
(二)qiǎo
～默声儿的
橇 qiāo(统读)
翘 (一)qiào(语)
～尾巴
(二)qiáo(文)
～首　～楚　连～
怯 qiè(统读)
挈 qiè(统读)
趄 qie
趔～
侵 qīn(统读)
衾 qīn(统读)
噙 qín(统读)
倾 qīng(统读)
亲 qìng
～家
穹 qióng(统读)
黢 qū(统读)
曲 (麯)qū
大～　红～　神～
渠 qú(统读)
瞿 qú(统读)
蠼 qú(统读)
苣 qǔ
～荬菜
龋 qǔ(统读)
趣 qù(统读)
雀 què
～斑　～盲症

R

髯 rán(统读)
攘 rǎng(统读)
桡 ráo(统读)
绕 rào(统读)
任 rén[姓,地名]
妊 rèn(统读)
扔 rēng(统读)
容 róng(统读)
糅 róu(统读)
茹 rú(统读)
孺 rú(统读)
蠕 rú(统读)
辱 rǔ(统读)
挼 ruó(统读)

S

靸 sǎ(统读)
噻 sāi(统读)
散 (一)sǎn
懒～　零零～～　～漫
(二)san
零～
丧 sang
哭～着脸
扫 (一)sǎo
～兴

(二)sào
～帚
埽 sào(统读)
色 (一)sè(文)
(二)shǎi(语)
塞 (一)sè(文)动作义。
(二)sāi(语)名物义,如"活～"、"瓶～";动作义,如"把洞～住"。
森 sēn(统读)
煞 (一)shā
～尾 收～
(二)shà
～白
啥 shá(统读)
厦 (一)shà(语)
(二)xià(文)
～门 噶～
杉 (一)shān(文)
紫～ 红～ 水～
(二)shā(语)
～篙 ～木
衫 shān(统读)
姗 shān(统读)
苫 (一)shàn(动作义,如"～布")
(二)shān(名物义,如"草～子")
墒 shāng(统读)
猞 shē(统读)
舍 shè
宿～
慑 shè(统读)
摄 shè(统读)
射 shè(统读)
谁 shéi,又音 shuí
娠 shēn(统读)
什 (甚)shén
～么
蜃 shèn(统读)
葚 (一)shèn(文)
桑～
(二)rèn(语)
桑～儿
胜 shèng(统读)
识 shí
常～ ～货 ～字
似 shì
～的
室 shì(统读)
螫 (一)shì(文)
(二)zhē(语)
匙 shi
钥～
殊 shū(统读)
蔬 shū(统读)
疏 shū(统读)
叔 shū(统读)
淑 shū(统读)
菽 shū(统读)
熟 (一)shú(文)
(二)shóu(语)

署 shǔ（统读）
曙 shǔ（统读）
漱 shù（统读）
戍 shù（统读）
蟀 shuài（统读）
孀 shuāng（统读）
说 shuì
游～
数 shuò
～见不鲜
硕 shuò（统读）
蒴 shuò（统读）
艘 sōu（统读）
嗾 sǒu（统读）
速 sù（统读）
塑 sù（统读）
虽 suī（统读）
绥 suí（统读）
髓 suǐ（统读）
遂 （一）suì
不～　毛～自荐
（二）suí
半身不～
隧 suì（统读）
隼 sǔn（统读）
莎 suō
～草
缩 （一）suō
收～
（二）sù
～砂密（一种植物）
嗍 suō（统读）
索 suǒ（统读）

T

趿 tā（统读）
鳎 tǎ（统读）
獭 tǎ（统读）
沓 （一）tà
重～
（二）ta
疲～
（三）dá
一～纸
苔 （一）tái（文）
（二）tāi（语）
探 tàn（统读）
涛 tāo（统读）
悌 tì（统读）
佻 tiāo（统读）
调 tiáo
～皮
帖 （一）tiē
妥～　伏伏～～　俯首～耳
（二）tiě
请～　字～儿
（三）tiè
字～　碑～
听 tīng（统读）
庭 tíng（统读）
骰 tóu（统读）

凸 tū(统读)
突 tū(统读)
颓 tuí(统读)
蜕 tuì(统读)
臀 tún(统读)
唾 tuò(统读)

W

娲 wā(统读)
挖 wā(统读)
瓦 wà
～刀
喎 wāi(统读)
蜿 wān(统读)
玩 wán(统读)
惋 wǎn(统读)
脘 wǎn(统读)
往 wǎng(统读)
忘 wàng(统读)
微 wēi(统读)
巍 wēi(统读)
薇 wēi(统读)
危 wēi(统读)
韦 wéi(统读)
违 wéi(统读)
唯 wéi(统读)
圩 (一)wéi
～子
(二)xū
～(墟)场
纬 wěi(统读)
委 wěi
～靡
伪 wěi(统读)
萎 wěi(统读)
尾 (一)wěi
～巴
(二)yǐ
马～儿
尉 wèi
～官
文 wén(统读)
闻 wén(统读)
紊 wěn(统读)
喔 wō(统读)
蜗 wō(统读)
硪 wò(统读)
诬 wū(统读)
梧 wú(统读)
牾 wǔ(统读)
乌 wù
～拉(也作"靰鞡")
～拉草
杌 wù(统读)
鹜 wù(统读)

X

夕 xī(统读)
汐 xī(统读)
晰 xī(统读)

析 xī(统读)
晳 xī(统读)
昔 xī(统读)
溪 xī(统读)
悉 xī(统读)
熄 xī(统读)
蜥 xī(统读)
螅 xī(统读)
惜 xī(统读)
锡 xī(统读)
樨 xī(统读)
袭 xí(统读)
檄 xí(统读)
峡 xiá(统读)
暇 xiá(统读)
吓 xià
　杀鸡～猴
鲜 xiān
　屡见不～　数见不～
锨 xiān(统读)
纤 xiān
　～维
涎 xián(统读)
弦 xián(统读)
陷 xiàn(统读)
霰 xiàn(统读)
向 xiàng(统读)
相 xiàng
　～机行事
淆 xiáo(统读)
哮 xiào(统读)
些 xiē(统读)
颉 xié
　～颃
携 xié(统读)
偕 xié(统读)
挟 xié(统读)
械 xiè(统读)
馨 xīn(统读)
囟 xìn(统读)
行 xíng
　操～　德～　发～　品～
省 xǐng
　内～　反～　～亲
　不～人事
芎 xiōng(统读)
朽 xiǔ(统读)
宿 xiù
　星～　二十八～
煦 xù(统读)
蓿 xu
　苜～
癣 xuǎn(统读)
削 (一)xuē(文)
　剥～　～减　瘦～
　(二)xiāo(语)
　切～　～铅笔　～球
穴 xué(统读)

学 xué(统读)

雪 xuě(统读)

血 (一)xuè(文)用于复音词及成语,如“贫～”、“心～”、“呕心沥～”、“～泪史”、“狗～喷头”等。
(二)xiě(语)口语多单用,如“流了点儿～”及几个口语常用词,如“鸡～”、“～晕”、“～块子”等。

谑 xuè(统读)

寻 xún(统读)

驯 xùn(统读)

逊 xùn(统读)

熏 xùn
煤气～着了

徇 xùn(统读)

殉 xùn(统读)

蕈 xùn(统读)

Y

押 yā(统读)

崖 yá(统读)

哑 yǎ
～然失笑

亚 yà(统读)

殷 yān
～红

芫 yán
～荽

筵 yán(统读)

沿 yán(统读)

焰 yàn(统读)

夭 yāo(统读)

肴 yáo(统读)

杳 yǎo(统读)

舀 yǎo(统读)

钥 (一)yào(语)
～匙
(二)yuè(文)
锁～

曜 yào(统读)

耀 yào(统读)

椰 yē(统读)

噎 yē(统读)

叶 yè
～公好龙

曳 yè
弃甲～兵　摇～　～光弹

屹 yì(统读)

轶 yì(统读)

谊 yì(统读)

懿 yì(统读)

诣 yì(统读)

艾 yì
自怨自～

荫 yìn(统读)
(“树～”、“林～道”应作“树阴”、“林阴道”)

应 (一)yīng
～届 ～名儿 ～许 提出的条件他都～了 是我～下来的任务
(二)yìng
～承 ～付 ～声 ～时 ～验 ～邀 ～用 ～运 ～征 里～外合
萦 yíng(统读)
映 yìng(统读)
佣 yōng
～工
庸 yōng(统读)
臃 yōng(统读)
壅 yōng(统读)
拥 yōng(统读)
踊 yǒng(统读)
咏 yǒng(统读)
泳 yǒng(统读)
莠 yǒu(统读)
愚 yú(统读)
娱 yú(统读)
愉 yú(统读)
伛 yǔ(统读)
屿 yǔ(统读)
吁 yù
呼～
跃 yuè(统读)
晕 (一)yūn
～倒 头～
(二)yùn
月～ 血～ ～车
酝 yùn(统读)

Z

匝 zā(统读)
杂 zá(统读)
载 (一)zǎi
登～ 记～
(二)zài
搭～ 怨声～道 重～ 装～ ～歌～舞
簪 zān(统读)
咱 zán(统读)
暂 zàn(统读)
凿 záo(统读)
择 (一)zé
选～
(二)zhái
～不开 ～菜 ～席
贼 zéi(统读)
憎 zēng(统读)
甑 zèng(统读)
喳 zhā
唧唧～～
轧 (除"～钢"、"～辊"念 zhá 外，其他都念 yà)(gá 为方言，不审)
摘 zhāi(统读)
粘 zhān
～贴

涨 zhǎng
　～落　高～
着 (一)zháo
　～慌　～急　～家　～凉
　～忙　～迷　～水　～雨
　(二)zhuó
　～落　～手　～眼　～意
　～重　不～边际
　(三)zhāo
　失～
沼 zhǎo(统读)
召 zhào(统读)
遮 zhē(统读)
蛰 zhé(统读)
辙 zhé(统读)
贞 zhēn(统读)
侦 zhēn(统读)
帧 zhēn(统读)
胗 zhēn(统读)
枕 zhěn(统读)
诊 zhěn(统读)
振 zhèn(统读)
知 zhī(统读)
织 zhī(统读)
脂 zhī(统读)
植 zhí(统读)
殖 (一)zhí
　繁～　生～　～民
　(二)shi
　骨～
指 zhǐ(统读)
掷 zhì(统读)
质 zhì(统读)
蛭 zhì(统读)
秩 zhì(统读)
栉 zhì(统读)
炙 zhì(统读)
中 zhōng
　人～(人口上唇当中处)
种 zhòng
　点～(义同"点播"。动宾结构念 diǎnzhǒng,义为点播种子)
诌 zhōu(统读)
骤 zhòu(统读)
轴 zhòu
　大～子戏　压～子
碡 zhou
　碌～
烛 zhú(统读)
逐 zhú(统读)
属 zhǔ
　～望
筑 zhù(统读)
著 zhù
　土～
转 zhuǎn
　运～
撞 zhuàng(统读)
幢 (一)zhuàng
　一～楼房

（二）chuáng

经～（佛教所设刻有经咒的石柱）

拙 zhuō（统读）

茁 zhuó（统读）

灼 zhuó（统读）

卓 zhuó（统读）

综 zōng

～合

纵 zòng（统读）

粽 zòng（统读）

镞 zú（统读）

组 zǔ（统读）

钻 （一）zuān

～探　～孔

（二）zuàn

～床　～杆　～具

佐 zuǒ（统读）

唑 zuò（统读）

柞 （一）zuò

～蚕　～绸

（二）zhà

～水（在陕西）

做 zuò（统读）

作 （除"～坊"读 zuō 外，其余都读 zuò）

汉语拼音正词法基本规则

GB/T 16159—2012

（中华人民共和国国家质量监督检验检疫总局、
中国国家标准化管理委员会2012年6月29日
发布，2012年10月1日实施）

前　　言

本标准按照GB/T1.1—2009给出的规则起草。

本标准代替GB/T 16159—1996《汉语拼音正词法基本规则》。

本标准与GB/T 16159—1996相比，主要变化如下：

——将原标准中正词法的具体规定、用法调整为分词连写、人名地名拼写、大写、缩写、标调、移行、标点符号使用等7个部分的基本规则。其中，把原先按词类分节的部分归到分词连写规则之下，并增加了“缩写规则”和“标点符号使用规则”。

——取消原标准中与名词、动词、形容词、代词、数词和量词并列的“虚词”一节，把虚词词类提升，与实词词类并列，以贯彻按词类分节的原则。

——修改了原标准中关于非汉语人名、地名的汉语拼音拼写规则。

——参照ISO7098《中文罗马字母拼写法》的规定，补充了“汉字数字用汉语拼音拼写，阿拉伯数字则仍保留阿拉伯数字写法”的规定。

——增加了在某些场合，专有名词的所有字母可全部大写，也可不标声调的规定。

——增加了变通规则，以照顾某些领域的特殊需要。

本标准由教育部语言文字信息管理司提出并归口。

本标准主要起草单位：中国社会科学院语言研究所、教育部语言文字应用研究所。

本标准主要起草人：董琨、李志江、金惠淑、史定国、王楠、杜翔。

1 范围

本标准规定了用《汉语拼音方案》拼写现代汉语的规则。内容包括分词连写规则、人名地名拼写规则、大写规则、标调规则、移行规则、标点符号使用规则等。为了适应特殊的需要，同时规定了一些变通规则。

本标准适用于文化教育、编辑出版、中文信息处理及其他方面的汉语拼音拼写。

2 规范性引用文件

下列文件对于本文件的应用是必不可少的。凡是注日期的引用文件，仅注日期的版本适用于本文件。凡是不注日期的引用文件，其最新版本(包括所有的修改单)适用于本文件。

GB/T 15834 标点符号用法

GB/T 28039 中国人名汉语拼音字母拼写规则

《汉语拼音方案》(1958 年 2 月 11 日第一届全国人民代表大会第五次会议批准)

《中国地名汉语拼音字母拼写规则(汉语地名部分)》(1984 年 12 月 25 日中国地名委员会、中国文字改革委员会、国家测绘局发布)

3 术语和定义

下列术语和定义适用于本文件。

3.1 词 word

语言里最小的、可以独立运用的单位。

3.2 汉语拼音方案 scheme for the Chinese phonetic alphabet

给汉字注音和拼写普通话语音的方案，1958 年 2 月 11 日第一届全国人民代表大会第五次会议批准。方案采用拉丁字母，并用附加符号表示声调，是帮助学习汉字和推广普通话的工具。

3.3　汉语拼音正词法　the Chinese phonetic alphabet orthography

汉语拼音的拼写规范及其书写格式的准则。

4　制定原则

4.1　本标准是在《汉语拼音方案》确定的音节拼写规则的基础上进一步规定的词的拼写规则。

4.2　以词为拼写单位，适当考虑语音、语义等因素，并兼顾词的拼写长度。

4.3　按语法词类分节规定分词连写规则。

5　总则

5.1　拼写普通话基本上以词为书写单位。例如：

rén（人）	pǎo（跑）
hǎo（好）	nǐ（你）
sān（三）	gè（个）
hěn（很）	bǎ（把）
hé（和）	de（的）
ā（啊）	pēng（砰）
fúróng（芙蓉）	qiǎokèlì（巧克力）
māma（妈妈）	péngyou（朋友）
yuèdú（阅读）	wǎnhuì（晚会）
zhòngshì（重视）	dìzhèn（地震）
niánqīng（年轻）	qiānmíng（签名）
shìwēi（示威）	niǔzhuǎn（扭转）
chuánzhī（船只）	dànshì（但是）
fēicháng（非常）	dīngdōng（叮咚）
āiyā（哎呀）	diànshìjī（电视机）
túshūguǎn（图书馆）	

5.2　表示一个整体概念的双音节和三音节结构，连写。例如：

quánguó（全国）	zǒulái（走来）

dǎnxiǎo(胆小)
huánbǎo(环保)
gōngguān(公关)
chángyòngcí(常用词)
àiniǎozhōu(爱鸟周)
yǎnzhōngdīng(眼中钉)
èzuòjù(恶作剧)
pòtiānhuāng(破天荒)
yīdāoqiē(一刀切)
duìbuqǐ(对不起)
chīdexiāo(吃得消)

5.3 四音节及四音节以上表示一个整体概念的名称，按词或语节（词语内部由语音停顿而划分成的片段）分写，不能按词或语节划分的，全都连写。例如：

wúfèng gāngguǎn(无缝钢管)
huánjìng bǎohù guīhuà(环境保护规划)
jīngtǐguǎn gōnglǜ fàngdàqì(晶体管功率放大器)
Zhōnghuá Rénmín Gònghéguó(中华人民共和国)
Zhōngguó Shèhuì Kēxuéyuàn(中国社会科学院)
yánjiūshēngyuàn(研究生院)
hóngshízìhuì(红十字会)
yúxīngcǎosù(鱼腥草素)
gāoměngsuānjiǎ(高锰酸钾)
gǔshēngwùxuéjiā(古生物学家)

5.4 单音节词重叠，连写；双音节词重叠，分写。例如：

rénrén(人人)
niánnián(年年)
kànkan(看看)
shuōshuo(说说)
dàdà(大大)
hónghóng de(红红的)
gègè(个个)
tiáotiáo(条条)
yánjiū yánjiū(研究研究)
shāngliang shāngliang(商量商量)
xuěbái xuěbái(雪白雪白)
tōnghóng tōnghóng(通红通红)

重叠并列即 AABB 式结构，连写。例如：

láiláiwǎngwǎng(来来往往)

shuōshuōxiàoxiào（说说笑笑）
qīngqīngchǔchǔ（清清楚楚）
wānwānqūqū（弯弯曲曲）
fāngfāngmiànmàn（方方面面）
qiānqiānwànwàn（千千万万）

5.5 单音节前附成分（副、总、非、反、超、老、阿、可、无、半等）或单音节后附成分（子、儿、头、性、者、员、家、手、化、们等）与其他词语，连写。例如：

fùbùzhǎng（副部长）
zǒnggōngchéngshī（总工程师）
fùzǒnggōngchéngshī（副总工程师）
fēijīnshǔ（非金属）
fēiyèwù rényuán（非业务人员）
fǎndàndào dǎodàn（反弹道导弹）
chāoshēngbō（超声波）
lǎohǔ（老虎）
āyí（阿姨）
kěnì fǎnyìng（可逆反应）
wútiáojiàn（无条件）
bàndǎotǐ（半导体）
zhuōzi（桌子）
jīnr（今儿）
quántou（拳头）
kēxuéxìng（科学性）
shǒugōngyèzhě（手工业者）
chéngwùyuán（乘务员）
yìshùjiā（艺术家）
tuōlājīshǒu（拖拉机手）
xiàndàihuà（现代化）
háizimen（孩子们）

5.6 为了便于阅读和理解，某些并列的词、语素之间或某些缩略语当中可用连接号。例如：

bā-jiǔ tiān（八九天）
shíqī-bā suì（十七八岁）
rén-jī duìhuà（人机对话）
zhōng-xiǎoxué（中小学）
lù-hǎi-kōngjūn（陆海空军）
biànzhèng-wéiwù zhǔyì（辩证唯物主义）
Cháng-Sānjiǎo（长三角[长江三角洲]）
Hù-Níng-Háng Dìqū（沪宁杭地区）

Zhè-Gàn Xiàn(浙赣线)

Jīng-Zàng Gāosù Gōnglù(京藏高速公路)

6 基本规则

6.1 分词连写规则

6.1.1 名词

6.1.1.1 名词与后面的方位词,分写。例如:

shān shàng(山上) shù xià(树下)

mén wài(门外) mén wàimian(门外面)

hé li(河里) hé lǐmian(河里面)

huǒchē shàngmian(火车上面)

xuéxiào pángbiān(学校旁边)

Yǒngdìng Hé shàng(永定河上)

Huáng Hé yǐnán(黄河以南)

6.1.1.2 名词与后面的方位词已经成词的,连写。例如:

tiānshang(天上) dìxia(地下)

kōngzhōng(空中) hǎiwài(海外)

6.1.2 动词

6.1.2.1 动词与后面的动态助词“着”、“了”、“过”,连写。例如:

kànzhe(看着)

tǎolùn bìng tōngguòle(讨论并通过了)

jìnxíngguo(进行过)

6.1.2.2 句末的“了”兼做语气助词,分写。例如:

Zhè běn shū wǒ kàn le.(这本书我看了。)

6.1.2.3 动词与所带的宾语,分写。例如:

kàn xìn(看信) chī yú(吃鱼)

kāi wánxiào(开玩笑) jiāoliú jīngyàn(交流经验)

动宾式合成词中间插入其他成分的,分写。

jūle yī gè gōng(鞠了一个躬)

lǐguo sān cì fà(理过三次发)

6.1.2.4 动词(或形容词)与后面的补语,两者都是单音节的,连写;其余情况,分写。例如:

gǎohuài(搞坏) dǎsǐ(打死)

shútòu(熟透) jiànchéng(建成[楼房])

huàwéi(化为[蒸汽]) dàngzuò(当作[笑话])

zǒu jìnlái(走进来) zhěnglǐ hǎo(整理好)

jiànshè chéng(建设成[公园]) gǎixiě wéi(改写为[剧本])

6.1.3 形容词

6.1.3.1 单音节形容词与用来表示形容词生动形式的前附成分或后附成分,连写。例如:

mēngmēngliàng(蒙蒙亮) liàngtángtáng(亮堂堂)

hēigulōngdōng(黑咕隆咚)

6.1.3.2 形容词与后面的“些”“一些”“点儿”“一点儿”,分写。例如:

dà xiē(大些) dà yīxiē(大一些)

kuài diǎnr(快点儿) kuài yīdiǎnr(快一点儿)

6.1.4 代词

6.1.4.1 人称代词、疑问代词与其他词语,分写。例如:

Wǒ ài Zhōngguó.(我爱中国。)

Tāmen huílái le.(他们回来了。)

Shéi shuō de?(谁说的?)

Qù nǎlǐ?(去哪里?)

6.1.4.2 指示代词“这”、“那”,疑问代词“哪”与后面的名词或量词,分写。例如:

zhè rén(这人) nà cì huìyì(那次会议)

zhè zhī chuán(这只船) nǎ zhāng bàozhǐ(哪张报纸)

指示代词“这”、“那”,疑问代词“哪”与后面的“点儿”、“般”、“边”、“时”、“会儿”,连写。例如:

zhèdiǎnr(这点儿) zhèbān(这般)

zhèbiān(这边) nàshí(那时)

nàhuìr(那会儿)

6.1.4.3 “各”、“每”、“某”、“本”、“该”、“我”、“你”等与后面的名词或量词，分写。例如：

gè guó(各国) gè rén(各人)
gè xuékē(各学科) měi nián(每年)
měi cì(每次) mǒu rén(某人)
mǒu gōngchǎng(某工厂) běn shì(本市)
běn bùmén(本部门) gāi kān(该刊)
gāi gōngsī(该公司) wǒ xiào(我校)
nǐ dānwèi(你单位)

6.1.5 数词和量词

6.1.5.1 汉字数字用汉语拼音拼写，阿拉伯数字则仍保留阿拉伯数字写法。例如：

èr líng líng bā nián(二〇〇八年)
èr fēn zhī yī(二分之一)
wǔ yòu sì fēn zhī sān(五又四分之三)
sān diǎn yī sì yī liù(三点一四一六)
líng diǎn liù yī bā(零点六一八)
635 fēnjī(635 分机)

6.1.5.2 十一到九十九之间的整数，连写。例如：

shíyī(十一) shíwǔ(十五)
sānshísān(三十三) jiǔshíjiǔ(九十九)

6.1.5.3 “百”“千”“万”“亿”与前面的个位数，连写；“万”“亿”与前面的十位以上的数，分写，当前面的数词为“十”时，也可连写。例如：

shí yì líng qīwàn èrqiān sānbǎi wǔshíliù/shíyì líng qīwàn èrqiān sānbǎi wǔshíliù(十亿零七万二千三百五十六)

liùshísān yì qīqiān èrbǎi liùshíbā wàn sìqiān líng jiǔshíwǔ(六十三亿七千二百六十八万四千零九十五)

6.1.5.4 数词与前面表示序数的“第”中间，加连接号。例如：

dì-yí(第一) dì-shísān(第十三)
dì-èrshíbā(第二十八) dì-sānbǎi wǔshíliù(第三百五十六)

数词(限于"一"至"十")与前面表示序数的"初",连写。例如:

chūyī(初一)　　chūshí(初十)

6.1.5.5 代表月日的数词,中间加连接号。例如:

wǔ-sì(五四)　　yīèr-jiǔ(一二·九)

6.1.5.6 数词与量词,分写。例如:

liǎng gè rén(两个人)

yī dà wǎn fàn(一大碗饭)

liǎng jiān bàn wūzi(两间半屋子)

kàn liǎng biàn(看两遍)

数词、量词与表示约数的"多"、"来"、"几",分写。

yībǎi duō gè(一百多个)　　shí lái wàn rén(十来万人)

jǐ jiā rén(几家人)　　jǐ tiān gōngfu(几天工夫)

"十几"、"几十"连写。例如:

shíjǐ gè rén(十几个人)　　jǐshí gēn gāngguǎn(几十根钢管)

两个邻近的数字或表位数的单位并列表示约数,中间加连接号。例如:

sān-wǔ tiān(三五天)　　qī-bā gè(七八个)

yì-wàn nián(亿万年)　　qiān-bǎi cì(千百次)

复合量词内各并列成分连写。例如:

réncì(人次)　　qiānwǎxiǎoshí(千瓦小时)

dūngōnglǐ(吨公里)　　qiānkèmǐměimiǎo(千克·米/秒)

6.1.6 副词

副词与后面的词语,分写。例如:

hěn hǎo(很好)　　dōu lái(都来)

gèng měi(更美)　　zuì dà(最大)

bù lái(不来)　　bù hěn hǎo(不很好)

gānggāng zǒu(刚刚走)　　fēicháng kuài(非常快)

shífēn gǎndòng(十分感动)

6.1.7 介词

介词与后面的其他词语,分写。例如:

zài qiánmiàn zǒu(在前面走)

xiàng dōngbian qù(向东边去)

wèi rénmín fúwù(为人民服务)

cóng zuótiān qǐ(从昨天起)

bèi xuǎnwéi dàibiǎo(被选为代表)

shēng yú 1940 nián(生于 1940 年)

guānyú zhège wèntí(关于这个问题)

cháozhe xiàbian kàn(朝着下边看)

6.1.8 连词

连词与其他词语,分写。例如:

gōngrén hé nóngmín(工人和农民)

tóngyì bìng yōnghù(同意并拥护)

guāngróng ér jiānjù(光荣而艰巨)

bùdàn kuài érqiě hǎo(不但快而且好)

Nǐ lái háishi bù lái?(你来还是不来?)

Rúguǒ xià dàyǔ,bǐsài jiù tuīchí.(如果下大雨,比赛就推迟。)

6.1.9 助词

6.1.9.1 结构助词"的"、"地"、"得"、"之"、"所"等与其他词语,分写。其中,"的"、"地"、"得"前面的词是单音节的,也可连写。例如:

dàdì de nǚ'ér(大地的女儿)

Zhè shì wǒ de shū./Zhè shì wǒde shū.(这是我的书。)

Wǒmen guòzhe xìngfú de shēnghuó.(我们过着幸福的生活。)

Shāngdiàn li bǎimǎnle chī de, chuān de, yòng de./Shāngdiàn li bǎimǎnle chīde,chuānde,yòngde.(商店里摆满了吃的、穿的、用的。)

mài qīngcài luóbo de(卖青菜萝卜的)

Tā zài dàjiē shang mànman de zǒu.(他在大街上慢慢地走。)

Tǎnbái de gàosu nǐ ba.(坦白地告诉你吧。)

Tā yī bù yī gè jiǎoyìnr de gōngzuòzhe.(他一步一个脚印儿地工作着。)

dǎsǎo de gānjìng(打扫得干净)

xiě de bù hǎo/xiěde bù hǎo(写得不好)

hóng de hěn/hóngde hěn(红得很)

lěng de fādǒu/lěngde fādǒu(冷得发抖)
shàonián zhī jiā(少年之家)
zuì fādá de guójiā zhī yī(最发达的国家之一)
jù wǒ suǒ zhī(据我所知)
bèi yīngxióng de shìjì suǒ gǎndòng(被英雄的事迹所感动)

6.1.9.2 语气助词与其他词语,分写。例如:

Nǐ zhīdào ma?(你知道吗?)
Zěnme hái bù lái a?(怎么还不来啊?)
Kuài qù ba!(快去吧!)
Tā yīdìng huì lái de.(他一定会来的。)
Huǒchē dào le.(火车到了。)
Tā xīnli míngbai,zhǐshì bù shuō bàle.(他心里明白,只是不说罢了。)

6.1.9.3 动态助词

动态助词主要有“着”、“了”、“过”。见6.1.2.1的规定。

6.1.10 叹词

叹词通常独立于句法结构之外,与其他词语分写。例如:

À! Zhēn měi!(啊! 真美!)
Ńg,nǐ shuō shénme?(嗯,你说什么?)
Hng,zǒuzhe qiáo ba!(哼,走着瞧吧!)
Tīng míngbai le ma? Wèi!(听明白了吗? 喂!)
Āiyā,wǒ zěnme bù zhīdào ne!(哎呀,我怎么不知道呢!)

6.1.11 拟声词

拟声词与其他词语,分写。例如:

“hōnglōng” yī shēng(“轰隆”一声)
chánchán liúshuǐ(潺潺流水)
mó dāo huòhuò(磨刀霍霍)
jījīzhāzhā jiào gè bù tíng(叽叽喳喳叫个不停)
Dà gōngjī wōwō tí.(大公鸡喔喔啼。)
“Dū——”,qìdí xiǎng le.(“嘟——”,汽笛响了。)
Xiǎoxī huāhuā de liútǎng.(小溪哗哗地流淌。)

6.1.12 成语和其他熟语

6.1.12.1 成语通常作为一个语言单位使用，以四字文言语句为主。结构上可以分为两个双音节的，中间加连接号。例如：

fēngpíng-làngjìng（风平浪静） àizēng-fēnmíng（爱憎分明）
shuǐdào-qúchéng（水到渠成） yángyáng-dàguān（洋洋大观）
píngfēn-qiūsè（平分秋色） guāngmíng-lěiluò（光明磊落）
diānsān-dǎosì（颠三倒四）

结构上不能分为两个双音节的，全部连写。例如：

céngchūbùqióng（层出不穷） bùyìlèhū（不亦乐乎）
zǒng'éryánzhī（总而言之） àimònéngzhù（爱莫能助）
yīyīdàishuǐ（一衣带水）

6.1.12.2 非四字成语和其他熟语内部按词分写。例如：

bēi hēiguō（背黑锅）
yī bíkǒng chū qìr（一鼻孔出气儿）
bā gānzi dǎ bù zháo（八竿子打不着）
zhǐ xǔ zhōuguān fàng huǒ，bù xǔ bǎixìng diǎn dēng（只许州官放火，不许百姓点灯）
xiǎocōng bàn dòufu——yīqīng-èrbái（小葱拌豆腐——一清二白）

6.2 人名地名拼写规则

6.2.1 人名拼写

6.2.1.1 汉语人名中的姓和名分写，姓在前，名在后。复姓连写。双姓中间加连接号。姓和名的首字母分别大写，双姓两个字首字母都大写。笔名、别名等，按姓名写法处理。例如：

Lǐ Huá（李华） Wáng Jiànguó（王建国）
Dōngfāng Shuò（东方朔） Zhūgě Kǒngmíng（诸葛孔明）
Zhāng-Wáng Shūfāng（张王淑芳） Lǔ Xùn（鲁迅）
Méi Lánfāng（梅兰芳） Zhāng Sān（张三）
Wáng Mázi（王麻子）

6.2.1.2 人名与职务、称呼等，分写；职务、称呼等首字母小写。例如：

Wáng bùzhǎng（王部长） Tián zhǔrèn（田主任）

Wú kuàijì(吴会计)　　Lǐ xiānsheng(李先生)
Zhào tóngzhì(赵同志)　　Liú lǎoshī(刘老师)
Dīng xiōng(丁兄)　　Zhāng mā(张妈)
Zhāng jūn(张君)　　Wú lǎo(吴老)
Wáng shì(王氏)　　Sūn mǒu(孙某)
Guóqiáng tóngzhì(国强同志)　　Huìfāng āyí(慧芳阿姨)

6.2.1.3 “老”、“小”、“大”、“阿”等与后面的姓、名、排行,分写,分写部分的首字母分别大写。例如:

Xiǎo Liú(小刘)　　Lǎo Qián(老钱)
Lǎo Zhāngtour(老张头儿)　　Dà Lǐ(大李)
Ā Sān(阿三)

6.2.1.4 已经专名化的称呼,连写,开头大写。例如:

Kǒngzǐ(孔子)　　Bāogōng(包公)
Xīshī(西施)　　Mèngchángjūn(孟尝君)

6.2.2 地名拼写

6.2.2.1 汉语地名中的专名和通名,分写,每一分写部分的首字母大写。例如:

Běijīng Shì(北京市)　　Héběi Shěng(河北省)
Yālù Jiāng(鸭绿江)　　Tài Shān(泰山)
Dòngtíng Hú(洞庭湖)　　Táiwān Hǎixiá(台湾海峡)

6.2.2.2 专名与通名的附加成分,如是单音节的,与其相关部分连写。例如:

Xīliáo Hé(西辽河)
Jǐngshān Hòujiē(景山后街)
Cháoyángménnèi Nánxiǎojiē(朝阳门内南小街)
Dōngsì Shítiáo(东四十条)

6.2.2.3 已专名化的地名不再区分专名和通名,各音节连写。例如:

Hēilóngjiāng(黑龙江[省])　　Wángcūn(王村[镇])
Jiǔxiānqiáo(酒仙桥[医院])

不需区分专名和通名的地名,各音节连写。例如:

Zhōukǒudiàn(周口店)　　Sāntányìnyuè(三潭印月)

6.2.3 非汉语人名、地名的汉字名称，用汉语拼音拼写。例如：

Wūlánfū（乌兰夫，Ulanhu）

Jièchuān Lóngzhījiè（芥川龙之介，Akutagawa Ryunosuke）

Āpèi Āwàngjìnměi（阿沛·阿旺晋美，Ngapoi Ngawang Jigme）

Mǎkèsī（马克思，Marx）

Wūlǔmùqí（乌鲁木齐，Ürümqi）

Lúndūn（伦敦，London）

Dōngjīng（东京，Tokyo）

6.2.4 人名、地名拼写的详细规则，遵循 GB/T 28039《中国人名汉语拼音字母拼写规则》《中国地名汉语拼音字母拼写规则（汉语地名部分）》。

6.3 大写规则

6.3.1 句子开头的字母大写。例如

Chūntiān lái le.（春天来了。）

Wǒ ài wǒ de jiāxiāng.（我爱我的家乡。）

诗歌每行开头的字母大写。例如：

《Yǒude Rén》（《有的人》）

Zāng Kèjiā（臧克家）

Yǒude rén huózhe，（有的人活着，）

Tā yǐjīng sǐ le；（他已经死了；）

Yǒude rén sǐ le，（有的人死了，）

Tā hái huózhe.（他还活着。）

6.3.2 专有名词的首字母大写。例如：

Běijīng（北京） Chángchéng（长城）

Qīngmíng（清明） Jǐngpōzú（景颇族）

Fēilǜbīn（菲律宾）

由几个词组成的专有名词，每个词的首字母大写。例如：

Guójì Shūdiàn（国际书店）

Hépíng Bīnguǎn（和平宾馆）

Guāngmíng Rìbào（光明日报）

Guójiā Yǔyán Wénzì Gōngzuò Wěiyuánhuì（国家语言文字工作委员会）

在某些场合，专有名词的所有字母可全部大写。例如：

XIÀNDÀI HÀNYǓ CÍDIǍN(现代汉语词典)

BĚIJĪNG(北京)

LǏ HUÁ(李华)

DŌNGFĀNG SHUÒ(东方朔)

6.3.3 专有名词成分与普通名词成分连写在一起，是专有名词或视为专有名词的，首字母大写。例如：

Míngshǐ(明史)　　Hànyǔ(汉语)

Yuèyǔ(粤语)　　Guǎngdōnghuà(广东话)

Fójiào(佛教)　　Tángcháo(唐朝)

专有名词成分与普通名词成分连写在一起，是一般语词或视为一般语词的，首字母小写。例如：

guǎnggān(广柑)　　jīngjù(京剧)

ējiāo(阿胶)　　zhōngshānfú(中山服)

chuānxiōng(川芎)　　zàngqīngguǒ(藏青果)

zhāoqín-mùchǔ(朝秦暮楚)　　qiánlǘzhījì(黔驴之技)

6.4 缩写规则

6.4.1 连写的拼写单位(多音节词或连写的表示一个整体概念的结构)，缩写时取每个汉字拼音的首字母，大写并连写。例如：

Běijīng(缩写：BJ)(北京)　　ruǎnwò(缩写：RW)(软卧)

6.4.2 分写的拼写单位(按词或语节分写的表示一个整体概念的结构)，缩写时以词或语节为单位取首字母，大写并连写。例如：

guójiā biāozhǔn(缩写：GB)(国家标准)

hànyǔ shuǐpíng kǎoshì(缩写：HSK)(汉语水平考试)

pǔtōnghuà shuǐpíng cèshì(缩写：PSC)(普通话水平测试)

6.4.3 为了给汉语拼音的缩写形式做出标记，可在每个大写字母后面加小圆点。例如：

Běijīng(北京)也可缩写：B.J.

guójiā biāozhǔn(国家标准)也可缩写：G.B.

6.4.4 汉语人名的缩写，姓全写，首字母大写或每个字母大写；名取每个汉字拼音的首字母，大写，后面加小圆点。例如：

Lǐ Huá(缩写：Lǐ H.或 LǏ H.)(李华)

Wáng Jiànguó(缩写：Wáng J.G.或 WÁNG J.G.)(王建国)

Dōngfāng Shuò(缩写：Dōngfāng S.或 DŌNGFĀNG S.)(东方朔)

Zhūgě Kǒngmíng(缩写：Zhūgě K.M.或 ZHŪGĚ K.M.)(诸葛孔明)

6.5 标调规则

6.5.1 声调符号标在一个音节的主要元音(韵腹)上。韵母 iu,ui,声调符号标在后面的字母上面。在 i 上标声调符号，应省去 i 上的小点。例如：

āyí(阿姨)　　cèlüè(策略)

dàibiǎo(代表)　　guāguǒ(瓜果)

huáishù(槐树)　　kǎolǜ(考虑)

liúshuǐ(流水)　　xīnxiān(新鲜)

轻声音节不标声调。例如：

zhuāngjia(庄稼)　　qīngchu(清楚)

kàndeqǐ(看得起)

6.5.2 “一”、“不”一般标原调，不标变调。例如：

yī jià(一架)　　yī tiān(一天)

yī tóu(一头)　　yī wǎn(一碗)

bù qù(不去)　　bù duì(不对)

bùzhìyú(不至于)

在语言教学等方面，可根据需要按变调标写。例如：

yī tiān(一天)可标为 yì tiān,bù duì(不对)可标为 bú duì。

6.5.3 ABB、AABB 形式的词语，BB 一般标原调，不标变调。例如：

lǜyóuyóu(绿油油)　　chéndiàndiàn(沉甸甸)

hēidòngdòng(黑洞洞)　　piàopiàoliàngliàng(漂漂亮亮)

有些词语的 BB 在语言实际中只读变调，则标变调。例如：

hóngtōngtōng(红彤彤)　　xiāngpēnpēn(香喷喷)

huángdēngdēng(黄澄澄)

6.5.4 在某些场合，专有名词的拼写，也可不标声调。例如：

Li Hua（缩写：Li H.或 LI H.）（李华）

Beijing（北京）

RENMIN RIBAO（人民日报）

WANGFUJING DAJIE（王府井大街）

6.5.5 除了《汉语拼音方案》规定的符号标调法以外，在技术处理上，也可采用数字、字母等标明声调，如采用阿拉伯数字 1、2、3、4、0 分别表示汉语四声和轻声。

6.6 移行规则

6.6.1 移行要按音节分开，在没有写完的地方加连接号。音节内部不可拆分。例如：

guāngmíng（光明）移作"……guāng-
míng"（光明）

不能移作"……gu-
āngmíng"（光明）。

缩写词（如 GB，HSK，汉语人名的缩写部分）不可移行。

Wáng J.G.（王建国）移作"……Wáng
J.G."（王建国）

不能移作"……Wáng J.-
G."（王建国）。

6.6.2 音节前有隔音符号，移行时，去掉隔音符号，加连接号。例如：

Xī'ān（西安）移作"……Xī-
ān"（西安）

不能移作"……Xī'-
ān"（西安）。

6.6.3 在有连接号处移行时，末尾保留连接号，下行开头补加连接号。例如：

chēshuǐ-mǎlóng（车水马龙）移作"……chēshuǐ-
-mǎlóng"（车水马龙）

6.7 标点符号使用规则

汉语拼音拼写时，句号使用小圆点“.”，连接号用半字线“-”，省略号也可使用3个小圆点“…”，顿号也可用逗号“,”代替，其他标点符号遵循GB/T 15834的规定。

7 变通规则

7.1 根据识字需要（如小学低年级和幼儿汉语识字读物），可按字注音。

7.2 辞书注音需要显示成语及其他词语内部结构时，可按词或语素分写。例如：

chīrén shuō mèng（痴人说梦）

wèi yǔ chóumóu（未雨绸缪）

shǒu kǒu rú píng（守口如瓶）

Hēng-Hā èr jiàng（哼哈二将）

Xī Liáo Hé（西辽河）

Nán-Běi Cháo（南北朝）

7.3 辞书注音为了提示轻声音节，音节前可标中圆点。例如：

zhuāng·jia（庄稼）　qīng·chu（清楚）

kàn·deqǐ（看得起）

如是轻重两读，音节上仍标声调。例如：

hóu·lóng（喉咙）　zhī·dào（知道）

tǔ·xīngqì（土腥气）

7.4 在中文信息处理方面，表示一个整体概念的多音节结构，可全部连写。例如：

guómínshēngchǎnzǒngzhí（国民生产总值）

jìsuànjītǐcéngchéngxiàngyí（计算机体层成像仪）

shìjièfēiwùzhìwénhuàyíchǎn（世界非物质文化遗产）

中国人名汉语拼音字母拼写规则

GB/T 28039—2011

（中华人民共和国国家质量监督检验检疫总局、中国国家标准化管理委员会 2011 年 10 月 31 日发布，2012 年 2 月 1 日实施）

前　言

本标准按照 GB/T 1.1—2009 给出的规则起草。

本标准由教育部语言文字信息管理司提出并归口。

本标准主要起草单位：教育部语言文字应用研究所。

本标准主要起草人：厉兵、史定国、苏培成、李乐毅、万锦堃。

1　范围

本标准规定了使用汉语拼音字母拼写中国人名的规则，包括汉语人名的拼写规则和少数民族语人名的拼写规则。为了满足应用需要，同时给出了一些特殊场合的变通处理办法。

本标准适用于文化教育、编辑出版、中文信息处理及其他方面的中国人名汉语拼音字母拼写。

2　规范性引用文件

下列文件对于文件的应用是必不可少的。凡是注日期的引用文件，仅注日期的版本适用于本文件。凡是不注日期的引用文件，其最新版本（包括所有的修改单）适用于本文件。

《少数民族语地名汉语拼音字母音译转写法》(1976 年 6 月国家测绘总局、中国文字改革委员会修订)

3 术语和定义

下列术语和定义适用于本文件。

3.1 单姓 mono-character surname

汉语中只有一个字的姓,如张、王、刘、李。

3.2 复姓 multi-character surname

汉语中不止一个字(一般由两个汉字构成)的姓,如欧阳、司马。

3.3 双姓 hyphenated name

汉语中由两个姓(单姓或复姓)并列而成的姓氏组合,如郑李、欧阳陈、周东方等。

4 总则

4.1 中国人名包括汉语姓名和少数民族语姓名。汉语姓名按照普通话拼写,少数民族语姓名按照民族语读音拼写。

4.2 本标准中的人名主要指正式姓名,即符合一般习惯用法的姓名。

4.3 根据需要,仿姓名的笔名、别名、法名、艺名等,按照正式姓名写法处理。

4.4 个别变通处理办法只适用于限定的特殊场合。

5 拼写规则

5.1 汉语人名拼写规则

5.1.1 正式的汉语人名由姓和名两个部分组成。姓和名分写,姓在前,名在后,姓名之间用空格分开。复姓连写。姓和名的开头字母大写。例如:

Wáng Fāng	王芳
Yáng Wèimín	杨为民
Mǎ Běnzhāi	马本斋
Luó Chángpéi	罗常培

Ōuyáng Wén	欧阳文
Sīmǎ Xiàngnán	司马相南
Lǚ Lüè	吕略
Zhào Píng'ān	赵平安

5.1.2 由双姓组合(并列姓氏)作为姓氏部分,双姓中间加连接号,每个姓氏开头字母大写。例如:

Liú-Yáng Fān	刘杨帆
Zhèng-Lǐ Shūfāng	郑李淑芳
Dōngfāng-Yuè Fēng	东方岳峰
Xiàng-Sītú Wénliáng	项司徒文良

5.1.3 笔名、字(或号)、艺名、法名、代称、技名、帝王名号等,按正式人名写法拼写。例如:

Lǔ Xùn	鲁迅(笔名)
Cáo Xuěqín	曹雪芹("雪芹"为号)
Gài Jiàotiān	盖叫天(艺名)
Lǔ Zhìshēn	鲁智深("智深"为法名)
Dù Gōngbù	杜工部(代称)
Wáng Tiěrén	王铁人(代称)
Lài Tāngyuán	赖汤圆(技名)
Qín Shǐhuáng	秦始皇(帝王名号)

5.1.4 国际体育比赛等场合,人名可以缩写。汉语人名的缩写,姓全写,首字母大写或每个字母大写,名取每个汉字拼音的首字母,大写,后面加小圆点,声调符号可以省略。例如:

Lǐ Xiǎolóng	缩写为:Li X.L. 或 LI X.L. 李小龙
Róng Guótuán	缩写为:Rong G.T. 或 RONG G.T.容国团
Zhūgě Zhìchéng	缩写为:Zhuge Z.C. 或 ZHUGE Z.C.诸葛志成
Chén-Yán Ruòshuǐ	缩写为:Chen-Yan R.S. 或 CHEN-YAN R.S.陈言若水

5.1.5 中文信息处理中的人名索引，可以把姓的字母都大写，声调符号可以省略。例如：

Zhāng Yǐng　　拼写为：ZHANG Ying　张颖
Wáng Jiànguó　　拼写为：WANG Jianguo　王建国
Shàngguān Xiǎoyuè　　拼写为：SHANGGUAN Xiaoyue　上官晓月
Chén-Fāng Yùméi　　拼写为：CHEN-FANG Yumei　陈方玉梅

5.1.6 公民护照上的人名，可以把姓和名的所有字母全部大写，双姓之间可以不加连接号，声调符号、隔音符号可以省略。例如：

Liú Chàng　　拼写为：LIU CHANG　刘畅
Zhōu Jiànjūn　　拼写为：ZHOU JIANJUN　周建军
Zhào-Lǐ Shūgāng　　拼写为：ZHAOLI SHUGANG　赵李书刚
Wú Xīng'ēn　　拼写为：WU XINGEN　吴兴恩

5.1.7 三音节以内不能分出姓和名的汉语人名，包括历史上已经专名化的称呼，以及笔名、艺名、法名、神名、帝王年号等，连写，开头字母大写。例如：

Kǒngzǐ　　孔子（专称）
Bāogōng　　包公（专称）
Xīshī　　西施（专称）
Mèngchángjūn　　孟尝君（专称）
Bīngxīn　　冰心（笔名）
Liúshāhé　　流沙河（笔名）
Hóngxiànnǚ　　红线女（艺名）
Jiànzhēn　　鉴真（法名）
Nézha　　哪吒（神仙名）
Qiánlóng　　乾隆（帝王年号）

5.1.8 四音节以上不能分出姓和名的人名，如代称、雅号、神仙名等，按语义结构或语音节律分写，各分开部分开头字母大写。例如：

Dōngguō Xiānsheng　　东郭先生(代称)
Liǔquán Jūshì　　柳泉居士(雅号 蒲松龄)
Jiànhú Nǚxiá　　鉴湖女侠(雅号 秋瑾)
Tàibái Jīnxīng　　太白金星(神仙名)

5.2　少数民族语人名拼写规则

5.2.1　少数民族语姓名,按照民族语用汉语拼音字母音译转写,分连次序依民族习惯。音译转写法可以参照《少数民族语地名汉语拼音字母音译转写法》执行。

5.2.2　在一定的场合,可以在少数民族语人名音译转写原文后备注音译汉字及汉字的拼音;也可以先用或仅用音译汉字及汉字的拼音。例如:

Ulanhu(乌兰夫,Wūlánfū)
Ngapoi Ngawang Jigme
(阿沛·阿旺晋美,Āpèi Āwàngjìnměi)
Seypidin(赛福鼎,Sàifúdǐng)

6　特殊问题的变通处理办法

6.1　出版物中常见的著名历史人物,港、澳、台人士,海外华侨及外籍华人、华裔的姓名,以及科技领域各科(动植物、微生物、古生物等)学名命名中的中国人名,原来有惯用的拉丁字母拼写法,必要时可以附注在括弧中或注释中。

6.2　根据技术处理的特殊需要,必要的场合(如公民护照、对外文件和书刊等),大写字母 Ü 可以用 YU 代替。例如:

Lǚ Hépíng　拼写为:LYU HEPING　吕和平

中国地名汉语拼音字母拼写规则(汉语地名部分)

中 国 地 名 委 员 会
中国文字改革委员会
国 家 测 绘 局

关于颁发《中国地名汉语拼音字母拼写规则(汉语地名部分)》的通知

(1984 年 12 月 25 日)

现将《中国地名汉语拼音字母拼写规则(汉语地名部分)》发给你们,望遵照执行。凡过去关于汉语地名的汉语拼音字母拼写规定与此规则相矛盾的,均以此规则为准。

分写和连写

1. 由专名和通名构成的地名,原则上专名与通名分写。

太行/山(注)	松花/江	汾/河	太/湖
舟山/群岛	台湾/海峡	青藏/高原	密云/水库
大/运河	永丰/渠	西藏/自治区	江苏/省
襄樊/市	通/县	西峰/镇	虹口/区
友谊/乡	京津/公路	南京/路	滨江/道
横/街	长安/街	大/马路	梧桐/巷
门框/胡同			

2. 专名或通名中的修饰、限定成分,单音节的与其相关部分连写,双音节和多音节的与其相关部分分写。

西辽/河	潮白/新河	新通扬/运河	北雁荡/山
老秃顶子/山	小金门/岛	景山/后街	造币/左路

清波门/直街 后赵家楼/胡同 朝阳门内/大街 南/小街
小/南街 南横/东街 修文/西小巷 东直门外/南后街
广安门/北滨河/路 广渠/南水关/胡同

3. 自然村镇名称不区分专名和通名，各音节连写。

王村 江镇 漷县 周口店 文家市
油坊桥 铁匠营 大虎山 太平沟 三岔河
龙王集 龚家棚 众埠街 南王家荡 东桑家堡子

4. 通名已专名化的，按专名处理。

渤海/湾 黑龙江/省 景德镇/市
解放路/南小街 包头/胡同/东巷

5. 以人名命名的地名，人名中的姓和名连写。

左权/县 张之洞/路 欧阳海/水库

数词的书写

6. 地名中的数词一般用拼音书写。

五指山	Wǔzhǐ Shān
九龙江	Jiǔlóng Jiāng
三门峡	Sānmén Xiá
二道沟	Èrdào Gōu
第二松花江	Dì'èr Sōnghuā Jiāng
第六屯	Dìliùtún
三眼井胡同	Sānyǎnjǐng Hútong
八角场东街	Bājiǎochǎng Dōngjiē
三八路	Sānbā Lù
五一广场	Wǔyī Guǎngchǎng

7. 地名中的代码和街巷名称中的序数词用阿拉伯数字书写。

1203 高地	1203 Gāodì
1718 峰	1718 Fēng
二马路	2 Mǎlù
经五路	Jīng 5 Lù

三环路　　3 Huánlù
大川淀一巷　　Dàchuāndiàn 1 Xiàng
东四十二条　　Dōngsì 12 Tiáo
第九弄　　Dì-9 Lòng

语音的依据

8. 汉语地名按普通话语音拼写。地名中的多音字和方言字根据普通话审音委员会审定的读音拼写。

十里堡(北京)　　Shílǐpù
大黄堡(天津)　　Dàhuángbǎo
吴堡(陕西)　　Wúbǔ

9. 地名拼写按普通话语音标调。特殊情况可不标调。

大小写、隔音、儿化音的书写和移行

10. 地名中的第一个字母大写,分段书写的,每段第一个字母大写,其余字母小写。特殊情况可全部大写。

李庄　　Lǐzhuāng
珠江　　Zhū Jiāng
天宁寺西里一巷　　Tiānníngsì Xīlǐ 1 Xiàng

11. 凡以 a、o、e 开头的非第一音节,在 a、o、e 前用隔音符号“'”隔开。

西安　　Xī'ān
建瓯　　Jiàn'ōu
天鹅　　Tiān'é

12. 地名汉字书写中有“儿”字的儿化音用“r”表示,没有“儿”字的不予表示。

盆儿胡同　　Pénr Hútong

13. 移行以音节为单位,上行末尾加短横。

| 海南岛　　Hǎi-
| nán Dǎo

起地名作用的建筑物、游览地、纪念地和企事业单位等名称的书写

14. 能够区分专、通名的，专名与通名分写。修饰、限定单音节通名的成分与其通名连写。

解放/桥	挹江/门	黄鹤/楼
少林/寺	大雁/塔	中山/陵
兰州/站	星海/公园	武汉/长江/大桥
上海/交通/大学	金陵/饭店	鲁迅/博物馆
红星/拖拉机厂	月亮山/种羊场	北京/工人/体育馆
二七/烈士/纪念碑	武威/地区/气象局	

15. 不易区分专、通名的一般连写。

一线天　水珠帘　百花深处　三潭印月　铜壶滴漏

16. 企事业单位名称中的代码和序数词用阿拉伯数字书写。

501 矿区	501 Kuàngqū
前进四厂	Qiánjìn 4 Chǎng

17. 含有行政区域名称的企事业单位等名称，行政区域名称的专名与通名分写。

浙江/省/测绘局	费/县/汽车站
郑州/市/玻璃厂	北京/市/宣武/区/育才/学校

18. 起地名作用的建筑物、游览地、纪念地和企事业单位等名称的其他拼写要求，参照本规则相应条款。

附　　则

19. 各业务部门根据本部门业务的特殊要求，地名的拼写形式在不违背本规则基本原则的基础上，可作适当的变通处理。

注：“/”表示分写。如：太行/山，表示用汉语拼音拼写时，拼作 Tàiháng Shān。

中文书刊名称汉语拼音拼写法

UDC 003.23.05

A 14

GB 3259—92

（国家技术监督局1992年2月1日批准、发布，1992年11月1日实施）

1 主题内容与适用范围

本标准规定了用汉语拼音拼写我国出版的中文书刊名称的方法。

本标准适用于我国正式出版的中文书刊名称的汉语拼音的拼写，也适用于文献资料的信息处理。

国内出版的中文书刊应依照本标准的规定，在封面，或扉页，或封底，或版权页上加注汉语拼音书名、刊名。

2 术语

汉语拼音正词法：用《汉语拼音方案》拼写现代汉语的规则。《汉语拼音方案》确定了音节的拼写规则。汉语拼音正词法是在《汉语拼音方案》的基础上进一步规定词的拼写方法。

3 拼写原则

以词为拼写单位，并适当考虑语音、词义等因素，同时考虑词形长短适度。

4 拼写参考文献

4.1《汉语拼音正词法基本规则》国家教育委员会、国家语言文字工作委员会1988年7月联合公布

4.2《现代汉语词典》、《汉语拼音词汇》、《汉英词典》

5 拼写规则

5.1 中文书刊名称拼写基本上以词为书写单位。每个词第一个字母要大写。因设计需要,也可以全用大写。

子夜 Ziye
珍珠 Zhenzhu
长城恋 Changcheng Lian
新工具 Xin Gongju
中国青年 Zhongguo Qingnian
人民日报 Renmin Ribao
幼儿小天地 You'er Xiao Tiandi
行政法概论 Xingzhengfa Gailun
人口经济学 Renkou Jingjixue
散文创作艺术 Sanwen Chuangzuo Yishu

5.2 结合紧密的双音节和三音节的结构(不论词或词组)连写。

海囚 Haiqiu　　军魂 Junhun
地火 Dihuo　　红楼梦 Hongloumeng
爆破工 Baopogong　　资本论 Zibenlun

5.3 四音节以上的表示一个整体概念的名称按词(或语节)分开写,不能按词或语节划分的,全部连写。

线性代数 Xianxing Daishu
汽油发电机 Qiyou Fadianji
中华人民共和国森林法 Zhonghua Renmin Gongheguo Senlinfa
高压架空送电线路机械设计 Gaoya Jiakong Songdian Xianlu Jixie Sheji
微积分学 Weijifenxue
极限环论 Jixianhuanlun
非平衡态统计力学 Feipinghengtai Tongji Lixue

5.4 名词与单音节前加成分和单音节后加成分,连写。

超声波 Chaoshengbo　　现代化 Xiandaihua

5.5 虚词与其他语词分写，小写。因设计需要，也可以大写。

水的世界　Shui de Shijie　　大地之歌　Dadi zhi Ge

功和能　Gong he Neng　　红与黑　Hong yu Hei

5.6 并列结构、缩略语等可以用短横。

秦汉史　Qin-Han Shi

英汉词典　Ying-Han Cidian

袖珍真草隶篆四体百家姓　Xiuzhen Zhen-cao-li-zhuan Si Ti Baijiaxing

北京大学和五四运动　Beijing Daxue he Wu-si Yundong

环保通讯　Huan-bao Tongxun

中共党史讲义　Zhong-Gong Dangshi Jiangyi

5.7 汉语人名按姓和名分写，姓和名的开头字母大写。笔名、别名等，按姓名写法处理。

茅盾全集　Mao Dun Quanji

巴金研究专集　Ba Jin Yanjiu Zhuanji

沈从文文集　Shen Congwen Wenji

盖叫天表演艺术　Gai Jiaotian Biaoyan Yishu

已经专名化的称呼，连写，开头大写。

庄子译注　Zhuangzi Yizhu

小包公　Xiao Baogong

5.8 汉语地名专名和通名分写，每一分写部分的第一个字母大写。

江苏省地图　Jiangsu Sheng Ditu

九华山　Jiuhua Shan

话说长江　Huashuo Chang Jiang

5.9 某些地名可用中国地名委员会认可的特殊拼法。

陕西日报　Shaanxi Ribao

5.10 书刊名称中的中国少数民族和外国的人名、地名可以按原文的拉丁字母拼法拼写，也可以按汉字注音拼写。

成吉思汗的故事　Chengjisihan de Gushi

怀念班禅大师　Huainian Banchan Dashi

铁托选集　Tietuo Xuanji

居里夫人传　Juli Furen Zhuan

威廉·李卜克内西传　Weilian Libukeneixi Zhuan

在伊犁　Zai Yili

拉萨游记　Lasa Youji

巴黎圣母院　Bali Shengmuyuan

维也纳的旋律　Weiyena de Xuanlü

5.11　数词十一到九十九之间的整数,连写。

十三女性　Shisan Nüxing

财政工作三十五年　Caizheng Gongzuo Sanshiwu Nian

六十年目睹怪现状　Liushi Nian Mudu Guai Xianzhuang

黄自元楷书九十二法　Huang Ziyuan Kaishu Jiushi'er Fa

5.12　"百""千""亿"与前面的个位数,连写;"万""亿"与前面的十位以上的数,分写。

美国二百年大事记　Meiguo Erbai Nian Dashiji

一千零一夜　Yiqian Ling Yi Ye

十万个为什么　Shi Wan Ge Weishenme

5.13　表示序数的"第"与后面的数词中间,加短横。

第二国际史　Di-er Guoji Shi

第三次浪潮　Di-san Ci Langchao

5.14　数词和量词分写。

一条鱼　Yi Tiao Yu

两个小伙子　Liang Ge Xiaohuozi

5.15　阿拉伯数字和外文字母照写。

赠给 18 岁诗人　Zenggei 18 Sui Shiren

1979—1980 中篇小说选集　1979—1980 Zhongpian Xiaoshuo Xuanji

BASIC 语言　BASIC Yuyan

IBM—PC (0520)微型机系统介绍　IBM—PC (0520)Weixingji Xitong Jieshao

5.16 中文书刊的汉语拼音名称一律横写。

附加说明：

本标准由全国文献工作标准化技术委员会提出。

本标准由全国文献工作标准化技术委员会第二分委员会起草。

本标准起草人乔风。

本标准修订人金惠淑、姜树森。

ISO 7098

文献工作——中文罗马字母拼写法

1982 年 8 月 1 日 第一版

前 言

ISO(国际标准化组织)是各国标准协会(ISO 成员团体)的世界性联合会。制订国际标准的工作是通过 ISO 各技术委员会进行的。对某一技术委员会所从事的主题有兴趣的每个成员团体,都有权要求参加该委员会。与 ISO 有联系的官方的或非官方的国际组织也参加该项工作。

由各技术委员会采纳的国际标准草案,在 ISO 理事会批准作为国际标准之前,分发给各成员团体以征得同意。

国际标准 ISO—7098 是由 ISO/TC46“文献工作”技术委员会制订的,并于 1981 年 2 月份发给各成员团体。

赞成此文件的有下列国家的成员团体:

澳大利亚	阿拉伯埃及共和国	波兰
奥地利	法国	罗马尼亚
比利时	德意志联邦共和国	西班牙
巴西	匈牙利	瑞典
加拿大	荷兰	中国
古巴	意大利	瑞士
捷克斯洛伐克	日本	泰国
丹麦	韩国	苏联
印度	墨西哥	

下列国家的成员团体基于技术上的理由,表示反对:

美国

0 引言

0.1 文字体系转换的一般原则

0.1.1 按照某种文字体系(被转换文字系统)书写的语言里的词儿,有时候必须按照另外一种,通常用于不同语种的文字体系(转换文字系统)加以译写。这项工作常常用于译写历史或地理文件、地图制作文件,特别是图书目录,即凡属有必要将用不同字母提供的文字转写成一种字母的文字,以便在书目、目录(馆藏)、索引、地名表等工作中实现统一字母化。这对于使用不同文字体系的两个国家之间文字信息的单义传递,或者对不同于这两个国家的文字体系的文字信息交换,都必不可少。由此,传递信息既可采用人工方法,也可采用机械的或电气的方法。

文字体系转换的两种基本方法是字符转写和语音转写。

0.1.2 字符转写是指用转换字母表字符来转换一个完整文字字母系统的各个字符①。

原则上,这种转换应该是字符对字符的:被转换字母表的每个字符被译成转换字母表的一个且仅仅一个字符,从而保证从转换字母表到被转换字母表的转换可以完全而明确无误地逆转。

当用于转换系统的字符数少于被转换系统的字符数时,需要使用双字母或变音符。在这种情况下,必须尽可能避免随意的选择与纯俗成符号的使用,力争保持一定的语言逻辑,以使该系统能被广泛接受。

但是,应该承认,所达到的图形写法不一定总能按照通常使用该转换字母表的文字(或者所有语言)的语音习惯正确地发音。另一方面,这种图形写法必须使懂得被转换文字的读者能够在心里明确无误地恢复原来的写法,从而能正确地发音。

0.1.3 字符再转写是指把转换字母表的字符转换成被转换字母表的

---

① 字符是一个文字书写系统的单元,不论是拼音文字或非拼音文字;该单元代表一个音素,一个音节,一个词,或甚至该文字的韵律学特征,使用的是图形记号(字、发音符号、音节标记、标点符号、韵律重音等)或这类记号的结合(因此标有重音或发音符号的字,例如 á,é,ö,和基本字同样也是字符)。

字符。这种工作和字符转写恰好相反:按相反的顺序运用某一字符转写系统的规则,使被转换的词重新恢复它原来的字形。

0.1.4 语音转写是指用转换文字的字母或记号的语音系统,表示某一文字的各字符,而不论该文字原来的书写法如何。

语音转写系统必须以转换文字及其字母表的正字法规范为依据。因此,语音转写系统的使用者必须对转换文字有所了解,能对其字符准确地读音。语音转写不是严格可逆转的。

语音转写法可用来转换所有的书写系统。它是唯一能够用来转换非完全拼音系统以及所有表意音书写系统(中文、日文等)的方法。

0.1.5 实行罗马字母拼写化(即把非罗马字母书写系统转换为罗马字母表拼写),可按照转换系统的性质,或使用字符转写,或使用语音转写,或两种方法结合使用。

0.1.6 为国际应用而提出的转换系统,可能要求民族习惯作某些妥协和牺牲。因此使用这个系统的各国团体必须接受某种让步,即在一切情况下完全避免把实际上只有民族习惯才要求的解决办法(例如,关于读音、正字法等)强加于人。但是这种让步显然并不影响到一个国家对于民族书写系统的使用:当这个民族系统不被转换时,组成它的字符必须按其在民族文字中的书写形式加以接受。如果一个国家使用两种书写体系,可以由这一种单义地转换成另一种来书写自己的文字,这样的字符转写系统当然应作为国际标准化系统的基础,只要它和下文阐述的其他原则相符合。

0.1.7 必要时,转换系统应规定与每个字符相当的符号,不仅是字母,而且还包括标点符号,数字等。同样地还要照顾文件所用各字符的顺序排列,比如文字的书写方向;还要说明区分词儿的方法,分隔符号与大写字母的用法,尽可能地遵从使用被转换书写系统的文字的习惯。

0.2 表意音文字转换原则

0.2.1 表意音文字结构,表意重于表音,使用着大量的字符(中文有4万多字),因此不能使用符号对符号的字符转写,而必须制订一个语音转写系统。因此每字必须转写为一个或多个罗马字母,用以代表该字符的一种读音或几种读音。这就要求转写者必须熟悉所译原文的读法。

0.2.2 既然表意音文字的转写仅仅是用罗马字母记录下各个字符在使用它们的各文字中的读音，所以同一字符因其使用在中文、日文、朝文的文本中而有不同的语音转写法。

0.2.3 另一方面，同一文字中的同一字符，除去一个字符有几种读音的情况外，必须按同一方式转写，而不论所用的字体型式（中文有繁体和简体）如何。

0.2.4 由于下列因素，罗马字母拼写系统和表意音文字系统之间的逆转是不可能的：

——在两种不同的文字或一种文字中，同一字符存在异读的情况；

——在同一种文字里同音词出现的频率高；

——在一种文本中，可能存在几种书写系统。

0.2.5 有的文字甚至在同一文本中使用一种以上的字符系统（例如日文中并用假名和汉字，朝文中并用谚文和汉字），在此情况下表意音文字字符的语音转写和其他字符（如谚文和假名）的转写应能得出一个一致而协调的罗马字母拼写系统。

0.2.6 虽然一般说来字符之间的空格是规律的，按习惯转写时常把构成一个词的几个字符连写在一起。各有关文字中组词的规则将附在每项国际标准的后面。

0.2.7 虽然表意音文字没有大写小写之分，但是在转写中常常使用大写字母来书写专有名词。（见第 5 节）

1 应用的范围和领域

本国际标准说明现代汉语，即中华人民共和国法定语言普通话（见国务院 1956 年 2 月 6 日颁布的《关于推广普通话的指示》）的罗马字母拼写法原则。

2 拼音

中华人民共和国全国人民代表大会（1958 年 2 月 11 日）正式通过

的汉语拼音方案，被用来拼写中文。转写者按中文字的普通话[1]读法记录其读音。

3 音节形式

3.1 每个汉字代表一个音节，每个音节有四个声调，也可以没有声调。汉语的一个词可以由一个或几个音节组成。

3.2 在普通话声韵拼合总表里，在所有音节的上面都标出第一声符号。第一声是任意选择的，用来表明声调符号须标在哪一个字母上面。

4 声调表示法

4.1 四个声调符号表示如下：

——第一声 ˉ

——第二声 ˊ

——第三声 ˇ

——第四声 ˋ

4.2 轻声，有时也叫第五声，不标调。

4.3 由于后一音节引起的变调，不予表示。

4.4 在一般情况下，声调符号应该标出。但是，为了方便也可省略。

5 大写字母

虽然汉字没有大写小写之分，但是在转写时一般使用大写字母于下列场合：

5.1 句子开头与传统诗词每行开头的字母。

5.2 专有名词，例如：

——人名、地名、商标；

——团体、组织、单位等名称；

——民族名称；

---

① 有关正词规则，请查阅中国出版社出版的字典。

——著作、期刊、艺术作品等的标题；
——特定范围用语：节日、朝代、年号、重要日期等。

6 标点

现代汉字里使用的绝大多数标点符号和罗马字母文字所用相同，对转写者没有困难。这些符号是：

· ，；？！（ ）〔 〕-- ……〈 〉《 》

但是在汉字里还用到下面的符号：。、「」“”‘’标在下面的·— ～

转写者可按它们在转写成汉语拼音的文本中的写法照搬过来。但也可将这些标点符号改写如下：

。→·

、→，

“”‘’→""或''

标在下面的·（着重号）→在印刷时用斜体字，在打字时下面加横线，或在必要的时候加""或''。

标在下面的____（专名号）在专名下面标的横线→专名用大写字母。

标在下面的 ～～（书名号），在书名、刊名或章名下面的曲线→在印刷时用斜体字，在打字时下面加横线（意思指大写）。

7 数字

用汉字书写的数字，一般译成汉语拼音。阿拉伯数字仍写成阿拉伯数字（用于记数、日期、价格等）。

中国各民族名称的罗马字母拼写法和代码

UDC　003.35.05
A 24
GB 3304—91

（国家技术监督局 1991 年 8 月 30 日批准、
发布，1992 年 4 月 1 日实施）

1　主题内容与适用范围

本标准规定了我国各民族名称的罗马字母拼写法及其字母代码和数字代码。

本标准适用于文献工作、拼音电报、国际通讯、出版、新闻报道、信息处理和交换等方面。

2　编制原则和结构

2.1　中国各民族名称采用经国家认定的民族名称。

2.2　阿拉伯数字代码顺序，根据我国目前各方面使用比较广泛的编排习惯排列。

2.3　中国各民族名称字母代码用两个罗马字母，均大写。

2.4　本标准有 3 个表，表 1 的第一栏按汉字笔数排列；表 2 的第一栏按罗马字母顺序排列；表 3 的第一栏按数字代码顺序排列。

3　管理

3.1　凡中国各民族名称的变更、数量的增减，均由国家民族事务委员会予以审定，于当年通知国家技术监督局。

3.2　本标准由全国文献工作标准化技术委员会管理，如有变动，由国家技术监督局印成附页发行全国，使用本标准的部门和单位，可以将附页插入标准文本需变动之处。

4 代码表

中国各民族名称的罗马字母拼写法及其字母代码和数字代码列表如下：

表 1

民族名称	罗马字母拼写法	字母代码	数字代码
土家族	Tujia	TJ	15
土族	Tu	TU	30
门巴族	Monba	MB	54
水族	Sui	SU	25
毛南族	Maonan	MN	36
乌孜别克族	Uzbek	UZ	43
布依族	Buyei	BY	09
布朗族	Blang	BL	34
东乡族	Dongxiang	DX	26
仡佬族	Gelao	GL	37
仫佬族	Mulao	ML	32
白族	Bai	BA	14
汉族	Han	HA	01
达斡尔族	Daur	DU	31
回族	Hui	HU	03
佤族	Va	VA	21
壮族	Zhuang	ZH	08
羌族	Qiang	QI	33
阿昌族	Achang	AC	39
纳西族	Naxi	NX	27
拉祜族	Lahu	LH	24
苗族	Miao	MH	06
侗族	Dong	DO	12
京族	Gin	GI	49
柯尔克孜族	Kirgiz	KG	29

民族名称	罗马字母拼写法	字母代码	数字代码
哈尼族	Hani	HN	16
哈萨克族	Kazak	KZ	17
保安族	Bonan	BN	47
俄罗斯族	Russ	RS	44
独龙族	Derung	DR	51
怒族	Nu	NU	42
珞巴族	Lhoba	LB	55
高山族	Gaoshan	GS	23
基诺族	Jino	JN	56
鄂伦春族	Oroqen	OR	52
鄂温克族	Ewenki	EW	45
维吾尔族	Uygur	UG	05
塔吉克族	Tajik	TA	41
塔塔尔族	Tatar	TT	50
朝鲜族[①]	Chosen	CS	10
景颇族	Jingpo	JP	28
傣族	Dai	DA	18
傈僳族	Lisu	LS	20
畲族	She	SH	22
普米族	Pumi	PM	40
裕固族	Yugur	YG	48
蒙古族	Mongol	MG	02
锡伯族	Xibe	XB	38
满族	Man	MA	11
瑶族	Yao	YA	13
赫哲族	Hezhen	HZ	53
撒拉族	Salar	SL	35
德昂族	Deang	DE	46
黎族	Li	LI	19
藏族[②]	Zang	ZA	04
彝族	Yi	YI	07

表 2

罗马字母拼写法	字母代码	民族名称	数字代码
Achang	AC	阿 昌 族	39
Bai	BA	白 族	14
Blang	BL	布 朗 族	34
Bonan	BN	保 安 族	47
Buyei	BY	布 依 族	09
Chosen	CS	朝 鲜 族[①]	10
Dai	DA	傣 族	18
Daur	DU	达 斡 尔 族	31
Deang	DE	德 昂 族	46
Derung	DR	独 龙 族	51
Dong	DO	侗 族	12
Dongxiang	DX	东 乡 族	26
Ewenki	EW	鄂 温 克 族	45
Gaoshan	GS	高 山 族	23
Gelao	GL	仡 佬 族	37
Gin	GI	京 族	49
Han	HA	汉 族	01
Hani	HN	哈 尼 族	16
Hezhen	HZ	赫 哲 族	53
Hui	HU	回 族	03
Jingpo	JP	景 颇 族	28
Jino	JN	基 诺 族	56
Kazak	KZ	哈 萨 克 族	17
Kirgiz	KG	柯尔克孜族	29
Lahu	LH	拉 祜 族	24
Lhoba	LB	珞 巴 族	55
Li	LI	黎 族	19
Lisu	LS	傈 僳 族	20
Man	MA	满 族	11
Maonan	MN	毛 南 族	36
Miao	MH	苗 族	06

罗马字母拼写法	字母代码	民族名称	数字代码
Monba	MB	门巴族	54
Mongol	MG	蒙古族	02
Mulao	ML	仫佬族	32
Naxi	NX	纳西族	27
Nu	NU	怒族	42
Oroqen	OR	鄂伦春族	52
Pumi	PM	普米族	40
Qiang	QI	羌族	33
Russ	RS	俄罗斯族	44
Salar	SL	撒拉族	35
She	SH	畲族	22
Sui	SU	水族	25
Tajik	TA	塔吉克族	41
Tatar	TT	塔塔尔族	50
Tu	TU	土族	30
Tujia	TJ	土家族	15
Uygur	UG	维吾尔族	05
Uzbek	UZ	乌孜别克族	43
Va	VA	佤族	21
Xibe	XB	锡伯族	38
Yao	YA	瑶族	13
Yi	YI	彝族	07
Yugur	YG	裕固族	48
Zang	ZA	藏族②	04
Zhuang	ZH	壮族	08

表 3

数字代码	民族名称	罗马字母拼写法	字母代码
01	汉族	Han	HA
02	蒙古族	Mongol	MG
03	回族	Hui	HU
04	藏族②	Zang	ZA

数字代码	民族名称	罗马字母拼写法	字母代码
05	维吾尔族	Uygur	UG
06	苗　族	Miao	MH
07	彝　族	Yi	YI
08	壮　族	Zhuang	ZH
09	布依族	Buyei	BY
10	朝鲜族[①]	Chosen	CS
11	满　族	Man	MA
12	侗　族	Dong	DO
13	瑶　族	Yao	YA
14	白　族	Bai	BA
15	土家族	Tujia	TJ
16	哈尼族	Hani	HN
17	哈萨克族	Kazak	KZ
18	傣　族	Dai	DA
19	黎　族	Li	LI
20	傈僳族	Lisu	LS
21	佤　族	Va	VA
22	畲　族	She	SH
23	高山族	Gaoshan	GS
24	拉祜族	Lahu	LH
25	水　族	Sui	SU
26	东乡族	Dongxiang	DX
27	纳西族	Naxi	NX
28	景颇族	Jingpo	JP
29	柯尔克孜族	Kirgiz	KG
30	土　族	Tu	TU
31	达斡尔族	Daur	DU
32	仫佬族	Mulao	ML
33	羌　族	Qiang	QI
34	布朗族	Blang	BL
35	撒拉族	Salar	SL

数字代码	民族名称	罗马字母拼写法	字母代码
36	毛 南 族	Maonan	MN
37	仡 佬 族	Gelao	GL
38	锡 伯 族	Xibe	XB
39	阿 昌 族	Achang	AC
40	普 米 族	Pumi	PM
41	塔 吉 克 族	Tajik	TA
42	怒 族	Nu	NU
43	乌孜别克族	Uzbek	UZ
44	俄 罗 斯 族	Russ	RS
45	鄂 温 克 族	Ewenki	EW
46	德 昂 族	Deang	DE
47	保 安 族	Bonan	BN
48	裕 固 族	Yugur	YG
49	京 族	Gin	GI
50	塔 塔 尔 族	Tatar	TT
51	独 龙 族	Derung	DR
52	鄂 伦 春 族	Oroqen	OR
53	赫 哲 族	Hezhen	HZ
54	门 巴 族	Monba	MB
55	珞 巴 族	Lhoba	LB
56	基 诺 族	Jino	JN

注:①朝鲜族的罗马字母拼写法,对外使用时为 Korean。

②藏族的罗马字母拼写法,对外使用时为 Tibetan。

附加说明:

本标准由全国文献工作标准化技术委员会提出。

本标准由中国社会科学院民族研究所负责修订。

出版物上数字用法

GB/T 15835—2011

（中华人民共和国国家质量监督检验检疫总局、
中国国家标准化管理委员会 2011 年 7 月
29 日发布，2011 年 11 月 1 日实施）

前　　言

本标准按照 GB/T 1.1—2009 给出的规则起草。

本标准代替 GB/T 15835—1995《出版物上数字用法的规定》，与 GB/T 15835—1995《出版物上数字用法的规定》相比，主要变化如下：

——原标准在汉字数字与阿拉伯数字中，明显倾向于使用阿拉伯数字。本标准不再强调这种倾向性。

——在继承原标准中关于数字用法应遵循“得体原则”和“局部体例一致原则”的基础上，通过措辞上的适当调整，以及更为具体的规定和示例，进一步明确了具体操作规范。

——将原标准的平级罗列式行文结构改为层级分类式行文结构。

——删除了原标准的基本术语“物理量”与“非物理量”，增补了“计量”“编号”“概数”作为基本术语。

本标准由教育部语言文字信息管理司提出并归口。

本标准主要起草单位：北京大学。

本标准主要起草人：詹卫东、覃士娟、曾石铭。

本标准所代替标准的历次版本发布情况为：

——GB/T 15835—1995。

1　范围

本标准规定了出版物上汉字数字和阿拉伯数字的用法。

本标准适用于各类出版物(文艺类出版物和重排古籍除外)。政府和企事业单位公文,以及教育、媒体和公共服务领域的数字用法,也可参照本标准执行。

2　规范性引用文件

下列文件对于本文件的应用是必不可少的。凡是注日期的引用文件,仅注日期的版本适用于本文件。凡是不注日期的引用文件,其最新版本(包括所有的修改单)适用于本文件。

GB/T 7408—2005　数据元和交换格式　信息交换　日期和时间表示法

3　术语和定义

下列术语和定义适用于本文件。

3.1　计量　measuring

将数字用于加、减、乘、除等数学运算。

3.2　编号　numbering

将数字用于为事物命名或排序,但不用于数学运算。

3.3　概数　approximate number

用于模糊计量的数字。

4　数字形式的选用

4.1　选用阿拉伯数字

4.1.1　用于计量的数字

在使用数字进行计量的场合,为达到醒目、易于辨识的效果,应采用阿拉伯数字。

示例1:－125.03　34.05%　63%～68%　1:500　97/108

当数值伴随有计量单位时,如:长度、容积、面积、体积、质量、温度、经纬度、音量、频率等等，特别是当计量单位以字母表达时，应采用阿拉伯数字。

示例 2： 523.56km(523.56 千米)　346.87L(346.87 升)
5.34m^2(5.34 平方米)　567mm^3(567 立方毫米)
605g(605 克)　100～150kg(100～150 千克)
34～39℃(34～39 摄氏度)　北纬 40°(40 度)
120dB(120 分贝)

4.1.2　用于编号的数字

在使用数字进行编号的场合，为达到醒目、易于辨识的效果，应采用阿拉伯数字。

示例： 电话号码：98888
邮政编码：100871
通信地址：北京市海淀区复兴路 11 号
电子邮件地址：x186@186.net
网页地址：http://127.0.0.1
汽车号牌：京 A00001
公交车号：302 路公交车
道路编号：101 国道
公文编号：国办发〔1987〕9 号
图书编号：ISBN 978-7-80184-224-4
刊物编号：CN11-1399
章节编号：4.1.2
产品型号：PH—3000 型计算机
产品序列号：C84XB—JYVFD—P7HC4—6XKRJ—7M6XH
单位注册号：02050214
行政许可登记编号：0684D10004—828

4.1.3　已定型的含阿拉伯数字的词语

现代社会生活中出现的事物、现象、事件，其名称的书写形式中包含阿拉伯数字，已经广泛使用而稳定下来，应采用阿拉伯数字。

示例： 3G 手机　MP3 播放器　G8 峰会　维生素 B_{12}　97 号汽油
“5·27”事件　“12·5”枪击案

4.2 选用汉字数字

4.2.1 非公历纪年

干支纪年、农历月日、历史朝代纪年及其他传统上采用汉字形式的非公历纪年等等，应采用汉字数字。

示例：丙寅年十月十五日　　庚辰年八月五日
腊月二十三　　正月初五
八月十五中秋　　秦文公四十四年
太平天国庚申十年九月二十四日　　清咸丰十年九月二十日
藏历阳木龙年八月二十六日　　日本庆应三年

4.2.2 概数

数字连用表示的概数、含"几"的概数，应采用汉字数字。

示例：三四个月　一二十个　四十五六岁　五六万套　五六十年前
几千　二十几　一百几十　几万分之一

4.2.3 已定型的含汉字数字的词语

汉语中长期使用已经稳定下来的包含汉字数字形式的词语，应采用汉字数字。

示例：万一　一律　一旦　三叶虫
四书五经　星期五　四氧化三铁　八国联军
七上八下　一心一意　不管三七二十一　一方面
二百五　半斤八两　五省一市　五讲四美
相差十万八千里　八九不离十　白发三千丈　不二法门
二八年华　五四运动　"一·二八"事变　"一二·九"运动

4.3 选用阿拉伯数字与汉字数字均可

如果表达计量或编号所需要用到的数字个数不多，选择汉字数字还是阿拉伯数字在书写的简洁性和辨识的清晰性两方面没有明显差异时，两种形式均可使用。

示例1：17号楼（十七号楼）　　3倍（三倍）
第5个工作日（第五个工作日）　　100多件（一百多件）
20余次（二十余次）　　约300人（约三百人）
40左右（四十左右）　　50上下（五十上下）
50多人（五十多人）　　第25页（第二十五页）

第 8 天(第八天)	第 4 季度(第四季度)
第 45 份(第四十五份)	共 235 位同学(共二百三十五位同学)
0.5(零点五)	76 岁(七十六岁)
120 周年(一百二十周年)	1/3(三分之一)
公元前 8 世纪(公元前八世纪)	20 世纪 80 年代(二十世纪八十年代)
公元 253 年(公元二五三年)	1997 年 7 月 1 日(一九九七年七月一日)
下午 4 点 40 分(下午四点四十分)	4 个月(四个月)
12 天(十二天)	

如果要突出简洁醒目的表达效果,应使用阿拉伯数字;如果要突出庄重典雅的表达效果,应使用汉字数字。

示例 2:北京时间 2008 年 5 月 12 日 14 时 28 分

十一届全国人大一次会议(不写为"11 届全国人大 1 次会议")

六方会谈(不写为"6 方会谈")

在同一场合出现的数字,应遵循"同类别同形式"原则来选择数字的书写形式。如果两数字的表达功能类别相同(比如都是表达年月日时间的数字),或者两数字在上下文中所处的层级相同(比如文章目录中同级标题的编号),应选用相同的形式。反之,如果两数字的表达功能不同,或所处层级不同,可以选用不同的形式。

示例 3:2008 年 8 月 8 日　二〇〇八年八月八日(不写为"二〇〇八年 8 月 8 日")

第一章　第二章……第十二章(不写为"第一章　第二章……第 12 章")

第二章的下一级标题可以用阿拉伯数字编号:2.1,2.2,……

应避免相邻的两个阿拉伯数字造成歧义的情况。

示例 4:高三 3 个班　高三三个班(不写为"高 33 个班")

高三 2 班　高三(2)班(不写为"高 32 班")

有法律效力的文件、公告文件或财务文件中可同时采用汉字数字和阿拉伯数字。

示例 5:2008 年 4 月保险账户结算日利率为万分之一点五七五零(0.015750%)

35.5 元(35 元 5 角　三十五元五角　叁拾伍圆伍角)

5　数字形式的使用

5.1　阿拉伯数字的使用

5.1.1　多位数

为便于阅读,四位以上的整数或小数,可采用以下两种方式分节:

——第一种方式：千分撇

整数部分每三位一组，以“，”分节。小数部分不分节。四位以内的整数可以不分节。

示例1：624,000　92,300,000　19,351,235.235767　1256

——第二种方式：千分空

从小数点起，向左和向右每三位数字一组，组间空四分之一个汉字，即二分之一个阿拉伯数字的位置。四位以内的整数可以不加千分空。

示例2：55 235 367.346 23　98 235 358.238 368

注：各科学技术领域的多位数分节方式参照 GB 3101—1993 的规定执行。

5.1.2 纯小数

纯小数必须写出小数点前定位的“0”，小数点是齐阿拉伯数字底线的实心点“.”。

示例：0.46 不写为 .46 或 0。46

5.1.3 数值范围

在表示数值的范围时，可采用浪纹式连接号“～”或一字线连接号“—”。前后两个数值的附加符号或计量单位相同时，在不造成歧义的情况下，前一个数值的附加符号或计量单位可省略。如果省略数值的附加符号或计量单位会造成歧义，则不应省略。

示例：－36～－8℃　400—429 页　100—150kg

12 500～20 000 元

9 亿～16 亿（不写为 9～16 亿）

13 万元～17 万元（不写为 13～17 万元）

15％～30％（不写为 15～30％）

4.3×10^6～5.7×10^6（不写为 4.3～5.7×10^6）

5.1.4 年月日

年月日的表达顺序应按照口语中年月日的自然顺序书写。

示例1：2008 年 8 月 8 日　1997 年 7 月 1 日

“年”“月”可按照 GB/T 7408—2005 的 5.2.1.1 中的扩展格式，用“-”替代，但年月日不完整时不能替代。

示例2：2008-8-8　1997-7-1

8月8日(不写为8-8)

2008年8月(不写为2008-8)

四位数字表示的年份不应简写为两位数字。

示例3:“1990年”不写为“90年”

月和日是一位数时,可在数字前补“0”。

示例4:2008-08-08　1997-07-01

5.1.5　时分秒

计时方式既可采用12小时制,也可采用24小时制。

示例1:11时40分(上午11时40分)

21时12分36秒(晚上9时12分36秒)

时分秒的表达顺序应按照口语中时、分、秒的自然顺序书写。

示例2:15时40分　14时12分36秒

“时”“分”也可按照GB/T 7408—2005的5.3.1.1和5.3.1.2中的扩展格式,用“:”替代。

示例3:15:40　14:12:36

5.1.6　含有月日的专名

含有月日的专名采用阿拉伯数字表示时,应采用间隔号“·”将月、日分开,并在数字前后加引号。

示例:“3·15”消费者权益日

5.1.7　书写格式

5.1.7.1　字体

出版物中的阿拉伯数字,一般应使用正体二分字身,即占半个汉字位置。

示例:234　57.236

5.1.7.2　换行

一个用阿拉伯数字书写的数值应在同一行中,避免被断开。

5.1.7.3　竖排文本中的数字方向

竖排文字中的阿拉伯数字按顺时针方向转90度。旋转后要保证同一个词语单位的文字方向相同。

示例：

示例一
雪花牌BCD188型家用电冰箱容量是一百八十八升，功率为一百二十五瓦，市场售价两千零五十元，返修率仅为百分之零点一五。

示例二
海军J12号打捞救生船在太平洋上航行了十三天，于一九九〇年八月六日零时三十分返回基地。

5.2 汉字数字的使用

5.2.1 概数

两个数字连用表示概数时，两数之间不用顿号“、”隔开。

示例：二三米　一两个小时　三五天　一二十个　四十五六岁

5.2.2 年份

年份简写后的数字可以理解为概数时，一般不简写。

示例：“一九七八年”不写为“七八年”

5.2.3 含有月日的专名

含有月日的专名采用汉字数字表示时，如果涉及一月、十一月、十二月，应用间隔号“·”将表示月和日的数字隔开，涉及其他月份时，不用间隔号。

示例：“一·二八”事变　“一二·九”运动　五一国际劳动节

5.2.4 大写汉字数字

——大写汉字数字的书写形式

零、壹、贰、叁、肆、伍、陆、柒、捌、玖、拾、佰、仟、万、亿

——大写汉字数字的适用场合

法律文书和财务票据上，应采用大写汉字数字形式记数。

示例：3,504元（叁仟伍佰零肆圆）

39,148元（叁万玖仟壹佰肆拾捌圆）

5.2.5 “零”和“〇”

阿拉伯数字“0”有“零”和“〇”两种汉字书写形式。一个数字用作计量时，其中“0”的汉字书写形式为“零”，用作编号时，“0”的汉字书写形式为“〇”。

示例：“3052(个)”的汉字数字形式为“三千零五十二”(不写为“三千〇五十二”)
“95.06”的汉字数字形式为“九十五点零六”(不写为“九十五点〇六”)
“公元2012(年)”的汉字数字形式为“二〇一二”(不写为“二零一二”)

5.3 阿拉伯数字与汉字数字同时使用

如果一个数值很大，数值中的“万”“亿”单位可以采用汉字数字，其余部分采用阿拉伯数字。

示例1：我国1982年人口普查人数为10亿零817万5 288人

除上面情况之外的一般数值，不能同时采用阿拉伯数字与汉字数字。

示例2：108可以写作“一百零八”，但不应写作“1百零8”“一百08”
4 000可以写作“四千”，但不应写作“4千”

标点符号用法

GB/T 15834—2011

（中华人民共和国国家质量监督检验检疫总局、
中国国家标准化管理委员会 2011 年 12 月
30 日发布，2012 年 6 月 1 日实施）

前　　言

本标准按照 GB/T 1.1—2009 给出的规则起草。

本标准代替 GB/T 15834—1995，与 GB/T 15834—1995 相比，主要变化如下：

——根据我国国家标准编写规则（GB/T 1.1—2009），对本标准的编排和表述做了全面修改；

——更换了大部分示例，使之更简短、通俗、规范；

——增加了对术语“标点符号”和“语段”的定义（2.1/2.5）；

——对术语“复句”和“分句”的定义做了修改（2.3/2.4）；

——对句末点号（句号、问号、叹号）的定义做了修改，更强调句末点号与句子语气之间的关系（4.1.1/4.2.1/4.3.1）；

——对逗号的基本用法做了补充（4.4.3）；

——增加了不同形式括号用法的示例（4.9.3）；

——省略号的形式统一为六连点“……”，但在特定情况下允许连用（4.11）；

——取消了连接号中原有的二字线，将连接号形式规范为短横线“-”、一字线“—”和浪纹线“～”，并对三者的功能做了归并与划分（4.13）；

——明确了书名号的使用范围(4.15/A.13);

——增加了分隔号的用法说明(4.17);

——"标点符号的位置"一章的标题改为"标点符号的位置和书写形式",并增加了使用中文输入软件处理标点符号时的相关规范(第5章);

——增加了"附录":附录A为规范性附录,主要说明标点符号不能怎样使用和对标点符号用法加以补充说明,以解决目前使用混乱或争议较大的问题。附录B为资料性附录,对功能有交叉的标点符号的用法做了区分,并对标点符号误用高发环境下的规范用法做了说明。

本标准由教育部语言文字信息管理司提出并归口。

本标准主要起草单位:北京大学。

本标准主要起草人:沈阳、刘妍、于泳波、翁姗姗。

本标准所代替标准的历次版本发布情况为:

——GB/T 15834—1995。

1 范围

本标准规定了现代汉语标点符号的用法。

本标准适用于汉语的书面语(包括汉语和外语混合排版时的汉语部分)。

2 术语和定义

下列术语和定义适用于本文件。

2.1 标点符号 punctuation

辅助文字记录语言的符号,是书面语的有机组成部分,用来表示语句的停顿、语气以及标示某些成分(主要是词语)的特定性质和作用。

注:数学符号、货币符号、校勘符号、辞书符号、注音符号等特殊领域的专门符号不属于标点符号。

2.2 句子 sentence

前后都有较大停顿、带有一定的语气和语调、表达相对完整意义的语言单位。

2.3　复句　complex sentence

由两个或多个在意义上有密切关系的分句组成的语言单位，包括简单复句（内部只有一层语义关系）和多重复句（内部包含多层语义关系）。

2.4　分句　clause

复句内两个或多个前后有停顿、表达相对完整意义、不带有句末语气和语调、有的前面可添加关联词语的语言单位。

2.5　语段　expression

指语言片段，是对各种语言单位（如词、短语、句子、复句等）不做特别区分时的统称。

3　标点符号的种类

3.1　点号

点号的作用是点断，主要表示停顿和语气。分为句末点号和句内点号。

3.1.1　句末点号

用于句末的点号，表示句末停顿和句子的语气。包括句号、问号、叹号。

3.1.2　句内点号

用于句内的点号，表示句内各种不同性质的停顿。包括逗号、顿号、分号、冒号。

3.2　标号

标号的作用是标明，主要标示某些成分（主要是词语）的特定性质和作用。包括引号、括号、破折号、省略号、着重号、连接号、间隔号、书名号、专名号、分隔号。

4　标点符号的定义、形式和用法

4.1　句号

4.1.1　定义

句末点号的一种，主要表示句子的陈述语气。

4.1.2 形式

句号的形式是“。”。

4.1.3 基本用法

4.1.3.1 用于句子末尾，表示陈述语气。使用句号主要根据语段前后有较大停顿、带有陈述语气和语调，并不取决于句子的长短。

示例1：北京是中华人民共和国的首都。

示例2：（甲：咱们走着去吧？）乙：好。

4.1.3.2 有时也可表示较缓和的祈使语气和感叹语气。

示例1：请您稍等一下。

示例2：我不由地感到，这些普通劳动者也同样是很值得尊敬的。

4.2 问号

4.2.1 定义

句末点号的一种，主要表示句子的疑问语气。

4.2.2 形式

问号的形式是“？”。

4.2.3 基本用法

4.2.3.1 用于句子末尾，表示疑问语气（包括反问、设问等疑问类型）。使用问号主要根据语段前后有较大停顿、带有疑问语气和语调，并不取决于句子的长短。

示例1：你怎么还不回家去呢？

示例2：难道这些普通的战士不值得歌颂吗？

示例3：（一个外国人，不远万里来到中国，帮助中国的抗日战争。）这是什么精神？这是国际主义的精神。

4.2.3.2 选择问句中，通常只在最后一个选项的末尾用问号，各个选项之间一般用逗号隔开。当选项较短且选项之间几乎没有停顿时，选项之间可不用逗号。当选项较多或较长，或有意突出每个选项的独立性时，也可每个选项之后都用问号。

示例1：诗中记述的这场战争究竟是真实的历史描述，还是诗人的虚构？

示例2：这是巧合还是有意安排？

示例3：要一个什么样的结尾：现实主义的？传统的？大团圆的？荒诞的？民族形式的？有象征意义的？

示例4:(他看着我的作品称赞了我。)但到底是称赞我什么:是有几处画得好?还是什么都敢画?抑或只是一种对于失败者的无可奈何的安慰?我不得而知。

示例5:这一切都是由客观的条件造成的?还是由行为的惯性造成的?

4.2.3.3 在多个问句连用或表达疑问语气加重时,可叠用问号。通常应先单用,再叠用,最多叠用三个问号。在没有异常强烈的情感表达需要时不宜叠用问号。

示例:这就是你的做法吗?你这个总经理是怎么当的??你怎么竟敢这样欺骗消费者???

4.2.3.4 问号也有标号的用法,即用于句内,表示存疑或不详。

示例1:马致远(1250? —1321),大都人,元代戏曲家、散曲家。

示例2:钟嵘(? —518),颍川长社人,南朝梁代文学批评家。

示例3:出现这样的文字错误,说明作者(编者?校者?)很不认真。

4.3 叹号

4.3.1 定义

句末点号的一种,主要表示句子的感叹语气。

4.3.2 形式

叹号的形式是"!"。

4.3.3 基本用法

4.3.3.1 用于句子末尾,主要表示感叹语气,有时也可表示强烈的祈使语气、反问语气等。使用叹号主要根据语段前后有较大停顿、带有感叹语气和语调或带有强烈的祈使、反问语气和语调,并不取决于句子的长短。

示例1:才一年不见,这孩子都长这么高啦!

示例2:你给我住嘴!

示例3:谁知道他今天是怎么搞的!

4.3.3.2 用于拟声词后,表示声音短促或突然。

示例1:咔嚓!一道闪电划破了夜空。

示例2:咚!咚咚!突然传来一阵急促的敲门声。

4.3.3.3 表示声音巨大或声音不断加大时,可叠用叹号;表达强烈语气时,也可叠用叹号,最多叠用三个叹号。在没有异常强烈的情感表达需要时不宜叠用叹号。

示例 1:轰!! 在这天崩地塌的声音中,女娲猛然醒来。

示例 2:我要揭露! 我要控诉!! 我要以死抗争!!!

4.3.3.4 当句子包含疑问、感叹两种语气且都比较强烈时(如带有强烈感情的反问句和带有惊愕语气的疑问句),可在问号后再加叹号(问号、叹号各一)。

示例 1:这么点困难就能把我们吓倒吗?!

示例 2:他连这些最起码的常识都不懂,还敢说自己是高科技人才?!

4.4 逗号

4.4.1 定义

句内点号的一种,表示句子或语段内部的一般性停顿。

4.4.2 形式

逗号的形式是“,”。

4.4.3 基本用法

4.4.3.1 复句内各分句之间的停顿,除了有时用分号(见 4.6.3.1),一般都用逗号。

示例 1:不是人们的意识决定人们的存在,而是人们的社会存在决定人们的意识。

示例 2:学历史使人更明智,学文学使人更聪慧,学数学使人更精细,学考古使人更深沉。

示例 3:要是不相信我们的理论能反映现实,要是不相信我们的世界有内在和谐,那就不可能有科学。

4.4.3.2 用于下列各种语法位置:

a)较长的主语之后。

示例 1:苏州园林建筑各种门窗的精美设计和雕镂功夫,都令人叹为观止。

b)句首的状语之后。

示例 2:在苍茫的大海上,狂风卷集着乌云。

c)较长的宾语之前。

示例 3:有的考古工作者认为,南方古猿生存于上新世至更新世的初期和中期。

d)带句内语气词的主语(或其他成分)之后,或带句内语气词的并列成分之间。

示例4:他呢,倒是很乐意地、全神贯注地干起来了。

示例5:(那是个没有月亮的夜晚。)可是整个村子——白房顶啦,白树木啦,雪堆啦,全看得见。

e)较长的主语中间、谓语中间或宾语中间。

示例6:母亲沉痛的诉说,以及亲眼见到的事实,都启发了我幼年时期追求真理的思想。

示例7:那姑娘头戴一顶草帽,身穿一条绿色的裙子,腰间还系着一根橙色的腰带。

示例8:必须懂得,对于文化传统,既不能不分青红皂白统统抛弃,也不能不管精华糟粕全盘继承。

f)前置的谓语之后或后置的状语、定语之前。

示例9:真美啊,这条蜿蜒的林间小路。

示例10:她吃力地站了起来,慢慢地。

示例11:我只是一个人,孤孤单单的。

4.4.3.3 用于下列各种停顿处:

a)复指成分或插说成分前后。

示例1:老张,就是原来的办公室主任,上星期已经调走了。

示例2:车,不用说,当然是头等。

b)语气缓和的感叹语、称谓语或呼唤语之后。

示例3:哎哟,这儿,快给我揉揉。

示例4:大娘,您到哪儿去啊?

示例5:喂,你是哪个单位的?

c)某些序次语(“第”字头、“其”字头及“首先”类序次语)之后。

示例6:为什么许多人都有长不大的感觉呢?原因有三:第一,父母总认为自己比孩子成熟;第二,父母总要以自己的标准来衡量孩子;第三,父母出于爱心而总不想让孩子在成长的过程中走弯路。

示例7:《玄秘塔碑》所以成为书法的范本,不外乎以下几方面的因素:其一,具有楷书点画、构体的典范性;其二,承上启下,成为唐楷的极致;其三,字如其人,爱人及字,柳公权高尚的书品、人品为后人所崇仰。

示例8:下面从三个方面讲讲语言的污染问题:首先,是特殊语言环境中的语言污染问题;其次,是滥用缩略语引起的语言污染问题;再次,是空话和废话引起的语言污染问题。

4.5 顿号

4.5.1 定义

句内点号的一种，表示语段中并列词语之间或某些序次语之后的停顿。

4.5.2 形式

顿号的形式是“、”。

4.5.3 基本用法

4.5.3.1 用于并列词语之间。

示例1：这里有自由、民主、平等、开放的风气和氛围。

示例2：造型科学、技艺精湛、气韵生动，是盛唐石雕的特色。

4.5.3.2 用于需要停顿的重复词语之间。

示例：他几次三番、几次三番地辩解着。

4.5.3.3 用于某些序次语（不带括号的汉字数字或“天干地支”类序次语）之后。

示例1：我准备讲两个问题：一、逻辑学是什么？二、怎样学好逻辑学？

示例2：风格的具体内容主要有以下四点：甲、题材；乙、用字；丙、表达；丁、色彩。

4.5.3.4 相邻或相近两数字连用表示概数通常不用顿号。若相邻两数字连用为缩略形式，宜用顿号。

示例1：飞机在6 000米高空水平飞行时，只能看到两侧八九公里和前方一二十公里范围内的地面。

示例2：这种凶猛的动物常常三五成群地外出觅食和活动。

示例3：农业是国民经济的基础，也是二、三产业的基础。

4.5.3.5 标有引号的并列成分之间、标有书名号的并列成分之间通常不用顿号。若有其他成分插在并列的引号之间或并列的书名号之间（如引语或书名号之后还有括注），宜用顿号。

示例1：“日”“月”构成“明”字。

示例2：店里挂着“顾客就是上帝”“质量就是生命”等横幅。

示例3：《红楼梦》《三国演义》《西游记》《水浒传》，是我国长篇小说的四大名著。

示例4：李白的“白发三千丈”（《秋浦歌》）、“朝如青丝暮成雪”（《将进酒》）都是脍炙人口的诗句。

示例5:办公室里订有《人民日报》(海外版)、《光明日报》和《时代周刊》等报刊。

4.6 分号

4.6.1 定义

句内点号的一种,表示复句内部并列关系分句之间的停顿,以及非并列关系的多重复句中第一层分句之间的停顿。

4.6.2 形式

分号的形式是“;”。

4.6.3 基本用法

4.6.3.1 表示复句内部并列关系的分句(尤其当分句内部还有逗号时)之间的停顿。

示例1:语言文字的学习,就理解方面说,是得到一种知识;就运用方面说,是养成一种习惯。

示例2:内容有分量,尽管文章短小,也是有分量的;内容没有分量,即使写得再长也没有用。

4.6.3.2 表示非并列关系的多重复句中第一层分句(主要是选择、转折等关系)之间的停顿。

示例1:人还没看见,已经先听见歌声了;或者人已经转过山头望不见了,歌声还余音袅袅。

示例2:尽管人民革命的力量在开始时总是弱小的,所以总是受压的;但是由于革命的力量代表历史发展的方向,因此本质上又是不可战胜的。

示例3:不管一个人如何伟大,也总是生活在一定的环境和条件下;因此,个人的见解总难免带有某种局限性。

示例4:昨天夜里下了一场雨,以为可以凉快些;谁知没有凉快下来,反而更热了。

4.6.3.3 用于分项列举的各项之间。

示例:特聘教授的岗位职责为:一、讲授本学科的主干基础课程;二、主持本学科的重大科研项目;三、领导本学科的学术队伍建设;四、带领本学科赶超或保持世界先进水平。

4.7 冒号

4.7.1 定义

句内点号的一种,表示语段中提示下文或总结上文的停顿。

4.7.2 形式

冒号的形式是“:”。

4.7.3 基本用法

4.7.3.1 用于总说性或提示性词语(如“说”“例如”“证明”等)之后,表示提示下文。

示例1:北京紫禁城有四座城门:午门、神武门、东华门和西华门。

示例2:她高兴地说:“咱们去好好庆祝一下吧!”

示例3:小王笑着点了点头:“我就是这么想的。”

示例4:这一事实证明:人能创造环境,环境同样也能创造人。

4.7.3.2 表示总结上文。

示例:张华上了大学,李萍进了技校,我当了工人:我们都有美好的前途。

4.7.3.3 用在需要说明的词语之后,表示注释和说明。

示例1:(本市将举办首届大型书市。)主办单位:市文化局;承办单位:市图书进出口公司;时间:8月15日—20日;地点:市体育馆观众休息厅。

示例2:(做阅读理解题有两个办法。)办法之一:先读题干,再读原文,带着问题有针对性地读课文。办法之二:直接读原文,读完再做题,减少先入为主的干扰。

4.7.3.4 用于书信、讲话稿中称谓语或称呼语之后。

示例1:广平先生:……

示例2:同志们、朋友们:……

4.7.3.5 一个句子内部一般不应套用冒号。在列举式或条文式表述中,如不得不套用冒号时,宜另起段落来显示各个层次。

示例:第十条　遗产按照下列顺序继承:

　　第一顺序:配偶、子女、父母。

　　第二顺序:兄弟姐妹、祖父母、外祖父母。

4.8 引号

4.8.1 定义

标号的一种,标示语段中直接引用的内容或需要特别指出的成分。

4.8.2 形式

引号的形式有双引号““””和单引号“‘’”两种。左侧的为前引号,右侧的为后引号。

4.8.3 基本用法

4.8.3.1 标示语段中直接引用的内容。

示例:李白诗中就有“白发三千丈”这样极尽夸张的语句。

4.8.3.2 标示需要着重论述或强调的内容。

示例:这里所谓的“文”,并不是指文字,而是指文采。

4.8.3.3 标示语段中具有特殊含义而需要特别指出的成分,如别称、简称、反语等。

示例1:电视被称作“第九艺术”。

示例2:人类学上常把古人化石统称为尼安德特人,简称“尼人”。

示例3:有几个“慈祥”的老板把捡来的菜叶用盐浸浸就算作工友的菜肴。

4.8.3.4 当引号中还需要使用引号时,外面一层用双引号,里面一层用单引号。

示例:他问:“老师,‘七月流火’是什么意思?”

4.8.3.5 独立成段的引文如果只有一段,段首和段尾都用引号;不止一段时,每段开头仅用前引号,只在最后一段末尾用后引号。

示例:我曾在报纸上看到有人这样谈幸福:

“幸福是知道自己喜欢什么和不喜欢什么。……

“幸福是知道自己擅长什么和不擅长什么。……

“幸福是在正确的时间做了正确的选择。……”

4.8.3.6 在书写带月、日的事件、节日或其他特定意义的短语(含简称)时,通常只标引其中的月和日;需要突出和强调该事件或节日本身时,也可连同事件或节日一起标引。

示例1:“5·12”汶川大地震

示例2:“五四”以来的话剧,是我国戏剧中的新形式。

示例3:纪念“五四运动”90周年

4.9 括号

4.9.1 定义

标号的一种,标示语段中的注释内容、补充说明或其他特定意义的语句。

4.9.2 形式

括号的主要形式是圆括号“(　)”,其他形式还有方括号“[　]”、六角括号“〔 〕”和方头括号“【 】”等。

4.9.3 基本用法

4.9.3.1 标示下列各种情况，均用圆括号：

a)标示注释内容或补充说明。

示例 1：我校拥有特级教师(含已退休的)17 人。

示例 2：我们不但善于破坏一个旧世界，我们还将善于建设一个新世界！(热烈鼓掌)

b)标示订正或补加的文字。

示例 3：信纸上用稚嫩的字体写着：“阿夷(姨)，你好！”。

示例 4：该建筑公司负责的建设工程全部达到优良工程(的标准)。

c)标示序次语。

示例 5：语言有三个要素：(1)声音；(2)结构；(3)意义。

示例 6：思想有三个条件：(一)事理；(二)心理；(三)伦理。

d)标示引语的出处。

示例 7：他说得好：“未画之前，不立一格；既画之后，不留一格。”(《板桥集·题画》)

e)标示汉语拼音注音。

示例 8：“的(de)”这个字在现代汉语中最常用。

4.9.3.2 标示作者国籍或所属朝代时，可用方括号或六角括号。

示例 1：[英]赫胥黎《进化论与伦理学》

示例 2：〔唐〕杜甫著

4.9.3.3 报刊标示电讯、报道的开头，可用方头括号。

示例：【新华社南京消息】

4.9.3.4 标示公文发文字号中的发文年份时，可用六角括号。

示例：国发〔2011〕3 号文件

4.9.3.5 标示被注释的词语时，可用六角括号或方头括号。

示例 1：〔奇观〕奇伟的景象。

示例 2：【爱因斯坦】物理学家。生于德国，1933 年因受纳粹政权迫害，移居美国。

4.9.3.6 除科技书刊中的数学、逻辑公式外，所有括号(特别是同一形式的括号)应尽量避免套用。必须套用括号时，宜采用不同的括号形式配合使用。

示例:〔茸(róng)毛〕很细很细的毛。

4.10 破折号

4.10.1 定义

标号的一种,标示语段中某些成分的注释、补充说明或语音、意义的变化。

4.10.2 形式

破折号的形式是"——"。

4.10.3 基本用法

4.10.3.1 标示注释内容或补充说明(也可用括号,见4.9.3.1;二者的区别另见B.1.7)。

示例1:一个矮小而结实的日本中年人——内山老板走了过来。

示例2:我一直坚持读书,想借此唤起弟妹对生活的希望——无论环境多么困难。

4.10.3.2 标示插入语(也可用逗号,见4.4.3.3)。

示例:这简直就是——说得不客气点——无耻的勾当!

4.10.3.3 标示总结上文或提示下文(也可用冒号,见4.7.3.1、4.7.3.2)。

示例1:坚强,纯洁,严于律己,客观公正——这一切都难得地集中在一个人身上。

示例2:画家开始娓娓道来——

数年前的一个寒冬,……

4.10.3.4 标示话题的转换。

示例:"好香的干菜,——听到风声了吗?"赵七爷低声说道。

4.10.3.5 标示声音的延长。

示例:"嘎——"传过来一声水禽被惊动的鸣叫。

4.10.3.6 标示话语的中断或间隔。

示例1:"班长他牺——"小马话没说完就大哭起来。

示例2:"亲爱的妈妈,你不知道我多爱您。——还有你,我的孩子!"

4.10.3.7 标示引出对话。

示例:——你长大后想成为科学家吗?

——当然想了!

4.10.3.8 标示事项列举分承。

示例:根据研究对象的不同,环境物理学分为以下五个分支学科:

——环境声学;

——环境光学；

——环境热学；

——环境电磁学；

——环境空气动力学。

4.10.3.9 用于副标题之前。

示例：飞向太平洋

——我国新型号运载火箭发射目击记

4.10.3.10 用于引文、注文后，标示作者、出处或注释者。

示例1：先天下之忧而忧，后天下之乐而乐。

——范仲淹

示例2：乐浪海中有倭人，分为百余国。

——《汉书》

示例3：很多人写好信后把信笺折成方胜形，我看大可不必。（方胜，指古代妇女戴的方形首饰，用彩绸等制作，由两个斜方部分叠合而成。——编者注）

4.11 省略号

4.11.1 定义

标号的一种，标示语段中某些内容的省略及意义的断续等。

4.11.2 形式

省略号的形式是"……"。

4.11.3 基本用法

4.11.3.1 标示引文的省略。

示例：我们齐声朗诵起来："……俱往矣，数风流人物，还看今朝。"

4.11.3.2 标示列举或重复词语的省略。

示例1：对政治的敏感，对生活的敏感，对性格的敏感，……这都是作家必须要有的素质。

示例2：他气得连声说："好，好……算我没说。"

4.11.3.3 标示语意未尽。

示例1：在人迹罕至的深山密林里，假如突然看见一缕炊烟，……

示例2：你这样干，未免太……！

4.11.3.4 标示说话时断断续续。

示例：她磕磕巴巴地说："可是……太太……我不知道……你一定是认错了。"

4.11.3.5 标示对话中的沉默不语。

示例："还没结婚吧？"

"……"他飞红了脸，更加忸怩起来。

4.11.3.6 标示特定的成分虚缺。

示例：只要……就……

4.11.3.7 在标示诗行、段落的省略时，可连用两个省略号（即相当于十二连点）。

示例1：从隔壁房间传来缓缓而抑扬顿挫的吟咏声——

床前明月光，疑是地上霜。

…………

示例2：该刊根据工作质量、上稿数量、参与程度等方面的表现，评选出了高校十佳记者站。还根据发稿数量、提供新闻线索情况以及对刊物的关注度等，评选出了十佳通讯员。

…………

4.12 着重号

4.12.1 定义

标号的一种，标示语段中某些重要的或需要指明的文字。

4.12.2 形式

着重号的形式是"·"，标注在相应文字的下方。

4.12.3 基本用法

4.12.3.1 标示语段中重要的文字。

示例1：诗人需要表现，而不是证明。

示例2：下面对本文的理解，不正确的一项是：……

4.12.3.2 标示语段中需要指明的文字。

示例：下边加点的字，除了在词中的读法外，还有哪些读法？

着急　子弹　强调

4.13 连接号

4.13.1 定义

标号的一种，标示某些相关联成分之间的连接。

4.13.2 形式

连接号的形式有短横线"-"、一字线"—"和浪纹线"～"三种。

4.13.3 基本用法

4.13.3.1 标示下列各种情况，均用短横线：

a)化合物的名称或表格、插图的编号。

示例1：3-戊酮为无色液体，对眼及皮肤有强烈刺激性。

示例2：参见下页表2-8、表2-9。

b)连接号码，包括门牌号码、电话号码，以及用阿拉伯数字表示年月日等。

示例3：安宁里东路26号院3-2-11室

示例4：联系电话：010-88842603

示例5：2011-02-15

c)在复合名词中起连接作用。

示例6：吐鲁番-哈密盆地

d)某些产品的名称和型号。

示例7：WZ-10直升机具有复杂天气和夜间作战的能力。

e)汉语拼音、外来语内部的分合。

示例8：shuōshuō-xiàoxiào（说说笑笑）

示例9：盎格鲁-撒克逊人

示例10：让-雅克·卢梭（“让-雅克”为双名）

示例11：皮埃尔·孟戴斯-弗朗斯（“孟戴斯-弗朗斯”为复姓）

4.13.3.2 标示下列各种情况，一般用一字线，有时也可用浪纹线：

a)标示相关项目（如时间、地域等）的起止。

示例1：沈括（1031—1095），宋朝人。

示例2：2011年2月3日—10日

示例3：北京—上海特别旅客快车

b)标示数值范围（由阿拉伯数字或汉字数字构成）的起止。

示例4：25～30g

示例5：第五～八课

4.14 间隔号

4.14.1 定义

标号的一种，标示某些相关联成分之间的分界。

4.14.2 形式

间隔号的形式是“·”。

4.14.3　基本用法

4.14.3.1　标示外国人名或少数民族人名内部的分界。

示例1:克里丝蒂娜·罗塞蒂

示例2:阿依古丽·买买提

4.14.3.2　标示书名与篇(章、卷)名之间的分界。

示例:《淮南子·本经训》

4.14.3.3　标示词牌、曲牌、诗体名等和题名之间的分界。

示例1:《沁园春·雪》

示例2:《天净沙·秋思》

示例3:《七律·冬云》

4.14.3.4　用在构成标题或栏目名称的并列词语之间。

示例:《天·地·人》

4.14.3.5　以月、日为标志的事件或节日,用汉字数字表示时,只在一、十一和十二月后用间隔号;当直接用阿拉伯数字表示时,月、日之间均用间隔号(半角字符)。

示例1:"九一八"事变　"五四"运动

示例2:"一·二八"事变　"一二·九"运动

示例3:"3·15"消费者权益日　"9·11"恐怖袭击事件

4.15　书名号

4.15.1　定义

标号的一种,标示语段中出现的各种作品的名称。

4.15.2　形式

书名号的形式有双书名号"《　》"和单书名号"〈　〉"两种。

4.15.3　基本用法

4.15.3.1　标示书名、卷名、篇名、刊物名、报纸名、文件名等。

示例1:《红楼梦》(书名)

示例2:《史记·项羽本纪》(卷名)

示例3:《论雷峰塔的倒掉》(篇名)

示例4:《每周关注》(刊物名)

示例5:《人民日报》(报纸名)

示例6:《全国农村工作会议纪要》(文件名)

4.15.3.2 标示电影、电视、音乐、诗歌、雕塑等各类用文字、声音、图像等表现的作品的名称。

示例1:《渔光曲》(电影名)

示例2:《追梦录》(电视剧名)

示例3:《勿忘我》(歌曲名)

示例4:《沁园春·雪》(诗词名)

示例5:《东方欲晓》(雕塑名)

示例6:《光与影》(电视节目名)

示例7:《社会广角镜》(栏目名)

示例8:《庄子研究文献数据库》(光盘名)

示例9:《植物生理学系列挂图》(图片名)

4.15.3.3 标示全中文或中文在名称中占主导地位的软件名。

示例:科研人员正在研制《电脑卫士》杀毒软件。

4.15.3.4 标示作品名的简称。

示例:我读了《念青唐古拉山脉纪行》一文(以下简称《念》),收获很大。

4.15.3.5 当书名号中还需要书名号时,里面一层用单书名号,外面一层用双书名号。

示例:《教育部关于提请审议〈高等教育自学考试试行办法〉的报告》

4.16 专名号

4.16.1 定义

标号的一种,标示古籍和某些文史类著作中出现的特定类专有名词。

4.16.2 形式

专名号的形式是一条直线,标注在相应文字的下方。

4.16.3 基本用法

4.16.3.1 标示古籍、古籍引文或某些文史类著作中出现的专有名词,主要包括人名、地名、国名、民族名、朝代名、年号、宗教名、官署名、组织名等。

示例1:孙坚人马被刘表率军围得水泄不通。(人名)

示例2:于是聚集冀、青、幽、并四州兵马七十多万准备决一死战。(地名)

示例3:当时乌孙及西域各国都向汉派遣了使节。(国名、朝代名)

示例 4: 从咸宁二年到太康十年,匈奴、鲜卑、乌桓等族人徙居塞内。(年号、民族名)

4.16.3.2 现代汉语文本中的上述专有名词,以及古籍和现代文本中的单位名、官职名、事件名、会议名、书名等不应使用专名号。必须使用标号标示时,宜使用其他相应标号(如引号、书名号等)。

4.17 分隔号

4.17.1 定义

标号的一种,标示诗行、节拍及某些相关文字的分隔。

4.17.2 形式

分隔号的形式是“/”。

4.17.3 基本用法

4.17.3.1 诗歌接排时分隔诗行(也可使用逗号和分号,见 4.4.3.1/4.6.3.1)。

示例: 春眠不觉晓/处处闻啼鸟/夜来风雨声/花落知多少。

4.17.3.2 标示诗文中的音节节拍。

示例: 横眉/冷对/千夫指,俯首/甘为/孺子牛。

4.17.3.3 分隔供选择或可转换的两项,表示“或”。

示例: 动词短语中除了作为主体成分的述语动词之外,还包括述语动词所带的宾语和/或补语。

4.17.3.4 分隔组成一对的两项,表示“和”。

示例 1: 13/14 次特别快车

示例 2: 羽毛球女双决赛中国组合杜婧/于洋两局完胜韩国名将李孝贞/李敬元。

4.17.3.5 分隔层级或类别。

示例: 我国的行政区划分为:省(直辖市、自治区)/省辖市(地级市)/县(县级市、区、自治州)/乡(镇)/村(居委会)。

5 标点符号的位置和书写形式

5.1 横排文稿标点符号的位置和书写形式

5.1.1 句号、逗号、顿号、分号、冒号均置于相应文字之后,占一个字位置,居左下,不出现在一行之首。

5.1.2 问号、叹号均置于相应文字之后,占一个字位置,居左,不出现在一行之首。两个问号(或叹号)叠用时,占一个字位置;三个问号(或叹号)叠用时,占两个字位置;问号和叹号连用时,占一个字位置。

5.1.3 引号、括号、书名号中的两部分标在相应项目的两端,各占一个字位置。其中前一半不出现在一行之末,后一半不出现在一行之首。

5.1.4 破折号标在相应项目之间,占两个字位置,上下居中,不能中间断开分处上行之末和下行之首。

5.1.5 省略号占两个字位置,两个省略号连用时占四个字位置并须单独占一行。省略号不能中间断开分处上行之末和下行之首。

5.1.6 连接号中的短横线比汉字"一"略短,占半个字位置;一字线比汉字"一"略长,占一个字位置;浪纹线占一个字位置。连接号上下居中,不出现在一行之首。

5.1.7 间隔号标在需要隔开的项目之间,占半个字位置,上下居中,不出现在一行之首。

5.1.8 着重号和专名号标在相应文字的下边。

5.1.9 分隔号占半个字位置,不出现在一行之首或一行之末。

5.1.10 标点符号排在一行末尾时,若为全角字符则应占半角字符的宽度(即半个字位置),以使视觉效果更美观。

5.1.11 在实际编辑出版工作中,为排版美观、方便阅读等需要,或为避免某一小节最后一个汉字转行或出现在另外一页开头等情况(浪费版面及视觉效果差),可适当压缩标点符号所占用的空间。

5.2 竖排文稿标点符号的位置和书写形式

5.2.1 句号、问号、叹号、逗号、顿号、分号和冒号均置于相应文字之下偏右。

5.2.2 破折号、省略号、连接号、间隔号和分隔号置于相应文字之下居中,上下方向排列。

5.2.3 引号改用双引号"﹃""﹄"和单引号"﹁""﹂",括号改用"︵""︶",标在相应项目的上下。

5.2.4 竖排文稿中使用浪线式书名号"﹏",标在相应文字的左侧。

5.2.5 着重号标在相应文字的右侧,专名号标在相应文字的左侧。

5.2.6 横排文稿中关于某些标点不能居行首或行末的要求,同样适用于竖排文稿。

附　录　A
(规范性附录)
标点符号用法的补充规则

A.1　句号用法补充规则

图或表的短语式说明文字,中间可用逗号,但末尾不用句号。即使有时说明文字较长,前面的语段已出现句号,最后结尾处仍不用句号。

示例1:行进中的学生方队

示例2:经过治理,本市市容市貌焕然一新。这是某区街道一景

A.2　问号用法补充规则

使用问号应以句子表示疑问语气为依据,而并不根据句子中包含有疑问词。当含有疑问词的语段充当某种句子成分,而句子并不表示疑问语气时,句末不用问号。

示例1:他们的行为举止、审美趣味,甚至读什么书,坐什么车,都在媒体掌握之中。

示例2:谁也不见,什么也不吃,哪儿也不去。

示例3:我也不知道他究竟躲到什么地方去了。

A.3　逗号用法补充规则

用顿号表示较长、较多或较复杂的并列成分之间的停顿时,最后一个成分前可用"以及(及)"进行连接,"以及(及)"之前应用逗号。

示例:压力过大、工作时间过长、作息不规律,以及忽视营养均衡等,均会导致健康状况的下降。

A.4　顿号用法补充规则

A.4.1　表示含有顺序关系的并列各项间的停顿,用顿号,不用逗号。下例解释"对于"一词用法,"人""事物""行为"之间有顺序关系(即人和人、人和事物、人和行为、事物和事物、事物和行为、行为和行为等六种对待关系),各项之间应用顿号。

示例:〔对于〕表示人,事物,行为之间的相互对待关系。(误)

〔对于〕表示人、事物、行为之间的相互对待关系。(正)

A.4.2 用阿拉伯数字表示年月日的简写形式时,用短横线连接号,不用顿号。

示例:2010、03、02(误)

2010-03-02(正)

A.5 分号用法补充规则

分项列举的各项有一项或多项已包含句号时,各项的末尾不能再用分号。

示例:本市先后建立起三大农业生产体系:一是建立甘蔗生产服务体系。成立糖业服务公司,主要给农民提供机耕等服务;二是建立蚕桑生产服务体系。……;三是建立热作服务体系。……。(误)

本市先后建立起三大农业生产体系:一是建立甘蔗生产服务体系。成立糖业服务公司,主要给农民提供机耕等服务。二是建立蚕桑生产服务体系。……。三是建立热作服务体系。……。(正)

A.6 冒号用法补充规则

A.6.1 冒号用在提示性话语之后引起下文。表面上类似但实际不是提示性话语的,其后用逗号。

示例1:郦道元《水经注》记载:"沼西际山枕水,有唐叔虞祠。"(提示性话语)

示例2:据《苏州府志》载,苏州城内大小园林约有150多座,可算名副其实的园林之城。(非提示性话语)

A.6.2 冒号提示范围无论大小(一句话、几句话甚至几段话),都应与提示性话语保持一致(即在该范围的末尾要用句号点断)。应避免冒号涵盖范围过窄或过宽。

示例:艾滋病有三个传播途径:血液传播,性传播和母婴传播,日常接触是不会传播艾滋病的。(误)

艾滋病有三个传播途径:血液传播,性传播和母婴传播。日常接触是不会传播艾滋病的。(正)

A.6.3 冒号应用在有停顿处,无停顿处不应用冒号。

示例1:他头也不抬,冷冷地问:"你叫什么名字?"(有停顿)

示例2:这事你得拿主意,光说"不知道"怎么行?(无停顿)

A.7 引号用法补充规则

"丛刊""文库""系列""书系"等作为系列著作的选题名,宜用引号标引。当"丛刊"等为选题名的一部分时，放在引号之内，反之则放在引号之外。

示例 1："汉译世界学术名著丛书"

示例 2："中国哲学典籍文库"

示例 3："20 世纪心理学通览"丛书

A.8　括号用法补充规则

括号可分为句内括号和句外括号。句内括号用于注释句子里的某些词语，即本身就是句子的一部分，应紧跟在被注释的词语之后。句外括号则用于注释句子、句群或段落，即本身结构独立，不属于前面的句子、句群或段落，应位于所注释语段的句末点号之后。

示例：标点符号是辅助文字记录语言的符号，是书面语的有机组成部分，用来表示语句的停顿、语气以及标示某些成分（主要是词语）的特定性质和作用。（数学符号、货币符号、校勘符号等特殊领域的专门符号不属于标点符号。）

A.9　省略号用法补充规则

A.9.1　不能用多于两个省略号（多于 12 点）连在一起表示省略。省略号须与多点连续的连珠号相区别（后者主要是用于表示目录中标题和页码对应和连接的专门符号）。

A.9.2　省略号和"等""等等""什么的"等词语不能同时使用。在需要读出来的地方用"等""等等""什么的"等词语，不用省略号。

示例：含有铁质的食物有猪肝、大豆、油菜、菠菜……等。（误）

含有铁质的食物有猪肝、大豆、油菜、菠菜等。（正）

A.10　着重号用法补充规则

不应使用文字下加直线或波浪线等形式表示着重。文字下加直线为专名号形式（4.16）；文字下加浪纹线是特殊书名号（A.13.6）。着重号的形式统一为相应项目下加小圆点。

示例：下面对本文的理解，不正确的一项是（误）

下面对本文的理解，不正确的一项是（正）

A.11　连接号用法补充规则

浪纹线连接号用于标示数值范围时，在不引起歧义的情况下，前一数值附加符号或计量单位可省略。

示例：5 公斤～100 公斤（正）

5～100 公斤（正）

A.12 间隔号用法补充规则

当并列短语构成的标题中已用间隔号隔开时，不应再用“和”类连词。

示例：《水星·火星和金星》（误）

《水星·火星·金星》（正）

A.13 书名号用法补充规则

A.13.1 不能视为作品的课程、课题、奖品奖状、商标、证照、组织机构、会议、活动等名称，不应用书名号。下面均为书名号误用的示例：

示例 1：下学期本中心将开设《现代企业财务管理》《市场营销》两门课程。

示例 2：明天将召开《关于“两保两挂”的多视觉理论思考》课题立项会。

示例 3：本市将向 70 岁以上（含 70 岁）老年人颁发《敬老证》。

示例 4：本校共获得《最佳印象》《自我审美》《卡拉 OK》等六个奖杯。

示例 5：《闪光》牌电池经久耐用。

示例 6：《文史杂志社》编辑力量比较雄厚。

示例 7：本市将召开《全国食用天然色素应用研讨会》。

示例 8：本报将于今年暑假举行《墨宝杯》书法大赛。

A.13.2 有的名称应根据指称意义的不同确定是否用书名号。如文艺晚会指一项活动时，不用书名号；而特指一种节目名称时，可用书名号。再如展览作为一种文化传播的组织形式时，不用书名号；特定情况下将某项展览作为一种创作的作品时，可用书名号。

示例 1：2008 年重阳联欢晚会受到观众的称赞和好评。

示例 2：本台将重播《2008 年重阳联欢晚会》。

示例 3：“雪域明珠——中国西藏文化展”今天隆重开幕。

示例 4：《大地飞歌艺术展》是一部大型现代艺术作品。

A.13.3 书名后面表示该作品所属类别的普通名词不标在书名号内。

示例：《我们》杂志

A.13.4 书名有时带有括注。如果括注是书名、篇名等的一部分，应放在书名号之内，反之则应放在书名号之外。

示例 1：《琵琶行（并序）》

示例 2：《中华人民共和国民事诉讼法（试行）》

示例 3：《新政治协商会议筹备会组织条例(草案)》

示例 4：《百科知识》(彩图本)

示例 5：《人民日报》(海外版)

A.13.5 书名、篇名末尾如有叹号或问号，应放在书名号之内。

示例 1：《日记何罪！》

示例 2：《如何做到同工又同酬？》

A.13.6 在古籍或某些文史类著作中，为与专名号配合，书名号也可改用浪线式“﹏”，标注在书名下方。这可以看作是特殊的专名号或特殊的书名号。

A.14 分隔号用法补充规则

分隔号又称正斜线号，须与反斜线号“\”相区别(后者主要是用于编写计算机程序的专门符号)。使用分隔号时，紧贴着分隔号的前后通常不用点号。

附　录　B
(资料性附录)
标点符号若干用法的说明

B.1　易混标点符号用法比较

B.1.1　逗号、顿号表示并列词语之间停顿的区别

逗号和顿号都表示停顿,但逗号表示的停顿长、顿号表示的停顿短。并列词语之间的停顿一般用顿号,但当并列词语较长或其后有语气词时,为了表示稍长一点的停顿,也可用逗号。

示例1:我喜欢吃的水果有苹果、桃子、香蕉和菠萝。

示例2:我们需要了解全局和局部的统一,必然和偶然的统一,本质和现象的统一。

示例3:看游记最难弄清位置和方向,前啊,后啊,左啊,右啊,看了半天,还是不明白。

B.1.2　逗号、顿号在表列举省略的"等""等等"之类词语前的使用

并列成分之间用顿号,末尾的并列成分之后用"等""等等"之类词语时,"等"类词前不用顿号或其他点号;并列成分之间用逗号,末尾的并列成分之后用"等"类词时,"等"类词前应用逗号。

示例1:现代生物学、物理学、化学、数学等基础科学的发展,带动了医学科学的进步。

示例2:写文章前要想好:文章主题是什么,用哪些材料,哪些详写,哪些略写,等等。

B.1.3　逗号、分号表示分句间停顿的区别

当复句的表述不复杂、层次不多,相连的分句语气比较紧凑、分句内部也没有使用逗号表示停顿时,分句间的停顿多用逗号。当用逗号不易分清多重复句内部的层次(如分句内部已有逗号),而用句号又可能割裂前后关系的地方,应用分号表示停顿。

示例1:她拿起钥匙,开了箱上的锁,又开了首饰盒上的锁,往老地方放钱。

示例2:纵比,即以一事物的各个发展阶段作比;横比,则以此事物与彼事物

相比。

B.1.4　顿号、逗号、分号在标示层次关系时的区别

句内点号中，顿号表示的停顿最短、层次最低，通常只能表示并列词语之间的停顿；分号表示的停顿最长、层次最高，可以用来表示复句的第一层分句之间的停顿；逗号介于两者之间，既可表示并列词语之间的停顿，也可表示复句中分句之间的停顿。若分句内部已用逗号，分句之间就应用分号（见 B.1.3 示例 2）。用分号隔开的几个并列分句不能由逗号统领或总结。

示例 1：有的学会烤烟，自己做挺讲究的纸烟和雪茄；有的学会蔬菜加工，做的番茄酱能吃到冬天；有的学会蔬菜腌渍、窖藏，使秋菜接上春菜。

示例 2：动物吃植物的方式多种多样，有的是把整个植物吃掉，如原生动物；有的是把植物的大部分吃掉，如鼠类；有的是吃掉植物的要害部位，如鸟类吃掉植物的嫩芽。（误）。

动物吃植物的方式多种多样：有的是把整个植物吃掉，如原生动物；有的是把植物的大部分吃掉，如鼠类；有的是吃掉植物的要害部位，如鸟类吃掉植物的嫩芽。（正）。

B.1.5　冒号、逗号用于"说""道"之类词语后的区别

位于引文之前的"说""道"后用冒号。位于引文之后的"说""道"分两种情况：处于句末时，其后用句号；"说""道"后还有其他成分时，其后用逗号。插在话语中间的"说""道"类词语后只能用逗号表示停顿。

示例 1：他说："晚上就来家里吃饭吧。"

示例 2："我真的很期待。"他说。

示例 3："我有件事忘了说……"他说，表情有点为难。

示例 4："现在请皇上脱下衣服，"两个骗子说，"好让我们为您换上新衣。"

B.1.6　不同点号表示停顿长短的排序

各种点号都表示说话时的停顿。句号、问号、叹号都表示句子完结，停顿最长。分号用于复句的分句之间，停顿长度介于句末点号和逗号之间，而短于冒号。逗号表示一句话中间的停顿，又短于分号。顿号用于并列词语之间，停顿最短。通常情况下，各种点号表示的停顿由长到短为：句号＝问号＝叹号＞冒号（指涵盖范围为一句话的冒号）＞分号＞逗号＞顿号。

B.1.7 破折号与括号表示注释或补充说明时的区别

破折号用于表示比较重要的解释说明,这种补充是正文的一部分,可与前后文连读;而括号表示比较一般的解释说明,只是注释而非正文,可不与前后文连读。

示例1:在今年——农历虎年,必须取得比去年更大的成绩。

示例2:哈雷在牛顿思想的启发下,终于认出了他所关注的彗星(该星后人称为哈雷彗星)。

B.1.8 书名号、引号在“题为……”“以……为题”格式中的使用

“题为……”“以……为题”中的“题”,如果是诗文、图书、报告或其他作品可作为篇名、书名看待时,可用书名号;如果是写作、科研、辩论、谈话的主题,非特定作品的标题,应用引号。即“题为……”“以……为题”中的“题”应根据其类别分别按书名号和引号的用法处理。

示例1:有篇题为《柳宗元的诗》的文章,全文才 2 000 字,引文不实却达 11 处之多。

示例2:今天一个以“地球·人口·资源·环境”为题的大型宣传活动在此间举行。

示例3:《我的老师》写于 1956 年 9 月,是作者应《教师报》之约而写的。

示例4:“我的老师”这类题目,同学们也许都写过。

B.2 两个标点符号连用的说明

B.2.1 行文中表示引用的引号内外的标点用法

当引文完整且独立使用,或虽不独立使用但带有问号或叹号时,引号内句末点号应保留。除此之外,引号内不用句末点号。当引文处于句子停顿处(包括句子末尾)且引号内未使用点号时,引号外应使用点号;当引文位于非停顿处或者引号内已使用句末点号时,引号外不用点号。

示例1:“沉舟侧畔千帆过,病树前头万木春。”他最喜欢这两句诗。

示例2:书价上涨令许多读者难以接受,有些人甚至发出“还买得起书吗?”的疑问。

示例3:他以“条件还不成熟,准备还不充分”为由,否决了我们的提议。

示例4:你这样“明日复明日”地要拖到什么时候?

示例5:司马迁为了完成《史记》的写作,使之“藏之名山”,忍受了人间最大的

侮辱。

示例 6:在施工中要始终坚持“把质量当生命”。

示例 7:“言之无文,行而不远”这句话,说明了文采的重要。

示例 8:俗话说:“墙头一根草,风吹两边倒。”用这句话来形容此辈再恰当不过。

B.2.2 行文中括号内外的标点用法

括号内行文末尾需要时可用问号、叹号和省略号。除此之外,句内括号行文末尾通常不用标点符号。句外括号行文末尾是否用句号由括号内的语段结构决定:若语段较长、内容复杂,应用句号。句内括号外是否用点号取决于括号所处位置:若句内括号处于句子停顿处,应用点号。句外括号外通常不用点号。

示例 1:如果不采取(但应如何采取呢?)十分具体的控制措施,事态将进一步扩大。

示例 2:3 分钟过去了(仅仅才 3 分钟!),从眼前穿梭而过的出租车竟达 32 辆!

示例 3:她介绍时用了一连串比喻(有的状如树枝,有的貌似星海……),非常形象。

示例 4:科技协作合同(包括科研、试制、成果推广等)根据上级主管部门或有关部门的计划签订。

示例 5:应把夏朝看作原始公社向奴隶制国家过渡时期。(龙山文化遗址里,也有俯身葬。俯身者很可能就是奴隶。)

示例 6:问:你对你不喜欢的上司是什么态度?

答:感情上疏远,组织上服从。(掌声,笑声)

示例 7:古汉语(特别是上古汉语),对于我来说,有着常人无法想象的吸引力。

示例 8:由于这种推断尚未经过实践的考验,我们只能把它作为假设(或假说)提出来。

示例 9:人际交往过程就是使用语词传达意义的过程。(严格说,这里的“语词”应为语词指号。)

B.2.3 破折号前后的标点用法

破折号之前通常不用点号;但根据句子结构和行文需要,有时也可分别使用句内点号或句末点号。破折号之后通常不会紧跟着使用其他点号;但当破折号表示语音的停顿或延长时,根据语气表达的需要,其后可紧接问号或叹号。

示例 1:小妹说:“我现在工作得挺好,老板对我不错,工资也挺高。——我能抽支烟吗?”(表示话题的转折)

示例 2:我不是自然主义者,我主张文学高于现实,能够稍稍居高临下地去看现实,因为文学的任务不仅在于反映现实。光描写现存的事物还不够,还必须记住我们所希望的和可能产生的事物。必须使现象典型化。应该把微小而有代表性的事物写成重大的和典型的事物。——这就是文学的任务。(表示对前几句话的总结)

示例 3:“是他——?”石一川简直不敢相信自己的耳朵。

示例 4:“我终于考上大学啦!我终于考上啦——!”金石开兴奋得快要晕过去了。

B.2.4 省略号前后的标点用法

省略号之前通常不用点号。以下两种情况例外:省略号前的句子表示强烈语气、句末使用问号或叹号时;省略号前不用点号就无法标示停顿或表明结构关系时。省略号之后通常也不用点号,但当句末表达强烈的语气或感情时,可在省略号后用问号或叹号;当省略号后还有别的话、省略的文字和后面的话不连续且有停顿时,应在省略号后用点号;当表示特定格式的成分虚缺时,省略号后可用点号。

示例 1:想起这些,我就觉得一辈子都对不起你。你对梁家的好,我感激不尽!……

示例 2:他进来了,……一身军装,一张朴实的脸,站在我们面前显得很高大,很年轻。

示例 3:这,这是……?

示例 4:动物界的规矩比人类还多,野骆驼、野猪、黄羊……,直至塔里木兔、跳鼠,都是各行其路,决不混淆。

示例 5:大火被渐渐扑灭,但一片片油污又旋即出现在遇难船旁……。清污船迅速赶来,并施放围栏以控制油污。

示例 6:如果……,那么……。

B.3 序次语之后的标点用法

B.3.1 “第”“其”字头序次语,或“首先”“其次”“最后”等做序次语时,后用逗号(见 4.4.3.3)。

B.3.2 不带括号的汉字数字或“天干地支”做序次语时,后用顿号(见 4.5.3.2)。

B. 3. 3 不带括号的阿拉伯数字、拉丁字母或罗马数字做序次语时，后面用下脚点（该符号属于外文的标点符号）。

示例 1：总之，语言的社会功能有三点：1. 传递信息，交流思想；2. 确定关系，调节关系；3. 组织生活，组织生产。

示例 2：本课一共讲解三个要点：A. 生理停顿；B. 逻辑停顿；C. 语法停顿。

B. 3. 4 加括号的序次语后面不用任何点号。

示例 1：受教育者应履行以下义务：(一)遵守法律、法规；(二)努力学习，完成规定的学习任务；(三)遵守所在学校或其他教育机构的制度。

示例 2：科学家很重视下面几种才能：(1)想象力；(2)直觉的理解力；(3)数学能力。

B. 3. 5 阿拉伯数字与下脚点结合表示章节关系的序次语末尾不用任何点号。

示例：3　停顿

3.1　生理停顿

3.2　逻辑停顿

B. 3. 6 用于章节、条款的序次语后宜用空格表示停顿。

示例：第一课　春天来了

B. 3. 7 序次简单、叙述性较强的序次语后不用标点符号。

示例：语言的社会功能共有三点：一是传播信息；二是确定关系；三是组织生活。

B. 3. 8 同类数字形式的序次语，带括号的通常位于不带括号的下一层。通常第一层是带有顿号的汉字数字；第二层是带括号的汉字数字；第三层是带下脚点的阿拉伯数字；第四层是带括号的阿拉伯数字；再往下可以是带圈的阿拉伯数字或小写拉丁字母。一般可根据文章特点选择从某一层序次语开始行文，选定之后应顺着序次语的层次向下行文，但使用层次较低的序次语之后不宜反过来再使用层次更高的序次语。

示例：一、……

(一)……

1. ……

(1)……

①/a. ……

B.4 文章标题的标点用法

文章标题的末尾通常不用标点符号,但有时根据需要可用问号、叹号或省略号。

示例1:看看电脑会有多聪明,让它下盘围棋吧

示例2:猛龙过江:本店特色名菜

示例3:严防"电脑黄毒"危害少年

示例4:回家的感觉真好

——访大赛归来的本市运动员

示例5:里海是湖,还是海?

示例6:人体也是污染源!

示例7:和平协议签署之后……

夹用英文的中文文本的标点符号用法(草案)

(国家语言文字工作委员会2014年6月发布)

1 范围

本规范(草案)规定了夹用英文的中文横排右行文本的十三种常用标点符号用法,并对各标点符号的用法举例说明。

本规范(草案)适用于夹用英文的中文文本,包括中文版的英文教材、双语报刊、双语辞典、双语科技文章等。

2 规范性引用文件

《标点符号用法》(GB/T 15834—2011)

3 术语和定义

文本　text

单句或表达连贯语意的系列语句组合。

夹用　interpolate

于某一语言的文本中添加或插入另一语言的符号。

词　word

最小的能独立运用的语言单位。

词组　phrase

由两个或两个以上的词按一定的语法规则组成的表达一定意义的语言单位。

分句　clause

构成复句的内有密切联系的小句。

句子　sentence

前后都有较大停顿并带有一定的语气和语调、表达相对完整意义的语言单位。

4 总则

以中文文本为服务对象;以中文标点符号为主,以英文标点符号为辅;以中英文交接处标点符号用法为描述重点。

5 主要标点符号的用法

各标点符号的定义见《标点符号用法》(GB/T 15834—2011)相关条目。

5.1 句号

5.1.1 形式

中文句号通常为小圆圈"。",为全角字符;英文句号为小圆点".",为半角字符。

5.1.2 基本用法

5.1.2.1 中文句子内夹用英文单词或词组,句末以中文句号结尾。夹用的英文单词或词组可不用引号标示。

示例 1 我们都知道,study 和 learn 是有区别的。

示例 2 这个语境里建议不要使用 at large。

5.1.2.2 中文句子内夹用英文句子,夹用的英文句子用中文引号标示,中文句子以中文句号结尾。

示例 3 "I want the job.(我要这份工作。)"并不完全等同于"I need the job.(我需要这份工作。)"。

示例 4 那句话的意思相当于"I will come again."。

示例 5 实际上他想问的是"Will she come again?"。

示例 6 一句"Get out of here!"充分表达了说话人的愤怒心情。

5.2 问号

5.2.1 形式

中文问号的形式为"？",为全角字符;英文问号的形式为"?",为半角字符。

5.2.2 基本用法

5.2.2.1 中文疑问句中夹用英文词句,句末以中文问号结尾。

示例 1 discount 这个词用在这里合适吗?

示例 2 对她说“Money is not everything.”有什么意义?

5.2.2.2 中文句子中夹用了英文疑问句,为确保其意义及疑问语气的正确表达,保留英文问号,且将所夹用的英文疑问句整体用中文引号标示,以明确该英文问号的辖域。中文句末仍以中文标点结尾。

示例 3 “Did you use my camera?”正是他的原话。

示例 4 “Is he exhausted?”的同义句是不是“Is he very tired?”?

5.2.2.3 英文标题或引文中的问号必须保留。

示例 5 名剧 *Who's Afraid of Virginia Woolf*? 的标题明显套用了儿歌 *Who's afraid of the big bad wolf*?。

示例 6 他认为诗歌的第一句“How do I love thee?”颇显深情。

5.3 叹号

5.3.1 形式

中文叹号的形式为“!”,为全角字符;英文叹号的形式为“!”,为半角字符。

5.3.2 基本用法

5.3.2.1 中文感叹句中夹用英文词句,句末以中文叹号结尾。

5.3.2.2 中文句子中夹用了英文感叹句,如需确保其意义及感叹语气的正确表达,保留英文叹号,且将所夹用的英文感叹句整体用中文引号标示,以明确该英文叹号的辖域。中文句末仍以中文标点结尾。

示例 1 “What a mess!”含有不满、抱怨的意思。

示例 2 拜托了,不要总是说“Wonderful!”!

5.3.2.3 英文标题或英文引文中的叹号必须保留。

示例 3 *Look at the blinking cat*! 一书一上市便极为畅销。

示例 4 《啊,船长,我的船长!》一诗开头便是“O Captain! My Captain!”的呼唤。

5.4 逗号

5.4.1 形式

中文逗号的形式为“,”,为全角字符;英文逗号的形式为“,”,为半角字符。

5.4.2 基本用法

中文句子夹用的为完整的英文句子,则该英文句子内部需用逗号之处留用英文逗号,除此之外使用中文逗号。

示例 1 菜单的封面上写着“Try once, and you will never forget it.”。

示例 2 请注意,他没有说“It's a question.”,而是说“It's a problem.”。

5.5 顿号

5.5.1 形式

中文顿号的形式为“、”。

5.5.2 基本用法

中文句子内夹用两个或两个以上关系并列的英文字母、单词、词组或句子时,中间一般用中文顿号。其中并列的英文句子可用引号标示,以明确其起止范围,顿号可省略。

示例 1 英文的元音字母有 a、e、i、o 和 u。

示例 2 情态动词有 shall、should、will、would、can、could、may、might、must、dare、need、ought to 等。

示例 3 have to、be going to、be to、happen to、seem to 等结构皆有情态意义,亦可认为是情态动词,有些语法家称它们为“半助动词(semi-auxiliary)”。

示例 4 常见的还有“He died young.”“He died a hero.”和“He died with honor.”这样的句子结构。

5.6 分号

5.6.1 形式

中文分号的形式为“；”,为全角字符;英文分号的形式为“;”,为半角字符。

5.6.2 基本用法

中文句子内夹用英文句子或语段,保留该英文句子或语段内部的英文分号。中文句子内夹用英文单词或词组,使用中文分号。

示例 1 推开面试室的门时,他忽然记起祖父那句话:“Try, and you still have a chance; give up, and you shall have nothing.”。

示例 2 这位老人的真实想法谁也猜不透:表示同意,他用 maybe;表示不同意,他还是用 maybe。

5.7 冒号

5.7.1 形式

中文冒号的形式为“：”,为全角字符;英文冒号的形式为“:”,为半角字符。

5.7.2　基本用法

5.7.2.1　英文部分如作其前中文部分的示例或说明时，在中文部分的后面使用中文冒号。

示例1　他惊讶地发现，这扇陈旧的小门上写着：Foreign Affairs。

5.7.2.2　中文句子内的英文词组或句子等结构内部存在英文冒号时，保留该英文冒号；其他情况需要用冒号时则使用中文冒号。

示例2　今天我给宝宝念的床边故事是 Teddy Bears: The Heart of a Century。

示例3　杂志的版权页上写着 Editor in Chief: Christopher Preston。

5.8　引号

5.8.1　形式

中文引号的形式为双引号"“ ”"和单引号"‘ ’"，前后双引号、单引号均为全角字符；英文引号的形式为双引号"""和单引号"''"，前后双引号、单引号均为半角字符。

5.8.2　基本用法

5.8.2.1　中文句子内夹用英文句子时，该英文句子用中文引号标示，句末使用中文标点。

示例1　他写的话是"Beware of that young man!"。

示例2　他没有问"Why are you late again?"，而是说"I'm ready to appreciate your excuse for being late again."。

5.8.2.2　中文句子内如出现中文与英文的组合结构，用中文引号标示。

示例3　各种完成进行时态都由"have been ＋ 现在分词"构成，时间、人称由 have 的形态变化来体现。

5.8.2.3　中文句子内夹用了英文句子，如该英文句子内部需用引号，留用英文引号。

示例4　令人不解的是下面这句："The hostess said, 'I shall no longer be here.'"。

5.9　括号

5.9.1　形式

本规范(草案)仅就圆括号及其用法进行描述。中文圆括号形式为

“( )”,前括号和后括号为全角字符;英文圆括号的形式为“()”,前括号和后括号为半角字符。

5.9.2 基本用法

5.9.2.1 中文句子内所夹用的英文句子或英文语段内部需要用圆括号加以注释、补充或说明时,用英文圆括号标示。

示例1 他教我怎样使用自动售货机购买邮票,并在给我的纸片上写得明明白白:“Put coins or bills into the slots(the small slot for coins and the bigger one for bills) in the machine for the sort of stamps you need.”。

5.9.2.2 中文句子中夹用了英文词句,需用圆括号标示的注释、补充或说明并非处于完整的英文句子或英文语段内部时,用中文圆括号标示。

示例2 如果有银行的借记卡,你就可以通过ATM(Automatic Teller Machine)存取款。

示例3 The Beatles(1968)有一首歌,题为《除了我和我的猴子人人都想捂藏一点东西》(*Everybody's Got Something to Hide except Me and My Monkey*),这首歌后来音乐家只称《猴子》。

5.10 分隔号

5.10.1 形式

分隔号的形式是“/”,为半角字符,前后可以加空格。

5.10.2 基本用法

5.10.2.1 用来分隔供选择的并列项。

示例1 现在完成时的谓语形式是“have / has + 过去分词”。

示例2 在回答“Is she coming with us?”这类问题时,可以说“I hope so.(肯定)/ I hope not.(否定)”。

5.10.2.2 用来分隔诗行、音节节拍等。

示例3 佩娴·斯特朗(Patience Strong)的散文诗浅显而富有哲理。比如“Give your love to others. / Don't spend it on yourself. / Give your heart's good treasure. / Don't hoard it on the shelf .../ Give a word of comfort. / Give a helping hand. / Give where it is needed. / Try to understand.”。

5.11 破折号

5.11.1 形式

中文破折号的形式为“——”,长度相当于两个汉字的长度,又称

“二字线”;英文破折号的形式有两种:短破折号与长破折号。短破折号长度相当于字母 n,用于表示数值范围、事物之间的关系等;长破折号长度相当于字母 m,用于表示语流的间断、插入、附加说明等。

5.11.2 基本用法

5.11.2.1 中英文间若因解释、引入、话题转变、声音延长等需要使用破折号时,使用中文破折号。

示例1 这个符号表示暂停——pause。

示例2 想想吧,那位美国导游竟然向我推荐了——Greyhound!

5.11.2.2 夹用英文的中文句子内,英文单位内部使用英文破折号。

示例3 “I'd love to, but you know—eh, I mean—”是他一成不变的拒绝方式。

5.11.2.3 汉英双语文本中,可用中文破折号或英文长破折号表示两句或两句以上的对话。

示例4 ——Frank,这就是我的寝室。

——Oh, what a mess!

示例5 —Do you speak Chinese?

—Only a little, eh, 一点点啦。

5.12 省略号

5.12.1 形式

中文省略号的形式为“……”,6个居中小圆点;英文省略号的形式为“...”,3个齐线小圆点。

5.12.2 基本用法

夹用英文的中文句子里,英文内部的省略使用英文省略号;中文内部的省略使用中文省略号。

示例 句型 so ...that ...和 such ...that ...常用来表示结果或程度,意思是“如此/这么……以致……”。

5.13 连接号

5.13.1 形式

中文连接号常用的有三种形式:一字线连接号形式“—”,半字线连接号形式“-”,浪纹式连接号形式“～”。英文连接号即连字符“-”,长度为字母 m 的1/3。

5.13.2 基本用法

5.13.2.1 中文行文中,一字线连接号用于标示相关项目(如时间、地域等)的起止和数值范围的起止;半字线连接号用于构成中文词语的复合结构、连接相关字母和数字以构成产品型号及专门用语、构成化学品名称等;浪纹式连接号标示数值跨度与范围。英文连接号(连字符)用于连接单词以构成复合词、在行文移行时分隔音节、构成分数和部分数字。

5.13.2.2 中文句子中夹用英文单词、词组、句子或语段,其内部需要用连接号时,用英文连接号。中英文之间以及无语法关系的英文单位之间需要用连接号时,用中文连接号。

示例 1 Dale 所著 *Audio-Visual Methods in Teaching* 一书的被引用率相当高。

示例 2 这个语段主题的发展顺序为 corrosion-reduction-replacement。

示例 3 该校学生干部遴选的程序一般是"自荐/推荐(recommendation)—面试(interview)—评估(evaluation)—公示(opinion solicitation)"。

示例 4 关于这一论述的依据,可参见 Chapter Three P. 45 - P. 50。

6 附则

6.1 大小写用法

6.1.1 当中文句子中夹有英文单词、词组时,无论其位于中文句子的开头、中间还是末尾,普通单词、词组一律小写;专名等在英文中必须大写的单词、词组均须保留其大写形式。

示例 1 在指一个国家的全体人民时,要用定冠词 the,如 the Chinese people、the English people、the American people 等。

示例 2 在英文里,I(我)不管用在句首、句内,还是句末,都只有大写一种形式。

示例 3 the river 在这个句子里指的并非上文提到的 the Rhine。

6.1.2 夹用英文的中文句子中夹有完整的英文句子时,无论该英文句子是陈述句、疑问句还是感叹句,无论其位于中文句子的开头、中间还是末尾,其首字母的大写形式均须保留。

示例 4 Time is money 是一则谚语,意思是"时间就是金钱/一寸光阴一寸金"。

示例 5 由 time 组成的谚语还有很多，如“Time and tide wait(s) for no man.(时不我待。)”“Lost time is never found again.(岁月既往，不可复追。)”“Time flies.(光阴似箭，日月如梭。)”等。

6.2 英文书刊名的标示方法

中文句子中夹有英文书籍名、报刊名时，不能借用中文书名号，而应以英文斜体字表示。英文文章的标题用引号标示。

示例 *The Evening Post* 发表了这篇评论，但把标题改成了“What We Eat Tomorrow?”。

附　录

新旧字形对照表

（字形后圆圈内的数字表示字形的笔画数）

旧字形	新字形	新字举例	旧字形	新字形	新字举例
八②	丷②	总益遂	幷⑧	并⑥	屏拼
卄④	艹③	花草	羽⑥	羽⑥	翎翔
辶④	辶③	连速	吳⑦	吴⑦	蜈虞
幵⑥	开④	型形	角⑦	角⑦	解确
丰④	丰④	艳沣	奐⑨	奂⑦	换痪
巨⑤	巨④	苣渠	㡀⑧	㡀⑦	敝弊
屯④	屯④	纯顿	耳⑧	耳⑦	敢嚴
牙⑤	牙④	芽邪	者⑨	者⑧	都著
瓦⑤	瓦④	瓶瓷	直⑧	直⑧	值植
反④	反④	板饭	黽⑧	黾⑧	绳鼋
示⑤	礻④	祝视	咼⑨	呙⑧	過蜗
丑④	丑④	纽杻	垂⑨	垂⑧	睡郵
犮⑤	犮⑤	拔茇	飠⑨	飠⑧	飲飽
印⑥	印⑤	茚	郎⑨	郎⑧	廊螂
耒⑥	耒⑥	耕耘	彔⑧	录⑧	渌箓
呂⑦	吕⑥	侣营	昷⑩	昷⑨	温瘟
攸⑦	攸⑥	修倏	骨⑩	骨⑨	滑骼
爭⑧	争⑥	净静	鬼⑩	鬼⑨	槐嵬
产⑥	产⑥	彦産	俞⑨	俞⑨	输愈
羊⑦	𦍌⑥	差养	旣⑪	既⑨	溉厩

旧字形	新字形	新字举例	旧字形	新字形	新字举例
蚤⑩	蚤⑨	搔骚	黃⑫	黄⑪	廣横
敖⑪	敖⑩	傲遨	虛⑫	虚⑪	墟歔
莽⑫	莽⑩	漭蟒	異⑫	異⑪	冀戴
眞⑩	真⑩	慎填	象⑫	象⑪	像橡
䍃⑩	䍃⑩	摇遥	奧⑬	奥⑫	澳懊
殺⑪	殺⑩	搬鎩	普⑬	普⑫	谱氆